조선 왕실의 식탁

조선 왕실의
식탁

K-FF 한식재단
KOREAN FOOD FOUNDATION

Hollym

책을 펴내며

역사는 한 민족이 살아온 삶의 궤적입니다. 그 중에서도 음식에 관한 역사에는 다양한 계층의 생활의 흔적들이 생생하게 녹아있습니다. 우리에게는 우리의 역사만큼이나 길고 다양한 음식, 즉 한식의 역사가 있습니다. 이러한 한식문화에 대한 역사는 유네스코 세계기록유산에 등재된 조선왕조실록과 의궤는 물론 수많은 고문헌 속에 기록되어져 있습니다.

그러나 그동안 우리 음식인 한식에 대한 역사적 고찰은 여타 부분에 비해 상당히 소홀했던 것이 사실입니다. 다행히 최근 들어 대장금을 비롯한 드라마가 한류의 원동력으로 작용하면서 자연스럽게 한식의 역사에 대한 관심도 크게 증가하고 있는 추세입니다.

한식재단은 이러한 시대적 추세를 반영하고 우리 음식문화의 본체를 규명하기 위해 흩어져있던 고문서 속의 음식문화를 발굴하고 이를 복원하여 현대 한식의 콘텐츠로 재생시키는 한국음식 원형복원사업을 추진해 오고 있습니다.

이번에 출간되는 '조선 왕실의 식탁'은 의궤와 발기 등을 바탕으로 한국학중앙연구원을 통해 발굴된 조선왕조 궁중음식 관련 문헌해제 500여종을 일반대중이 알기 쉽게 재구성한 것입니다.

이 책에는 왕실의 음식을 만드는 사람들, 궁중에서 매일 먹는 음식들, 왕실 잔치와 잔치음식들, 신을 위한 제사음식의 면모를 엿볼 수 있으며 궁중음식에 사용된 그릇과 궁중음식에 대한 고문헌의 설명도 부록으로 들어 있습니다.

아울러 한식재단은 한식재단 홈페이지(www.hansik.org)와 한식 아카이브(archive.hansik.org)를 통하여 이번에 발간되는 '조선 왕실의 식탁'은 물론 그동안 한식과 관련하여 구축한 다양한 음식 콘텐츠를 일반인들에게 제공합니다.

끝으로 이 책이 나오기까지 애써주신 연구진과 집필진 여러분의 노고에 감사의 말씀을 드리며 첫 번째 발간되는 한식문화총서인 '조선 왕실의 식탁'을 통해 독자 여러분이 한식의 역사에 한 발짝 다가서는 계기가 되어지기를 기대해 봅니다.

2014년 3월
한식재단 이사장

목차

조선 왕실의 식탁

1부 왕실의 음식을 만드는 사람들

1 왕실의 음식은 누가 만들었을까?

송 수 환 ― 울 산 대 학 교

조선의 궁궐 안에는 당연히 식생활 담당 부서가 있었다. 바로 사옹원이다. 사옹원의 주요 임무는 왕과 왕의 가족이 먹을 음식을 준비하는 것이었다. 사옹원에서는 음식 재료의 조달과 음식 요리를 총괄했다. 음식을 조리하는 주방, 즉 수라간도 물론 사옹원 소속이었다. 이들은 왕과 왕의 가족을 위한 일상음식을 준비했고, 때로는 왕실이 주관하는 각종 연회 음식도 준비했다.

이처럼 왕실의 음식을 준비하기 위해서는 과연 몇 명의 사람이 필요했을까? 궁궐 내에서 그들의 지위는 얼마나 높았을까? 그들은 어떤 조직 체계를 통해 일을 감당했을까? 이 글에서는 이런 궁금증에 답하고자 했다. 더불어 역사의 부침 속에서 이들 또한 어떻게 변화해 갔는지도 추적한다.

사옹원의 구성과 사옹원 사람들

조선왕조 개창 직후 관제를 개편할 때, 고려 왕실의 음식을 담당했던 사선서(司膳署)는 변함없이 업무를 계속하게 했다. 이후 태조 4년(1395)에 경복궁을 완공했을 때 국왕과 왕비의 사옹방(司饔房)을 각각 설치하였다. 태종 5년(1405)에 창덕궁을 완공했는데, 여기에도 양전의 수라간(水剌間)과 사옹방을 배치하였다. 이를 보면 사선서와 사옹방의 업무가 중첩되었고, 또한 수라간이 대전과 왕비전에 따로 설치되었음을 알 수 있다.

사옹방은 세종조에 왕실의 음식을 오로지 담당하는 관부가 되었다. 다시 세조 13년(1567)에 사옹원(司饔院)으로 개칭하여 관원을 두었고, 이어 『경국대전』에 실려 제도화되었다. 한편 고려 때부터 내려오던 사선서는 여러 경로를 거쳐 사도시(司䆃寺)가 되어 왕실에 미곡(米穀)과 장(醬)을 공상하는 부서가 되었는데, 이 또한 『경국대전』에서 제도화되었다. 왕실에 식물(食物)을 공상하는 아문으로는 쌀, 국수, 술, 장, 기름, 꿀, 채소, 과일 등을 공급하는 내자시(內資寺)가 또 있었다.

수라(水剌)는 몽골어로서 '탕미(蕩味)'를 뜻하는데, 고려가 원나라의 부마국이 되었을 때 생겨난 말이다. 간(間)은 우리말 '칸'인데, 건물 안의 어떤 공간을 말한다. 따라서 수라간은 왕실의 음식을 조리하는 주방을 말한다. 수라간은 대전, 왕비전, 세자궁에 각각 있었고, 사옹원이 세 곳 모두를 관할하였다.

『경국대전』에 실린 사옹원의 조직은 다음과 같다. 먼저 사옹원의 주된 임무는 '어선(御膳) 지공과 궐내 공궤(供饋) 등에 관한 일'을 관장하는 것이다. 어선 지공이란 국왕, 왕비, 왕세자의 음식 조리와 지공을 뜻하며, 궐내 공궤란 대궐에 출입하는 빈객에 대한 음식 제공을 말한다.

소속 관원은 정(正) 1명(정3), 첨정(僉正) 1명(종4), 판관(判官) 1명(종5), 주부(主簿) 1명(종6), 직장(直長) 2명(종7), 봉사(奉事) 3명(종8), 참봉(參奉) 3명(종9)이고, 여기에 무록관인 제거(提擧) 2명(정, 종3), 제검(提檢) 2명(정, 종4)이 더해 모두 16명이다.

잡직으로는 재부(宰夫) 1명(종6), 선부(膳夫) 1명(종7). 조부(調夫) 2명(종8), 임부(飪夫) 2명(정9), 팽부(烹夫) 7명(종9) 등 13명이 있다. 이들 잡직은 체아직으로 수라간 반감(飯監)과 각 색장(色掌)이 승진하는 자리이다. 반감은 종6품 재부까

동궐도 속의 사옹원

1800년대 궁중에서 제작한 궁궐의 모습. 당시 궁궐로 사용되던 창경궁과 창덕궁을 조감도 형식으로 담았다. 비단에 그려져 16면 첩장으로 제작되었다. 펼쳤을 때 크기는 세로 275cm, 가로 584cm에 이르는 거작이다. 고려대학교 박물관 소장. 동궐도에서 사옹원은 왕의 처소인 대전과 가까운 거리에 있었다. 사옹원의 지휘를 받는 수라간은 대전, 왕비전, 세자궁 등 부속 건물에 각기 존재했다.

지, 각색장은 종8품 조부까지 승진할 수 있었다. 관명의 재, 선, 조, 임, 팽(宰, 膳, 調, 飪, 烹)은 모두 요리와 관련되는 글자들이다.

이 외 행정실무자로 경아전인 서리(書吏) 6명이 배속되어 있다. 또 사기(沙器)를 제작하는 경공장 380명이 소속되어 있다. 이들 사기장은 다른 역에 정속되지 않고 업무를 세습하게 되어 있다. 더불어 차비노 11명과 근수노 5명도 소속되어 있다. 차비노는 사옹원의 잡역을, 근수노는 사옹원 관원 수행을 담당하는 공천(公賤)이다.

사옹원은 제조가 10명이나 되었다. 도제조 1명, 제조 4명, 부제조 5명이 이들이다. 도제조는 의정(議政)이 겸하고, 제조 4명 중 1명은 문신이, 3명은 종친이 맡았다. 또 부제조 1명은 도승지가 겸하고, 4명은 종친이 담당하였다. 주목되는 것은 종친이 제조 3명과 부제조 4명을 담당하고, 또 도승지가 부제조를 겸했다는 사실이다. 또한 문신이 담당하는 제조 1명도 부마나 외척 혹은 총신이 담당하였다. 이로 본

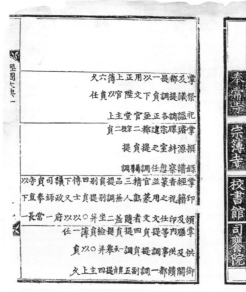

경국대전 조선 건국 초부터 성종 때까지 수정을 거듭하여 완성한 조선의 기본 법전. 정부 조직뿐만 아니라 재정, 토지, 조세 등 세부 운영 규정과 문서의 서식 등을 수록하였다. 왕실의 음식을 담당했던 사옹원 조직 및 담당 업무 또한 경국대전에 수록되어 법제화되었다.

다면 사옹원 제조는 국왕의 시종신과 총애하는 신하로 구성되었음을 알 수 있다. 종친 제조는 현능하거나 국왕이 총애하는 자로 차임하였다. 종친 제조는 특히 국왕의 식사에 입시하여 함께 식사를 했으니 이를 부수라(副水剌)라 한다. 이는 왕조 초기부터 이어 온 제도이다. 국왕이 홀로 식사한다는 것은 상정하기 어려운 일이니, 종친 제조가 식사 상대가 되어 음식의 정결 여부와 기호하는 식품의 종류를 살피면서 건강을 유지하기를 당부한 제도로 보아야 할 것이다.

내시부도 사옹원의 업무와 긴밀히 연관되어 있었다. 내시부는 '왕실의 감선(監膳)과 전명(傳命), 수문(守門), 수제(掃除)의 임무를 관장'하는데, 이 중에서 감선은 식재료의 품질과 조리한 음식의 정결 상태를 검사하는 일이다. 이로써 내시부는 사옹원의 식재료 출납과 조리 업무를 지휘할 수 있었다.

3품 이상 고위 관원은 상선(尙膳) 2명(종2), 상온(尙醞) 1명(정3), 상차(尙茶) 1명(정3), 상약(尙藥)2명(종3) 등 6명이다. 이들 관명에서 사용된 선(膳), 온(醞), 차(茶), 약(藥)은 사옹원에서 관장하는 식품과 약을 뜻한다. 내시부의 고위 관원이 사실상 왕실 음식을 관장하고 있었던 것이다. 또한 내시부에는 설리(薛里)가 있었다. 설리는 몽골어인데 한자어로는 '조(助)'라는 뜻이다. 이들은 4품 이상 관원으로 대전에 3명, 왕비전에 1명, 세자궁에 1명, 빈궁에 1명이 있었다.

이들의 우두머리는 도설리(都薛里)라고 했는데, 내시부의 최고위직인 상선을 달리 이르는 말이다. 도설리와 설리는 사옹원의 음식 조리, 대전과 왕비전 및 세자궁에서의 식사 시중과 관련하여 권세를 누릴 수 있었다. 특히 도설리는 사옹원의 진상 출납을 관장했기 때문에 그 권세가 막강하였다.

이처럼 사옹원은 내시부가 천단할 소지가 많았지만, 이들이 발호할 수 없었던 것은 앞에서 본 것처럼 종친과 국왕 측근으로 구성된 제조라는 견제 장치가 있었기 때문이다.

사옹원은 소관 업무로 보아 국왕의 처소인 대전과 가까운 거리에 있어야 했다. 『여도비지(輿圖備志)』에 따르면, 사옹원은 창덕궁 단양문 안에 있었다. 승정원이 창덕궁 인정전 동쪽에 있었던 것과 마찬가지로 대전과 가까운 자리에 있었던 것이다.❶ 주방인 수라간은 대전, 왕비전, 세자궁의 부속 건물에 각각 있었다. 역시 가까운 거리였다.

식재료 관리는 어떻게 했나

음식을 조리하기 위해서는 식재료를 준비하고 저장해야 한다. 식재료는 크게 주식인 미곡과 부식인 채소, 육류, 어류로 나누어진다.

미곡은 앞에서 본 바와 같이 왕조 초기에는 사선서가 담당하다가 여러 경로를 거쳐 사도시가 담당하게 되었고, 내자시에서도 미곡, 국수, 술, 기름, 꿀, 채소, 과일을 담당하였다.

사도시와 내자시에서는 호조로부터 분정받은 전세미(田稅米)로써 사옹원에 미곡을 조달하였다. 호조는 이들 아문에 우선하여 전세를 분송하게 되어 있었다. 사도시가 필요로 하는 멥쌀〔粳米〕은 지방 고을의 수령이 직접 정결한 것을 가려서 포장한 뒤 상납하였고, 흉년이라도 양을 줄일 수 없었다. 내자시가 지공하는 물산은 왕실의 식재료라기보다는 각종 제사의 제수용품이라는 것이 합당하다. 그 일부를 사옹원이 나누어 받아 사용했다.

부식재료는 공납(貢納)과 진상(進上)으로 수취하였다. 공납은 지방 고을의 토산물을 현물로 받아들이는 세제(稅制)인데, 해당 품목은 곡물류, 과실류, 임산물류, 조류(鳥類), 수류(獸類), 어물류, 광물류, 목재류, 포류, 모피류 등 수백 종에 달했다. 여기에 포함되는 식용이 가능한 물산은 모두가 사옹원의 부식재료가 될 수 있다. 사옹원이 공납으로 확보하는 부식재료는 대부분이 건물(乾物)이며, 생물(生物)은 일정기간 생존이 가능한 조류 혹은 수류이다. 사옹원 부식재료의 주류는 진상으로 수취하는 생물이다. 진상은 공납의 하나로 사옹원이 부식 재료로 수취하는 것은 물선진상(物膳進上)이다. 물선은 반찬의 재료라는 뜻이다. 진상의 수취와 지출은 제도상으로는 사옹원 도제조와 관원 및 서리가 담당하게 되어 있었다. 그러나 실제로는 내시부의 도설리가 담당하였다. 사옹원 도설리가 8도의 진상을 관장한다는 말이 여기서 나왔다.

사옹원은 진상으로 채소, 과일, 어물, 육류 등을 수취하였다. 진상되는 물선의 자세한 종류와 수량은 현재로서는 알 수 없다. 진상에서 특히 중요한 것은 어물(魚物)이다. 이 중에서도 생물의 경우, 포획이 쉽지 않거니와 신선도 유지 때문에 수송이 어려웠다. 구체적인 사례를 보면, 강원도의 생어육, 삼남의 은구어는 얼음에 저장하여 수송해야 했다. 함경도의 생문어는 얼음에 저장해도 서울에 도착하는 동안 부패하기 마련이었다.

이로 인해 생어물은 서울과 가까운 경기도에 집중하여 부과되었다. 세조~성종조에 경기도에 소일차(小日次) 진상이 상례가 된 데 따른 것이었다. 이것은 경기도 관찰사가 날마다 한 번씩 생어물을 진상하는 일을 말하는데, 이를 위해 경기도의 37개 고을이 돌아가며 한 달에 한 번씩 2~3개 고을이 함께 바쳐야 했다. 경기도관찰사로 나간 국왕의 측근들이 아부하기 위해 시작한 것이 정례가 되었던 것이다. 이로 인해 많은 폐단이 야기되었다. 사례를 보면, 성종조에 이미 경기도 6개 포구의 진상 어물은 쉽게 부패하기 때문에, 백성들이 한강에서 잡은 고기를 사들여 납부한다 하였다. 연산군때에는 여러 고을의 선어 진상이 수천 마리나 되었는

석빙고 경북 안동시 성곡동에 위치한 석빙고. 겉모습은 무덤처럼 생겼는데, 지하를 깊이 파고 화강암으로 석축을 쌓아 만든 창고이다. 독특한 공기 순환 구조를 가지고 있어서 한여름에도 서늘한 기온이 유지된다. 겨울에 강에서 얼음을 채취하여 창고에 쌓아두면 일년 내내 냉장고 기능을 할 수 있다. 생선 등 상하기 쉬운 진상품을 보관하는 것이 주요 기능이었다. 안동의 진상품 중에 은어가 있었기 때문에 석빙고가 반드시 필요했다.

데, 백성들이 스스로 바치지 못하고 어시장에서 사들여서 바치니 그 값이 1마리에 면포 3~4필에 이른다 하였다.

사옹원은 강변 고을의 농민을 어부로 지정하여 스스로 어물을 포획하기도 하였다. 한강에서 통진에 이르는 강가 각 고을의 양인 및 공천 100호를 3번으로 나누어 잡역을 면제해주고 날마다 선어를 진상하게 했던 것이다. 이들을 생선간(生鮮干)이라 하였다. 이런 방식의 어물 확보는 사옹원이 특정 장소를 지정하여 선어 포획을 관장하는 제도로 나타났다. 위어(葦魚, 웅어)를 포획하는 위어소와 소어(蘇魚, 밴댕이)를 포획하는 소어소가 그것이다.

기록상으로는 광해군 10년(1618)에 위어소 어부가 나타난다. 5개 고을의 300호(戶)를 어부로 삼아 1호당 전지(田地) 8결(結)의 잡역을 면제해 주고 위어를 잡아 진상하게 한 것이었다.❷ 인조 3년(1625)에는 사옹원이 임의로 더 정한 위어와 소어가 각각 2천 속(束)이나 된다 하였다.❸ 이로써 소어소도 있었음을 알 수 있다. 위어소는 경기도 고양의 행주 강변에 있었고, 사옹원 봉사가 어부들의 고기잡이를 감독하여 진상하였다. 소어소는 경기도 안산의 서쪽 바닷가에 있었는데, 역시 사옹원 봉사가 어부들을 감독하여 소어를 진상하였다.❹

육류는 수류의 고기를 말하는데 이 역시 생물과 건물로 나뉜다. 생물은 생포한 짐승 또는 그 생육을, 건물은 생육을 말려 가공한 포(脯)를 말한다. 전자는 개·노루·사슴 등과 그 생육을 말하고, 후자는 사슴꼬리·사슴머리·사슴혀·노루고기포·사슴고기포·소고기포 등 가공한 육류이다. 육류도 어류와 마찬가지로 건물보다 생육 진상의 부담이 컸음은 말할 나위 없다.

사옹원의 진상 수취에는 담당 관원과 내시부 환관들의 부정이 잇따랐다. 사료에 나타나는 사례를 보면, 사옹원 관원들은 진상 물선을 수납할 때 품질은 묻지 않고 뇌물 여부에 따라 받아들이거나 물리쳤다. 수납하러 온 지방 관리는 각 고을로부터 미리 면포를 징수하여 관원에게 뇌물을 주었는데, 뇌물을 주지 않으면 품질이 좋아도 수납할 수가 없었다. 또 희귀한 진상품을 구하지 못하면 궁궐의 하급 담당 관원이었던 반감이나 각색장의 집에서 사서 납부하였는데, 이것은 모두 왕실 창고에서 훔쳐낸 것이었다. 진상을 담당하는 환관 중에는 물선을 시장에 팔아 사익을 취하는 자도 있었다. 환관들의 이러한 부패의 정점에는 내시부 도설리가 있었다.

조리를 담당하는 사람들

사옹원은 이렇게 조달한 식재료로 음식을 조리하였다. 조리는 궐내각차비 공천(公賤)이 담당하였다. 궐내각차비는 문소전, 대전, 왕비전, 세자궁의 수라간에 입역하는 각사노(各司奴)를 말한다. 이들은 세습적으로 요리를 전문으로 하는 직업인이었다. 이들은 사옹원 차비노, 사옹원 숙수(熟手), 숙수노(熟手奴), 수라간 하인(下人), 주원 하배(下輩) 등으로 불렸다. 여기에 나타나는 직업명 숙수는 전문 요리인을 뜻한다.

공천(公賤)이란 국가기관에 소속된 노비를 말하는데, 각사노비와 관노비로 나누어진다. 각사노비는 중앙의 여러 관부에, 관노비는 외방 각 고을에 소속된 노비이다. 각사노비는 다시 서울에 거주하는 경거노비와 외방에 거주하는 외거노비로 나누어진다. 이들은 순서에 따라 소속 관부에 입역(立役)하고, 입역 기간이 지나면 신공(身貢)을 납부해야 한다. 이를 노역(奴役)이라 한다.❺

각사노비는 앞에서 본 바와 같이 각사의 차비노와 근수노로 입역하였다. 노역은 남자인 노(奴)가 담당하였고, 여자인 비(婢)는 특별한 경우가 아니면 입역이 없었다. 그러므로 입역하는 공천은 엄밀하게 말하면 각사노, 경거노, 외거노라 지칭해야 한다. 각사노의 입역은 경거노가 우선하여 담당하고, 경거노가 부족할 경우 외거노가 입역하게 되어 있었다. 이를 선상(選上)이라 한다.

이처럼 각사의 차비노와 근수노는 경거노가 우선하여 일하였다. 입역은 경거노는 2번으로, 외거노는 7번으로 나누어 교대로 근무하였다. 2번은 6개월 입역하고 6개월 쉰다는 뜻이며, 7번은 6개월 근무하고 36개월 쉰다는 뜻이다. 궐내각차비도 경거노이므로 '2번으로 나누어 입역한다'고 규정되어 있었다.❻ 한편 경거노는 외방으로 이거할 수도 없었다.

이로 본다면 궐내차비노로 사옹원에서 일하는 경거노는 요리를 전문으로 하는 직업인이었다. 1년 중 입역 기간 6개월을 제외한 6개월 동안 여타의 직업을 수행할 여지가 크지 않기 때문이다. 또한 요리업은 전문적인 기술을 필요로 하는 직업이기 때문이기도 하다.

임진왜란 후 왕실의 각종 제사를 담당하는 봉상시(奉常寺)의 숙수들이 면천, 면역으로 그 수가 줄어들었는데, 서울 5부(部)의 사숙수(私熟手)로써 이를 보충했

조찬소 선조 38년(1605) 70세 이상 노모를 모시고 있는 고위 관료들이 계를 모아 노모를 위한 잔치를 열었다. 이를 그림으로 기록한 기록화. 사옹원 소속 요리사들은 때때로 왕실 관련 잔치에 파견되어 요리를 담당했으므로, 그림을 통해 그 모습을 짐작할 수 있다.

선묘조제재경수연도 중 음식을 조리하는 조찬소 부분. 24.7×43.0cm. 1605년.
고려대학교 박물관 소장

다는 기록이 있다.❼ 서울에는 사사로이 요리업에 종사하는 숙수가 있었음을 알수 있다. 다시 말하면 궐내차비노는 공천 신분 숙수로서 요리업에 종사하다가 순서에 따라 사옹원에 입역하여 수라간 숙수 역할을 맡았던 것이다.

이처럼 사옹원에 입역하는 공천은 서울에 거주하는 각사노였다. 그러므로 사옹원에서 음식을 조리하는 자들은 모두 남자였다. 세종 초기에 왕비전과 태종 후궁 의빈전에 미모(米母), 반모(飯母), 병모(餅母) 등 각사의 비(婢)가 나타나지만,❽ 『경국대전』 성립 이후로는 비는 나타나지 않는다.

『경국대전』에 의하면 궐내각차비는 문소전·대전·왕비전·세자궁에 모두 16가지 식종에 354명이 정속되어 있었다. 문소전은 태조비 신의왕후의 혼전(魂殿)이므로 여기에 소속된 58명을 제외하면 296명이 된다. 이들은 대전 186명, 왕비전 46명, 세자전 64명으로 나뉘었다. 이들은 출입할 때 출입증명서에 해당하는 신부(信符)를 패용해야 했다.

[표 1]의 가운데 굵은 선 위는 전문 숙수이고, 그 아래는 숙수의 조리를 돕는 차비노들이다. 순전히 조리를 담당하는 숙수는 대전 102명, 왕비전 34명, 세자궁 34명으로 모두 170명이었다.

숙수는 조리를 지휘하는 반감(飯監)과 분야별 숙수인 색장(色掌)으로 구분되었다. 색장은 육류를 요리하는 별사옹(別司饔), 물을 끓이는 탕수색(湯水色), 상을 차리는 상배색(床排色), 생선을 요리하는 자색(炙色), 밥을 짓는 반공(飯工), 두부를 제조하는 포장(泡匠), 술을 담당하는 주색(酒色), 차를 담당하는 차색(茶色), 떡을 제조하는 병공(餅工), 음식을 찌는 증색(蒸色) 등이 있었다.

조리를 돕는 차비노는 등불과 촛불을 관리하는 등촉색(燈燭色), 그릇을 간수하는 성상(城上), 소제를 담당하는 수복(守僕), 물긷기를 담당하는 수공(水工) 등이 있었다.

별감(別監)은 세수간(洗手間) 별감과 수사간(水賜間) 별감이 있었는데, 세수간은 세면실, 수사간은 궐내 내실을 말한다. 별감은 청소를 담당한 듯한데, 자세한 내용은 알 수 없다. 이 외 여럿 있는 별감의 역할도 현재로서는 자세히 알 수 없다.

궐내각차비 중 다인청(多人廳)에 소속된 자들이 있어 주목된다. 예컨대 반감의 경우, 대전 6명, 왕비전 4명, 세자궁 4명, 도합 14명인데, 이 중에서 다인청에 소속된 자가 각각 4명, 2명, 2명으로 8명이다. 문소전을 제외하면 궐내각차비 296명에서 164명을 차지하여 약 55%나 된다.

다인청은 다인방이라고도 하며 환관들이 모여있는 처소를 뜻하는데, 이처럼 대전, 왕비전, 세자궁에 각각 있었다. 그러므로 다인청은 분(分)내시부 정도로 이해할 수 있다. 따라서 다인청에 소속된 차비노는 각사노가 내시부에 입역하여 사옹원의 각 수라간에서 색장의 업무를 수행하는 경거노이다. 이것은 내시부가 사실상 사옹원을 관장하고 있었다는 사실의 반증이기도 하다.

22

표1 궐내 각 전각에서 조리를 담당하는 숙수와 노비들

담당자	담당업무	문소전	대전	왕비전	세자궁
반감	조리지휘	2	6(4)	4(2)	4(2)
별사옹	육류 요리	4	14(8)	6(2)	4(2)☐
탕수색	물 끓이기	4	14(10)	4(2)	4(2)☐
상배색	상 차리기	4	10(8)	4(2)	4(2)
자색	생선 요리	4	6(2)	4(2)	4(2)
반공	밥 짓기	6	12(10)	6(4)	6(4)
포장	두부 제조	4	2	2	2
주색	술 담당	4	4	2	2
차색	차 담당	2	4	2	2
병공	떡 제조	4	2	2	2☐
증색	음식 찌기	4	10(8)	4(2)	4(2)
등촉색	등불 촛불 관리		4	4	2
성상	그릇 간수	4	34(26)	8(4)	10(4)
수복	소제	4			
수공	물긷기	2	18(12)	6(2)	4(2)☐
별감	청소(?)	6	46	16	18

출처: 『경국대전』 「형전」 궐내각차비. ( )안의 숫자는 다인청 소속을 뜻함. ☐표시는 양궁이면 2명을 더 둠을 뜻함.

조선후기의
사용원

조선후기에는 많은 사회적 변동이 있었다. 산업의 발달과 이에 따른 유통경제의 발달, 그리고 신분제의 변동이 그러하다. 이에 따라 대동법, 균역법이 시행되고, 천민들의 신분이 상승되었다. 이러한 사회 변동에도 불구하고 사용원의 현물 수취와 노동력 수취는 계속되었다.

사용원은 대동법 이후에도 여전히 진상을 수취하였다. 국왕이 "시장에서 산 술과 포는 마시거나 먹지 않는다"는 『논어』 「향당편」의 공자의 말을 표면적인 말 그대로 맹신한 것이 그 배경으로 작용하기도 하였다.

궐내차비노의 노역도 계속되었다. 봉상시에서 사숙수를 고용한 사례는 앞에서 보았는데, 사용원 숙수의 면천, 임노동은 사례를 찾을 수 없다. 이들은 잡직으로 승진이 보장된 데다, 왕실의 지속적인 관심과 시책이 뒷받침되었기 때문으로 보인다.

23

미 주

- 사용원의 인원 조직과 진상 수취에 관한 기존 연구는, 송수환, 「조선전기의 사용원」, 『한국사학보』 3·4합집, 고려대학교 한국사학회, 1998(『조선전기 왕실재정 연구』, 2002에 재록) 참조.

1. 『여도비지(輿圖備志)』 동반부서(東班府署), 사용원.

2. 『광해군일기』 권 126, 광해군 10년 4월 경진.

3. 『인조실록』 권 22, 인조 8년 정월 무술.

4. 『여도비지』 동반부서, 사용원.

5. 송수환, 「조선전기의 각사노비와 그 경제적 처지」, 『한국사연구』 92, 1996.

6. 『경국대전』 형전, 궐내각차비.

7. 『광해군일기』 권 24, 광해군 2년 정월 경진.

8. 『세종실록』 권 19, 세종 5년 2월 신유.

2 전국에서 가져온 최고의

식재료

신명호 ─ 부경대학교

조선의 모든 땅은 원칙적으로 왕의 소유였다. 그래서 조선에 사는 모든 백성들은 삶의 터전을 허락해준 왕에게 감사의 표시를 해야했다. 백성들이 준비해야 했던 예물은 바로 각 지방의 특산물이었다. 현대사회에서는 이를 세금이라고 할 수 있겠지만, 전통 사회에서는 세금이라는 의미 속에 예물이라는 의미가 포함되어 있었다.

그래서 조선의 궁궐에는 전국 각지로부터 최고의 식재료가 모여들었다. 이 모든 과정은 법으로 엄격하게 규정되어 있었다. 어느 지방에서는 언제 무엇을 바쳐야 했는지, 어떤 행정 체계를 통해서 궁궐까지 진상되어야 했는지, 궁궐에서는 누가 어떻게 이를 검수하고 받아들였는지. 그래서 기후가 변하여 특산물이 바뀌면 백성들은 다른 지방에 가서 특산물을 사와야 하는 경우도 있었다.

이 글에서는 어떠한 식재료들이 궁궐에 보내졌는지, 그리고 그것이 운송되는 과정과 함께, 그에 따른 백성들의 애환을 살펴보고자 한다.

식재료 관리는
어떻게 했나

조선시대 왕들은 선출 왕이 아닌 세습 왕이었다. 그래서 조선시대 왕권의 정통성은 궁극적으로 태조 이성계가 받았다고 하는 천명(天命)과 그 천명을 합법적으로 계승했다는 사실에 있었다. 그것을 확인시켜 주던 상징적 기반이 바로 조선시대 국가사전(國家祀典, 국가 차원에서 지내는 제사의 예절과 법도)이었다. 국가사전을 통해 조선시대의 왕은 자신이 합법적으로 천명을 소유했음을 주장할 수 있었고, 그것을 근거로 전 국토와 전 백성에 대하여 왕토(王土)와 왕신(王臣)을 주장할 수 있었다.

바로 이 같은 왕토와 왕신 사상에 입각하여 백성들은 거주하는 지역에서 산출되는 최고의 특산물을 왕에게 바쳐야 한다는 논리가 성립될 수 있었다. 조선시대에 지방의 특산물을 왕에게 올리던 공납(貢納)과 진상(進上)은 이 같은 왕권 이념의 표현이었다. 왕, 왕비, 세자 등을 위시한 왕실 사람들의 음식은 바로 공납과 진상을 통해 공급된 식재료로 요리되었다.

조선 건국 후 중앙 각사의 공상과 지방 관료의 진상은 관찰사 제도와 진관(鎭管) 체제의 확립 및 유교 이념의 강화를 통해 고려시대의 그것과는 크게 달라졌다. 주지하듯이 고려시대에는 관찰사 제도가 확립되지 않았으며, 지방의 군현에는 수령이 파견되지 않은 속현이 많았다. 따라서 고려시대에 지방 군현을 실질적으로 지배하는 세력은 현지의 향리들이었다. 고려시대 군현의 잡공(雜供), 즉 상공(常貢)과 별공(別貢) 및 삭선(朔膳), 별선(別膳) 등을 징수하여 중앙정부 또는 궁중에 상납하는 책임 역시 군현의 향리들이 지고 있었다.

그러다가 무신 집권기가 시작되기 직전인 예종 때에 안찰사(按察使)가 중앙과 지방 군현을 연결하는 중간 기구로 자리 잡으면서 향리들의 잡공(雜貢) 징수와 상납에 대한 감독기능이 안찰사에게 돌아갔을 뿐만 아니라 안찰사는 직접 별공(別貢)을 징수, 상납하기까지 하였다.❶ 즉 안찰사 제도가 성립되면서 지방의 잡공과 진상의 주체가 이전의 군현 향리들에서 안찰사로 바뀌기 시작한 것이었다.

그런데 고려시대의 안찰사는 전임 외관이 아니라 중앙에서 파견되는 사신적(使臣的) 성격을 띠고 있었다. 고려시대의 안찰사를 계승하는 조선의 관찰사 역시

경상감영

안쪽에 보이는 건물이 경상도 관찰사가 근무하던
선화당이고, 그 앞에 포정문이 배치되었으며
문루가 세워졌다. 조선의 8도 가운데 경상도를
관할하던 감영으로, 최초 상주에 위치하였으나,
선조 34년(1601년) 대구로 이전하였다. 1730년
두 차례의 화재를 입었고, 지금의 건물은 순조
7년(1807년) 재건된 것이다.

嶺南 布政司 (1890)

진상단자

1895년 1월 15일에 경상도 관찰사 조병호(趙秉鎬, 1847-1910)가 종묘에 그 해에 새로난 과일이나 농산물을 신에게 먼저 올리기[薦新] 위해 바치는 경상도의 2월분 진상품 내역을 기록한 문서이다(45.8×49.1cm). 문서와 함께 봉투도 남아 있다. (오른쪽)봉투 겉면에는 "경상도정월령(慶尙道正月令)천신진상물목(薦新進上物目)"이라고 적혀 있다. 문서에 적힌 진상품은 작설차[雀舌], 날전복[生鰒], 가오리[加伍] 등이다.

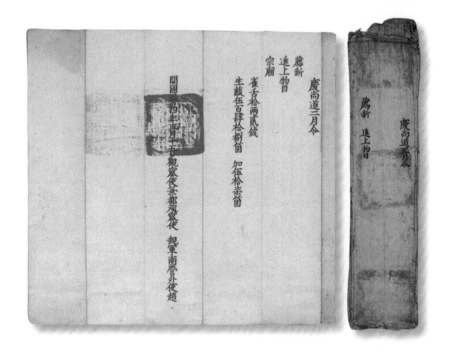

처음에는 사신적 성격이 강했다. 그러나 조선 건국 이후 관찰사의 사신적 성격은 점차 약화되어 『경국대전』에서는 전임 외관직으로 편입되었다.❷ 이와 함께 진관체제가 확립되면서 군방 요지에 전임 병마절도사와 수군절도사가 파견되었다. 이에 따라 조선 건국 후 지방의 행정 체제는 관찰사를 정점으로 하게 되었고, 지방의 군사 체제는 병마절도사와 수군절도사를 정점으로 하게 되었다.

이 같은 변화는 궁극적으로 중앙 집권력의 강화를 의미하는데, 중앙 집권력의 강화는 공상 제도와 진상 제도에도 직접적인 영향을 미쳤다. 예컨대 고려시대에는 지방의 군현 향리가 잡공을 징수하여 중앙 각사에 상납하면, 이를 중앙 각사에서 궁중에 공상하였는데, 조선시대에는 모든 군현에 수령이 파견됨으로써 고려시대의 잡공을 계승하는 공물(貢物) 징수와 상납을 중앙에서 파견된 수령이 책임지게 되었다. 또한 고려시대의 진상에서는 지방의 군현 향리가 삭선, 별선을 징수하여 궁중에 상납하였지만, 조선시대에는 각 도의 관찰사, 병사절도사, 수군절도사의 책임 하에 각종 진상품을 징수하여 궁중에 상납하였던 것이다.

조선시대의 공납과 진상은 임진왜란 이후 대동법이 시행되면서 크게 변하였다. 대동법 시행 이전에는 중앙 각사의 수요물자인 공물(貢物)을 각 군현 단위로 부과하고, 각 군현에서 중앙 각사에 직접 납품하게 하였는데, 대동법이 시행되면서 공물을 쌀로 환산하여 징수하고 중앙 각사에서 필요로 하는 물품은 공인(貢人)을 통해 납품하게 하였던 것이다.❸

이 결과 왕실 음식 재료의 조달 방식도 큰 변화를 겪게 되었다. 대동법의 시행을 계기로 공납은 크게 변했지만 진상은 거의 변하지 않고 온존하였다. 그것은 왕에 대한 관료들의 당연한 예의라는 논리에서 그렇게 되었다. 따라서 조선후기 왕실 음식은 공납의 변화는 물론 진상의 온존과도 밀접하게 관련을 가질 수밖에 없었다. 따라서 조선후기 왕실 음식 재료의 조달을 보다 깊이 알기 위해서는 공상과 진상을 함께 검토해야 한다.

공납과 진상을 통한
식재료의 조달

　　대동법 시행 후의 공상에 관련된 구체적인 내용은 『탁지정례(度支定例)』, 『만기요람(萬機要覽)』, 『육전조례(六典條例)』 등에 실려있다. 예컨대 1749년(영조 25) 3월에 완성된 『탁지정례』의 공상정례(供上定例)와❹ 1808년(순조 8)에 편찬된 『만기요람』에는 각 전궁(殿宮)별로 올라가는 공상, 즉 공납과 진상의 종류와 수량이 자세하게 기록되어 있다.

공상의 종류에는 축일공상(逐日供上), 소선(素膳), 축삭공상(逐朔供上), 월령(月令), 사삭일개(四朔一改), 연례(年例), 남염침장침저(藍染沈醬沈菹), 탄일절일표리물선의대(誕日節日表裏物膳衣襨), 삭선(朔膳), 진하(陳賀) 등이 있었다. 이 중에서 월령과 삭선은 지방의 관찰사, 병마절도사, 수군절도사가 책임지는 진상이었던 반면 그 외는 중앙의 각사에서 담당하는 공상이었다. [표 2]

표2 **공상의 종류와 내용**

종류	내용	담당
축일공상(逐日供上)	매일 공상되는 물품	중앙 각사
축삭공상(逐朔供上)	매달 공상되는 물품	중앙 각사
소선(素膳)	장례나 제사 음식(고기 이외)	중앙 각사
월령(月令)		지방 관찰사, 절도사
사삭일개(四朔一改)	4개월에 한차례 공상되어 바뀌는 물품	중앙 각사
연례(年例)	1년에 한 차례 공상되는 물품	중앙 각사
남염침장침저(藍染沈醬沈菹)	옷감을 물들이는 데 필요한 물감과 김장에 필요한 소금 및 채소	중앙 각사
탄일절일표리물선의대(誕日節日表裏物膳衣襨)	왕이나 왕비 등의 생일 또는 명절을 축하하기 위해 신료들에 의해 공상되는 옷감과 음식물 등	소선
진하(陳賀)	국가나 왕실에 경사가 있을 때 이를 경축하기 위해 공상되는 물품	중앙 각사
월령(月令)	지방의 관찰사, 병마절도사, 수군절도사가 책임지는 진상	
삭선(朔膳)	지방의 관찰사, 병마절도사, 수군절도사가 책임지는 진상	

표3 공상 담당 기관의 관리 품목

명칭	축일공상	축삭공상	소선
내자시	청근(菁根), 수근(水芹), 와거동(瓦居動), 과자(苽子), 백가자(白茄子), 곤대(昆臺)	침채염(沈菜鹽)	실임자(實荏子)
내섬시	즙진유(汁眞油), 초(醋), 우모(牛毛), 두탕적두(豆湯赤豆), 청밀(淸蜜), 다맥(茶麥), 황각즙진유(黃角汁眞油), 건회즙초(乾膾汁醋), 즙초(汁醋)		즙진유(汁眞油), 상말(上末), 목맥말(木麥末), 점(粘)
사도시	갱미(粳米), 직미(稷米), 포태(泡太), 개자(芥子), 두탕심갱미(豆湯心粳米), 우모즙개자(牛毛汁芥子), 타락심갱미(駝酪心粳米)	분강갱미(粉糠粳米)	황대두(黃大豆), 포태(泡太)
사재감	대구어(大口魚), 석수어(石首魚), 난해(卵醢), 백하해(白蝦醢), 염(鹽)		
의영고	황각(黃角)	황각(黃蜜), 법유(法油)	분곽(粉藿), 조곽(早藿), 곤포(昆布), 다사마(多士麻), 석이(石茸), 감태(甘苔)
사포서	생총(生蔥), 수애근(水艾根), 가자(茄子), 나복경(蘿服莖), 과자(苽子), 임자엽(荏子葉), 나복근(蘿服根), 수근(水芹), 규채(葵菜), 와거채(渦菜), 장달이(長達里), 향채(香菜), 토란경(土卵莖), 동과(冬瓜), 토란(土卵), 만청근(蔓菁根), 녹두아(菉豆芽), 만청아(蔓菁芽), 진과(眞果), 서과(西果), 생강(生薑), 남과(南瓜)		곽이(藿耳), 세모(細毛), 해의(海衣), 생강(生薑)

축일공상은 말 그대로 매일 공상되는 물품이었고, 축삭공상은 매달 공상되는 물품이었다. 소선은 장례나 제사 때의 고기를 뺀 음식물이었다. 사삭일개는 4개월에 한 차례 공상되어 바뀌는 물품이었고 연례는 1년에 한 차례 공상되는 물품이었다. 남염침장침저는 옷감을 물들이는 데 필요한 물감과 김장에 필요한 소금 및 채소를 공상하는 것이었다. 탄일절일표리물선의대는 왕이나 왕비 등의 생일 또는 명절을 축하하기 위해 신료들에 의해 공상되는 옷감과 음식물 등이었다. 진하는 국가나 왕실에 경사가 있을 때 이를 경축하기 위해 공상되는 물품들이었다.

이처럼 조선후기의 공상은 종류도 다양하고 공상되는 시기도 다양했다. 조선시대 전 기간에 걸쳐 중앙의 각사 중에서 공상과 직간접으로 관련된 관서는 사옹원,

내자시, 내섬시, 사도시, 사재감, 내수사, 사온서, 의영고, 장원서, 사포서, 사축서, 내시부 등 12개였다. 이 중에서 사온서, 사축서는 조선후기에 폐지되었다. 그러므로 조선후기에 궁중의 공상과 관련되었던 부서는 10개였다. 그 중에서 내시부, 내수사, 사옹원, 장원서를 제외한❺ 6개의 관서가 궁중공상과 직결되어 있었다. 그러므로 이 6개의 관서를 공상육사(供上六司)라고 통칭하였다. [표 3]

공상육사에서 담당하는 공상 품목은 원칙적으로 조선에서 산출되는 대표적인 육산물과 해산물을 모두 포함하였다. 그것은 조선후기에 대동법이 시행되면서 공인들을 통해 조달되었다고 해도 변하지 않았다. 사계절이 뚜렷했던 조선에서는 이런 음식재료들이 철따라 또는 달에 따라 산출되었다. [표 4]

그런데 음식재료는 산출된 이후 오래 보관할 수 있는 재료도 있고 그렇지 못한 재료도 있었다. 오래 보관할 수 없는 음식재료는 산출되는 즉시 소비하지 않으면 대부분 쓸 수 없었다. 그러므로 이런 음식재료는 특별히 공상하는 시기를 정해 놓았다.

공상육사의 공상 품목 중에서 납품 시기가 정해진 것은 주로 축일 공상의 음식재료였다. 그 중에서도 채소와 과일 등 보관상의 문제, 그리고 제철음식이라는 측면이 강한 음식재료가 대상이었다.

표4 **주요 물품의 공상 시기(음력기준)**

관서명	시기	품목
내자시	입춘 ~ 2월	청근(菁根-무)
	3월	수근(水芹-미나리)
	4월	와거동(臥巨銅-상추)
	5월 ~ 6월	과자(瓜子-오이)
	7월 ~ 9월	백가자(白茄子-가지)
	10월 ~ 입춘	곤대(坤臺-근대)
내섬시	4월	건회즙초(乾膾汁醋)
	5월 ~ 7월	우모(牛毛)
	8월 ~ 9월	즙초(汁醋)
	10월 ~ 4월	황각즙진유(黃角汁眞油)
사도시	5월 ~ 7월	우모즙개자(牛毛汁芥子)
	10월 ~ 1월	타락심갱미(駝酪心粳米)
의영고	10월 ~ 4월	황각(黃角)
사포서	1월	나복근(蘿服根-무뿌리), 녹두아(菉豆芽-녹두나물), 만청아(蔓菁芽-순무싹)
	2월	수애근(水艾根-쑥뿌리), 수근(水芹), 녹두아(菉豆芽), 만청아(蔓菁芽), 나복근(蘿服根)
	3월	나복경(蘿服莖-무줄기), 수근(水芹), 규채(葵菜-해바라기 나물)
	4월	수근(水芹), 규채(葵菜), 와거(蛙巨-상추), 장달리(長達里-장다리), 향채(香菜)
	5월	과자(瓜子), 수근(水芹), 규채(葵菜), 와거(蛙巨), 장달이(長達里), 향채(香菜)
	6월	임자엽(荏子葉-깻잎), 가자(茄子), 토란경(土卵莖), 동과(冬瓜), 과자(瓜子), 나복채(蘿覆菜-무채), 서과(西瓜), 진과(眞瓜)
	7월	토란경(土卵莖), 동과(冬瓜), 과자(瓜子), 나복채(蘿腹菜), 남과(南瓜-호박), 서과(西瓜), 진과(眞瓜), 가자(茄子)
	8월	동과(冬瓜), 과자(瓜子), 나복채(蘿腹菜), 가자(茄子), 서과(西瓜), 진과(眞瓜), 치청(穉菁), 치백채(穉白菜-어린 배추)

왕에게 바치는 지방의 특산품
'진상'

조선시대 지방의 관찰사, 병마절도사, 수군절도사 등이 현지의 특산물을 궁중에 올리는 것이 진상이었다. 진상은 지방에서 궁중으로 올려야 하므로 매일 올린다는 것은 불가능했다. 그러므로 조선시대의 진상은 기본적으로 한 달에 한 차례 올리는 것이 기본이었다.

그런데 조선시대 진상의 주체가 명목상으로는 관찰사, 병마절도사, 수군절도사로 되어 있지만 실제는 공납과 마찬가지로 군현 단위에서 부담하였고, 더 구체적으로는 군현의 마을 단위에서 부담하였다.

조선후기에 각각의 마을에서 담당하던 진상의 실제 상황에 대하여는 1998년에 한국정신문화연구원에서 편찬한 『고문서집성(古文書集成)』35-거제 구조라리편(舊助羅里篇)-이 중요한 정보를 제공한다. 이 책에는 구조라리(舊助羅里) 마을회관에 소장되었던 고문서가 수록되어 있는데, 이 고문서들은 18세기 말에서 20세기 초에 작성되었다. 구조라리 고문서가 마을회관에 소장된 이유는 작성주체와 이해당사자가 특정인이나 특정 가문이 아니라 마을 전체였기 때문이었다. 따라서 구조라리 고문서는 마을 공동체 내의 생활상과 그들의 대내외적인 문제를 해결하는 방식 등을 생생하게 보여준다.

구조라리는 거제도 가운데서도 최남단에 위치하며, 반농반어의 전형적인 도서마을로서 한문 이름은 항리(項里)이다. 항리는 지형이 장구의 목(項)과 흡사하다고 하여 붙여진 이름이다.[6] 조선후기 구조라리 즉 항리에서 담당하던 진상에 관련된 자료로는 1790년(정조 14)부터 1857년(철종 8) 사이에 작성된 '동전표식기(洞錢俵殖記)'가 주목된다.[7]

이 자료는 해산물, 표고 등 각종 명목의 징수에 대해 항리 사람들이 공동으로 이를 납부 하고 납부금액을 다시 각 호(戶)에 배정하는 과정에서 작성되었는데, 당시 항리에는 약 70여 호가 있었다.

자료에 의하면 항리는 거의 매달 진상을 담당하였다. 진상의 종류에는 월별로 올리는 등진상(等進上) 즉 정기진상과, 특별한 날 올리는 별진상이 있었다. 좀 더 구체적으로 본다면 등진상은 1월, 2월, 3월, 6월, 9월, 10월, 11월 등 7번에 걸쳐 있

동전표식기 거제도 남단의 도서마을인 구조라리에서 공동으로 진상품을 마련했던 장부를 기록한 문서. 1790년에서 1857년까지 67년간의 기록이 책자 형태로 남아 있다.

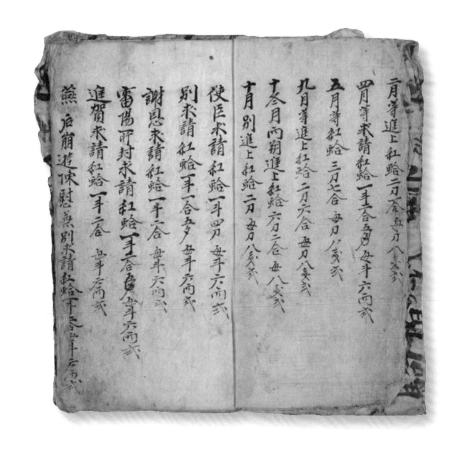

었고, 별진상은 4월, 윤4월, 6월, 10월 등 4번에 걸쳐 있었다. 따라서 등진상과 별진상을 합하면 11개월이 된다. 결국 전체적으로 본다면 항리는 1년 내내 진상의 부담에서 자유로울 수 없었다고 할 수 있다.❽

그런데 항리에서 담당한 1년간 진상의 횟수는 정기진상인 등진상이 7회로서 별진상의 4회보다 많았지만 액수로는 오히려 별진상이 훨씬 많았다. 즉 항리의 1년간 진상 총액 110냥 중에서 별진상은 86.5냥이었음에 비해 등진상은 23.5냥에 불과했던 것이다. 총액비율로 보면 항리에서 담당한 진상 중에서 별진상이 대략 80%를 차지하였고 등진상은 겨우 20% 정도밖에 되지 않았다. 이는 조선전기 이래로 별진상이 국왕 및 왕실에 대한 예우를 표현하기 위한 기능뿐만 아니라 일반 관료들에게 주어지는 왕의 하사품으로도 쓰였기 때문에, 어떤 면에서는 정기 진상보다 더 중요시되었기에 나타난 결과라 할 수 있다.

그런데 당시에 항리에서 올리는 진상품의 품목은 홍합, 표고 등으로 되어 있지만 실제는 홍합, 표고를 직접 생산하여 바치는 것이 아니라 현금을 갹출해 구입하여 진상했음을 알 수 있다. 처음 항리에 홍합, 표고가 진상품으로 배당된 이유는 물론 그것이 항리의 특산품이었기 때문이었다. 따라서 애초에는 홍합, 표고를 생산하는 데 들어가는 비용은 그렇게 크지 않았을 것으로 생각된다. 하지만 시간이 지나면서 표고가 귀해져 직접 생산하기가 어렵게 되자,❾ 진상품을 직접 생산하

표5 조선후기 거제부 항리에서 담당한 진상❿

시기	구분	진상품
1월	정월 등진상(等進上)	홍합 3두 6홉 3작을 위해 매 두에 8전씩=약 2냥 9전
2월	이월 등진상(等進上)	홍합 2두 1홉을 위해 매 두에 8전씩=약 1냥 7전
3월	삼월 등진상(等進上)	홍합 3두 9홉 7작을 위해 매 두에 8전씩=약 3냥 2전
4월	사월칙(四月則) 별진상(別進上)	표고 1두 3홉 5작을 위해 매 두에 8량씩=약 10냥 8전
윤4월	윤사월칙(閏四月則) 별진상(別進上)	홍합 3두를 위해 매 두에 8전씩=2냥
6월	유월상주도회소봉진상 (六月尙州都會所封進上) 유월 별진상(別進上)	홍합 4두 2홉 3작을 위해 매 두에 8전씩=약 3냥 4전 표고 9두 1작을 위해 매 두에 8량씩=약 72냥 1전
9월	구월 등진상(等進上)	홍합 2두 6홉을 위해 매 두에 8전씩=약 2냥 1전
10월	십동월양삭(十冬月兩朔) 진상 시월 별진상(別進上)	홍합 6두 2홉을 위해 매 두에 8전씩=약 5냥 홍합 2두를 위해 매 두에 8전씩=약 1냥 6전
11월	십동월양삭(十冬月兩朔) 진상	홍합 6두 2홉을 위해 매 두에 8전씩=약 5냥

는 것보다는 구입하는 것이 오히려 수월한 상황에까지 이르렀던 것이다.

하지만 조선후기의 모든 마을이 진상품을 구입하였던 것은 아니었다. 배당된 진상품의 생산이 구입보다 수월한 경우에는 당연히 직접 생산했기 때문이다. 즉 조선후기 각 마을의 사람들은 생산이든 구입이든 보다 수월한 방식을 통해 자신들에게 배당된 진상 문제를 해결했다고 할 수 있다.

그런데 [표 5]에 의하면 항리 사람들이 부담한 등진상과 별진상의 총액은 대략 110냥이 된다. 따라서 이를 11번으로 나누면 대체로 한 번 진상하는 데 10냥 정도의 비용이 들어갔음을 알 수 있다.

조선후기의 물가 수준을 고려할 때 항리에서 1년간 부담한 진상 총액 110냥은 결코 적지 않은 규모였다. 『만기요람』의 환산식으로 계산하면 쌀 1석이 5냥이므로 110냥은 쌀 22석에 해당한다.[11] 항리의 1년간 진상 총액 110냥 즉 쌀 22석은 당시의 70여 호에 분배되었으므로, 각 호에서는 대략 연간 1.5냥을 부담한 셈이 된다. 당시의 쌀 1석은 15말이었으므로 1.5냥은 대략 쌀 5말 정도에 해당한다. 요컨대 조선후기 항리 사람들은 각 호별로 1년간 진상을 위해 대략 1.5냥을 부담했던 셈이 된다.

물론 1.5냥을 한 번에 부담한 것은 아니고 11달에 걸쳐 해당 달에 배당된 액수만큼 부담하였다. 이렇게 마을의 각 호별로 징수된 돈으로 항리 사람들은 자신의 마을에 배당된 등진상 또는 별진상을 마련했던 것이다.

이 진상품은 일단 마을 자체의 검사를 거쳐 거제부에 올라가고, 거제부에서는 또 자체의 검사를 거친 후 경상감영 또는 상주 도회소로 상납하였다. 감영 또는 도회소에서는 또 다시 감사의 책임 하에 진상품을 검사한 후 매달 궁중의 각 전궁으로 상납하였다. 경상감영을 제외한 다른 도에서도 진상을 올리는 방식은 마찬가지였다. 따라서 8도에서 진상되는 음식재료를 종합하면 그것이 곧 월별로 진상되는 왕실 음식재료가 된다. [표 6]

표6 『공선정례』의 도별 진상음식 재료⑫

	경기	충청	전라	제주	경상	강원	황해	함경
1월		유갑생복	소해의 분곽 전복 건시자 건수어		대구건어 관목청어 건시자 건홍합 분곽	반건대구어 건문어 대구고지염 조곽 청밀		생대구어 생훈어 생해삼
2월	생합 해홍채 생죽합		조곽 소해의 건수어 청밀	추복 조복 청귤 인복	해의 조곽 건광어	건대구어 건광어 생홍합 분곽 청밀	생청어	건접어 건과어 중곽
3월	궐채 신감채 황석수어		조곽 전복 세린석수어 표고 종강	추복 인복	분곽 건광어 건대구어	건대구어 건문어 생송어 분곽 청밀	생자하해	건광어 탑사마 송어해
4월	목두채 생오적어 청해해 자구비석수어	황석수어	전복 건오적어 수어란 청밀 전복	표고 추복 인복	건복단인 표고 건홍합	건문어 염송어 청밀	거린석수어 석수어난해 건수어	건대구어 건접어
5월	순채 대맥미 신진말 앵도 청과		전복 구비석수어 생죽이 청밀	추복 인복	분곽 건가을어 건소문어	건대구어 건홍합 건해삼 청밀	건대하 신진말 대맥미	건해삼 고도어복장
6월	속미 서미 직미 신도미 황행 진과 서과 녹이 동과 가자 아치		전복 장인복 침죽이 건수어 청밀	오적어 추복 인복	생은구어 생죽이 전복	건련어 건여항어 청밀	신속미 신서미 신직미 신도미	곤포
7월	생진자 추자 적리 임금 신백자 연실 은구어		생은구어 청밀 건수어	오적어 추복 인복	염은구어 건홍합 가사리	건해삼 청밀	생은구어	건광어
8월	생금린어 생해 생송용 연율	조홍시자 생송용	전복 표고 염은구어 청밀	오적어 추복 비자 인복	표고 건해삼 건소문어	건대구어 생송용 청밀	생합 진자 송용대백청	련어해 증곤포
9월	생소라 생석수어 미후도 산포도	조홍시자 생복	석류 생강 건수어 호도	오적어 추복 유자 인복	백자 조홍시자 건광어	건대구어 생련어 백자 청밀	백자	반건대구어 반건문어
10월	생석화 서여 생락제 은행 생합 해장		홍시자 석류 분곽 유자 청밀	감자 유감 동정귤	석류 유자 황률 건광어 백자	염련어 련어난해 청밀 생은어 생장	생리 청밀	생리 생문어 생대구어
11월	동백어		전복 생치 유자 석류 생강 청밀	감자 유감 동정귤 산귤 당유자	건시자 생청어 분곽 유자 석류 건홍합 곽이	반건대구어 생은어 생대구어 생치 련어난해 청밀	동수어 죽합	건대구어 조곽 대구난해 생청어 생과어
12월			소해의 전복 분곽 건시자 생치 청밀	표고	해의 건시자 대구어난해 건광어 생치 생저	건문어 반건대구어 건은어 생치 청밀		대구고지염 건문어 생치 생장

왕실의 식재료 검수

　　조선후기의 공상과 진상을 통해 궁중에 상납되는 음식재료는 사옹원에서 접수하였다. 사옹원이 왕의 식사 및 궐내 음식물의 공급 등의 일을 담당하였기 때문이다.❸ 『육전조례(六典條例)』에 의하면 사옹원에서는 공상육사 등에서 올리는 음식재료들을 다음과 같은 절차를 거쳐 받아들였다.

매일 제조 1명이 일찍 본 사옹원으로 와서 입직낭청(入直郎廳) 및 설리내관(薛里內官)과 개좌(開坐)한다. 그 후에 각사의 진배관(進排官)〈사포서는 매일이고 사도시, 내자시, 내섬시, 사재감, 의영고는 3일에 한 번씩이다.〉은 공상할 물종들을 봉진(封進)한다. 그러면 반감(飯監)이 그것을 받들어 제조 앞으로 가지고 와서 낭청, 설리와 함께 간품한다.❹

　　그런데 위에서 주목되는 것은 음식재료를 간품할 때 사옹원의 제조와 낭청뿐만 아니라 설리와 반감이 참여한다는 사실이다. 설리는 '옆에서 보조하여 돕는다'는 뜻의 몽골어로서 궁중음식을 관리하는 내시였다.❺ 설리가 궁중음식을 관리하므로 사옹원에서 음식재료를 받아들이는 과정에도 참여하는 것이었다.

반감은 사옹원에 소속된 궐내차비(闕內差備)였다. 사옹원에는 궁중음식을 담당하는 수많은 남자 요리사들이 소속되었는데, 반감은 그 요리사들의 수장으로서 일종의 주방장이었다. 사옹원에서 만드는 궁중음식은 반감이 최종 책임을 졌으므로 반감이 음식재료를 받아들이는 과정에도 참여하는 것이었다.

이런 절차를 거쳐 합격된 음식재료들만이 궁중 요리사들에게 전해져서 요리될 수 있었다.

1. 김재명, 『고려 세역제도사 연구(高麗 稅役制度史 研究)』, 한국학대학원 박사학위논문, 1994, pp.225-239.

2. 임선빈, 『조선초기 외관제도(外官制度) 연구』, 한국학대학원 박사학위논문, 1998, pp.27-36.

3. 조선시대의 공납제와 진상제도, 대동법 등에 관하여는

정순우(鄭亨愚), 「대동법(大同法)에 대한 일연구(一研究)」, 『사학연구』2, 1958

田川孝三, 『李朝貢納制の研究』, 東洋文庫:東京, 1964

유원동(劉元東), 「이조공인자본(李朝貢人資本)의 연구(研究)」, 『아세아연구』16, 1964

한영국(韓榮國), 「대동법(大同法)의 실시(實施)」, 『한국사』13, 국사편찬위원회, 1978

정순지(鄭亨芝), 「이조후기(李朝後期)의 공인권(貢人權)」, 『이대사원(梨大史苑)』20, 1983

고석규(高錫珪), 「16, 17세기 공납제(貢納制) 개혁(改革)의 방향」, 『한국사론』12, 1985

오미일(吳美一), 「18,19세기 공납정책(貢物政策)의 변화와 공인층(貢人層)의 변동」, 『한국사론』14, 1986

德成外志子, 「조선후기(朝鮮後期)의 공물무납제(貢物貿納制)」, 『역사학보』113, 1987

박현순, 「16-17세기 공납제(貢納制) 운영의 변화」, 『한국사론』38, 1997

최주희, 「15-16세기 별진상(別進上)의 상납과 운영」, 『한국사학보』46, 2012 등 참조.

4. 최주희, 「18세기 중반 탁지정례류(度支定例類) 간행의 재정적 특징과 정치적 의도」, 『역사와 현실』81, 2011, pp. 274-276.

5. 내시부(內侍府)는 궁중음식을 감독하였고, 내수사(內需司)는 왕의 사적인 기구였으며, 사옹원(司饔院)은 어선(御膳)을 요리하였고, 장원서(掌苑署)는 궁중 내의 원유(園囿)를 담당하였다는 점에서 공상(供上)을 직접 담당한 관서라기 보다 간접적인 관계를 갖는 관서라고 할 수 있다. 다만 사옹원의 응사계(鷹師契)와 어부계(漁夫契)에서 매일 생치(生雉)와 수어(秀魚)를 진배(進排)한 사실을 참조.

6. 정순우(丁淳佑)·안승준(安承俊), 「거제도 구조라리 고문서(巨濟島 舊助羅里 古文書)와 그 성격(性格)」, 『고문서집성(古文書集成)』35-거제 구조라리편(巨濟 舊助羅里篇)-, 한국정신문화연구원, 1998, pp.3-4.

7. 정순우(丁淳佑)·안승준(安承俊), 「거제도 구조라리 고문서(巨濟島 舊助羅里 古文書)와 그 성격(性格)」, 『고문서집성(古文書集成)』35-거제 구조라리편(巨濟 舊助羅里篇)-, 한국정신문화연구원, 1998, pp.6-7.

8. 최주희, 「15-16세기 별진상(別進上)의 상납과 운영」, 『한국사학보』46, 2012, pp.7-42.

9. 정순우(丁淳佑)·안승준(安承俊), 「거제도 구조라리 고문서(巨濟島 舊助羅里 古文書)와 그 성격(性格)」, 『고문서집성(古文書集成)』35-거제 구조라리편(巨濟 舊助羅里篇)-, 한국정신문화연구원, 1998, p.12.

10. "正月等進上紅蛤 三刀六合三勺 每刀八錢式 三月等進上紅蛤 三刀九合七勺 每刀八錢式 二月等進上紅蛤 二刀一合 每刀八錢式 九月等進上紅蛤 二刀六合 每刀八錢式 十冬月兩朔進上紅蛤 六刀二合 每八錢式 十月別進上紅蛤 二刀 每刀八錢式 六月尙州都會所封進上紅蛤 四刀二合三勺 每刀八錢式 閏四月則別進上紅蛤 三刀 每八錢式 四月則別進上蕪苦 一斗三合五勺 每斗八兩式 六月別進上蕪苦 九刀一勺 每斗八兩式"(『고문서집성(古文書集成)』35-거제 구조라리편(巨濟 舊助羅里篇)-, '동전표식기(洞錢俵殖記)', 한국정신문화연구원, 1998, pp.96-99).

11. 김재호, 「조선후기 중앙재정의 운영」, 『조선후기 재정과 시장』, 서울대학교 출판부, 2010, pp.50-55.

12. 『공선정례(貢膳定例)』(장서각 도서분류 2-2863).

13. "掌供御饍及闕內供饋等事"(『경국대전』 이전(吏典), 사옹원조(司饔院條).

14. 『육전조례(六典條例)』 사옹원조(司饔院條).

15. 『역주 경국대전(譯註 經國大典)』-주석편(註釋篇)-, 한국정신문화연구원(1992).

2부   매일 먹는

일상

음식

1 왕에게 바치는

일상음식

한복려 — 궁중음식연구원

일상음식은 말 그대로 매일 먹는 음식이었지만 오히려 자세히 알기가 어렵다. 왕실음식 관련 기록은 주로 잔치나 특별한 행사의 기록 속에 들어 있기 때문이다. 그러나 정조의 화성행차를 기록한 의궤에 매 시간대별로 어떤 음식이 차려졌는지가 자세히 남아 있고, 살아계실 때처럼 돌아가신 뒤 한동안 상식을 올린 기록도 남아 있어 일상음식을 유추할 수는 있다. 특히 조선 왕실의 마지막 상궁들이 해방 후에까지 생존해서 생생한 구술 자료를 남겼기 때문에, 이를 종합하면 상당히 구체적으로 조선 말기 고종·순종대 왕실의 일상음식을 재구성해낼 수 있다.

이 글에서는 위의 자료들을 바탕으로 왕실에서 매일 먹는 음식들을 재구성해 보았다. 이를 통해 하루의 시간대별로 아침, 점심, 저녁상뿐만 아니라, 아침 이전에 먹는 유동식이나 밤에 먹는 간식 등도 알 수 있을 것이다.

음식은 그 자체로 하나의 문화이기 때문에, 음식을 지칭하는 용어, 음식을 차리고 먹고 상을 물리는 절차, 음식을 담는 상과 그릇 등을 종합적으로 이해할 때 비로소 일상음식의 실체를 파악할 수 있다. 이 글에서는 음식에 대한 왕의 생각을 비롯한 문화적인 측면을 종합적으로 고려하여 왕실 일상식을 구체적으로 재구성해 보고자 한다.

왕의 일상음식을 말해주는
자료들

궁궐이란 왕이 통치행위를 하는 공간인 동시에 거처이기도 하므로 상징성을 가진다. 따라서 왕을 위시한 왕족들은 특권을 갖는 동시에 제도와 의례에 맞추어 생활을 해야 한다. 조선왕조는 기본적으로 신분사회였기 때문에 의식주와 같은 일상적인 생활에서도 왕은 신하나 백성들과는 달리 최고의 호사를 누렸다. 예치(禮治)로 다스려진 조선왕조의 음식문화는, 왕실과 국가행사에서 행하는 각종 의식, 즉 길례(吉禮), 가례(嘉禮), 빈례(賓禮), 군례(軍禮), 흉례(凶禮)에 대한 기록인 『국조오례의(國朝五禮儀)』로 짐작해 볼수 있다. 또한 의례를 거행하며 남긴 기록은 왕족에 대한 공경과 숭배를 나타내는 표현으로, 이를 통해 행사일에 맞추어 행사 참여자가 받은 상차림과 궁궐음식을 알 수 있다. 그 예가 왕이나 대비가 기념일을 맞이하여 축하를 받게 되는 잔치의 기록인 『진연의궤(進宴儀軌)』, 『진찬의궤(進饌儀軌)』, 『진작의궤(進爵儀軌)』 등이다. 뿐만 아니라 왕조마다 남겨진 『조선왕조실록(朝鮮王朝實錄)』도 음식문화를 알 수 있는 소중한 자료이다.

이러한 의례음식 이외에 매일 거듭되는 생활에서 평소 먹게 되는 일상식이 있다. 일상식은 반복되는 생활의 일부이므로 기록의 필요성을 특별히 느끼지 못했을 수도 있다. 그래서 일상식을 자세히 알 수 있는 기록물이 많지 않다. 다만 국상이나 흉년 등 국가에 어려움이 닥쳤을때 왕과 왕족의 식사 중에서 고기음식이나 찬수를 제한하라는 하교가 실록에 보이는데, 이로써 왕의 일상식을 일부분 짐작할 수 있을 정도이다.

드물지만 왕의 일상식을 자세히 알 수 있는 기록은 정조 시기(1777~1800)의 『원행을묘정리의궤(園幸乙卯整理儀軌)』(1795)이다. 이 책은 정조의 모후 혜경궁 홍씨의 회갑연을 거행하기 위하여 본궁이 아닌 사도세자의 원소가 있는 현륭원(顯隆園)을 다녀온 기록이다.

8일간 일정 중 식사에 관한 내용도 날짜별 시간대별로 기록되어 있다. 행사 기간 중의 일상식이 본궁에서의 일상식과 차림새가 같은 것인지 여부는 정확히 알 수 없지만, 식사의 횟수나 음식내용, 계절 식재료, 상차림의 구성 등은 알 수 있다.

어른들의 음식을 살피는 시선(視膳)

■ 조선왕조실록 연산군일기(1495)

연산 1년(1495) 1월 2일 왕대비가 성종의 효성에 대해 한글교지를 내리다.

"…대행왕께서 정희·인수·인혜 3전을 받들기를 극진히 하지 않은 것이 없이 하셨음은 일일이 듣기 어렵거니와 날마다 세 번 문안하고, … 또 상선(常膳)에는 친히 별미(別味)를 조리하시되 그 즐기시는 것은 반드시 벽에다 써 붙여 두고서 바치며, … 두 대비에게 효도로 봉양하는 것도 처음부터 끝까지 한결같아 수라상을 친히 보살피기를 폐하지 아니하였으며, 늙은 부모가 있는 재상(宰相)에게는 매양 음식물을 내리셨다."

왕의 검박정신이나 천재지변 중의 감선(減膳)과 소선(素膳)

■ 정조대왕 행장(1800)

"절제와 검소를 몸소 실천하여 여러 번 세탁한 옷도 입었으며 곤복(袞服)이 아니고는 비단을 입지 않았다. 어선(御膳)도 하루 두 끼에 불과했고 음식 역시 서너 가지에 불과했으며 침전(寢殿)은 장식도 안 한 데다 낮고 좁아 비가 오면 새는 곳이 있었다."

■ 철종대왕 묘지문(1863)

"약방에서 으레 공상하는 낙죽(酪粥)을 정지시키고 이르기를, '소가 새끼에게 젖을 먹이지 못하면 가축이 번성하지 못하게 될 것이다' 하였으며, 심지어 미물인 새짐승과 벌레까지도 상해하지 못하게 경계하였습니다.

내주 상선(常膳)에 진수(珍羞)와 이미(異味)가 있으면 그때마다 물리치고 드시지 않았으며, 또 일찍이 육미(肉味)를 즐기지 않는다면서 이르기를, '내가 만일 고기를 많이 먹는다면 사서인에 이르기까지 이를 다투어 본받게 될 것이므로 육축이 반드시 많이 손상될 것이다' 하였습니다."

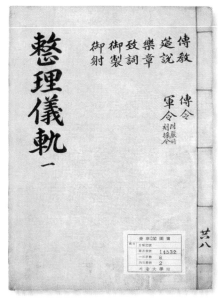

원행을묘정리의궤(園幸乙卯整理儀軌) 규장각 소장본.

또 아직은 연구가 본격적으로 이루어지진 않았으나 조선 말기의 음식에 관한 기록으로 '발기[件記]'가 있다. 궁중에서는 공식적인 행사가 아니면서도 크고 작은 행사가 무수히 있었고, 그때마다 음식 목록과 수량, 그릇 등을 실무를 담당했던 사람들이 직접 적어두었는데, 그 문서를 '발기'라 한다.

음식 발기 중에서는 제사와 관련된 발기가 가장 많다. 특히 『다례발기』는 명절이나 왕족들의 상중(喪中)에 차려내는 상차림 내용을 열거해 놓은 것으로, 경우에 따라 '조석상식발기'가 같이 쓰여 있다. 상식(上食)이란 망자의 혼(魂)이 빈소에 머물고 있는 약 2년 동안 죽은 조상을 섬기되 살아계신 조상 섬기듯 한다는 의미로, 아침저녁으로 돌아가신 이를 위해 살아계실 때처럼 조석반상차림을 올리는 것이다. '살아계실 때처럼'이라 하니 궁중 일상식 중 수라상을 알 수 있는 근거가 된다.

의례에서는 당연히 정해진 바에 따라 음식을 시행하는 것이지만, 일상에서는 왕의 정치이념, 기호, 시대적 상황이 작용하여 변화가 있었을 것은 분명하다. 그러나

주식류

흰수라, 팥수라, 오곡수라, 팥죽, 잣죽, 흑임자죽, 콩죽, 장국죽, 행인타락, 낙화생죽, 조미음, 속미음, 차조미음, 녹말미음, 율무응이, 장국냉면, 김치국 냉면, 온면, 국수비빔, 콩국냉면, 생치만두, 동아만두, 편수, 규아상, 떡국

찬품류

• 육류 | 약포, 장포, 편포, 대추편포, 포쌈, 용봉족편, 족편, 족장과, 양지머리편육, 우설편육, 우육조리개, 편육조리개, 장똑똑이, 장산적, 가리구이, 너비아니, 간구이, 염통구이, 포구이, 편포구이, 육산적, 장산적, 섭산적, 화양적, 잡느름적, 간전, 등골전, 천엽전, 양전유아, 양동구리, 육회, 각색회, 각색볶음, 양볶이, 고기전골, 콩팥전골, 가리찜, 육찜, 우설찜, 가리탕, 잡탕, 곰탕, 두골탕, 설농탕, 맑은탕, 봉오리탕, 황볶이탕, 육개장, 돈육찜, 돈육전골, 돈육구이, 돼지족구이, 제육편육 노루전골, 노루포, 닭찜, 백숙, 깨국탕, 닭김치, 닭산적, 계란조치, 알쌈, 수란, 생치포, 생치구이, 생치전골, 생치조리개, 생치과전지

• 어패류 | 어포, 생선찜, 부레찜, 도미찜, 조미면, 찜, 대하찜, 어선, 어만두, 생선전골, 뱅어전, 대합전, 생선전, 굴전, 해삼전, 게전, 대하전, 생회, 어채, 홍합회, 대하회, 생구이, 꼴뚜기구이, 뱅어포구이, 대합구이, 어산적, 전복초, 홍합초, 삼합장과, 홍합장과, 생선조리개, 생선조치, 게감정, 생선탕, 어알탕, 준치만두, 북어탕

• 채소, 버섯, 해조류 | 각색전골, 채소전골, 두부전골, 속대배추찜, 송이찜, 죽순찜, 떡찜, 떡볶이, 배추꼬리찜, 무왁저지, 호박선, 오이선, 가지선, 두부선, 절미된장조치, 김치조치, 무조치, 깻잎조치, 배추속대장과, 미나리장과, 무갑장과, 무장아찌, 송이장아찌, 열무장과, 오이장과, 마늘장과, 풋고추조리개, 두부조리개, 감자조리개, 풋고추전, 호박전, 가지전, 송이산적, 파산적, 떡산적, 김치적, 두릅적, 미나리적, 더덕구이, 박느름이, 겨자채, 무생채, 숙주나물, 물쑥나물, 고비나물, 오가리나물, 미나리나물, 애호박채, 죽순채, 잡채, 족채, 묵채, 구절판, 미나리강회, 연배추탕, 애탕, 청파탕, 호박꽃탕, 초교탕, 배추속대탕, 무황볶이탕, 콩나물탕, 곽탕, 햇김치, 열무김치, 나박김치, 오이송송이, 오이비늘김치, 배추통김치, 젓국지, 섞박지, 잠김치, 동치미, 송송이, 보쌈김치, 오이소박이, 짠지, 김자반, 김부각, 미역자반, 다시마튀각, 매듭자반, 콩자반, 묵볶이, 호두튀각

예를 중시하는 조선에서 국왕은 식생활 부분에서도 모범을 보여야 했고, 아래 신하들은 공경의 표시를 해야 했다. 따라서 왕이 갖추어야 할 식사예법이나 식사횟수, 상차림의 구성 등은 대체로 정해진 원칙에 의해 지켜져왔을 것이라 생각한다. 외세의 침입이나 자연재해로 인한 국난을 잘 이겨냈던 왕실이라 해도 특히 왕조의 멸망은 더욱더 큰 의식주의 변화를 초래한 것이 사실이다. 그러나 수천 년을 이어오며 먹어왔던 음식들이 한순간 단절되거나 잃어버리는 것은 아니기에 음식문화는 쉽게 변하지 않는다고 본다.

지금 알려져 있는 궁중의 일상식은 어려운 중에도 왕실의 체통을 세우며 궁중음식을 지켜왔던 이들에 의해 이어진 것이며, 그 시대 상황에서 그대로 받아져 전해진 것이다.

이 글에서는 그 맥락을 정조 시기의 『원행을묘정리의궤』와 조선 말기의 음식 기록인 '발기'를 중심으로, 고종의 황제 즉위, 조선의 멸망, 순종비가 궁궐에서 마지막 궁녀들과 함께 지켜왔던 시대를 함께 살펴보며 궁중의 일상음식을 고찰해 보고자 한다.

왕의 식사를 표현했던 말들, 그리고 '수라'

『조선왕조실록』에서 왕의 일상 식사는 다양한 표현으로 기록되어 있다. 상선(常膳: 평상시의 식사, 법선法膳), 수라(水剌: 조수라, 주수라, 석수라, 죽수라, 별수라別水剌, 어반御飯), 어선(御膳: 임금에게 올리는 음식, 임금에게 진상하는 음식) 등의 표현을 찾아볼 수 있다. 시간에 따른 표현으로는 조선(朝膳), 석선(夕膳), 주선(晝膳) 또는 오선(午膳) 등이 있다. 주방(廚房)에서 만든 음식이라 하여 주선(廚膳)이라고도 하였다.

음식을 드시는 일은 식선(食膳), 음선(飲膳), 진선(進膳: 임금에게 수라상을 바치는 것. 임금이 어선을 드시는 일) 등으로 표현되었다. 사옹원 제조가 임금에게 드릴 수라상의 음식과 기구들을 미리 검사하는 일은 감선(監膳)이라고 했다.

또한 시선(視膳)이라는 표현도 있는데, 아랫사람이 윗사람의 수라상을 보살피는 일을 뜻한다. 즉 왕이 대비의 수라상을 살피거나, 왕비 혹은 왕세자가 왕의 수라상을 손수 살피는 일을 일컫는다. 이외에도 음식을 줄이는 감선(減膳)이나 고기를 금하는 소선(素膳) 등도 식사 관련 용어이다.

'궁궐에서 왕족의 식사는 고래로 하루에 다섯 번이다'라고 『영조실록』에 적혀 있으나 영조는 검박(儉朴)하여 오식(午食)과 야식(夜食)을 줄여서 하루 3회로 한정하였다고 한다.

『계축일기(癸丑日記)』에 의하면 연산군은 날고기를 좋아했으므로, 이로 인해 한 고을에서 하루에 생우(生牛)를 7마리씩 잡았고, 광해군은 볼기 고기만을 즐겼다고 한다. 정조의 어머니 혜경궁 홍씨가 쓴 『한중록』에 의하면 정조는 아침, 저녁 수라에 찬품 서너 그릇에 더하지 아니하고 작은 접시에 많이 담지 못하게 하였다. 시선(視膳), 감선(減膳), 소선(素膳) 등의 행위나 식사 횟수에 관한 언급으로 보면, 왕의 일상적인 식사에서도 정해진 원칙이 있었음을 알 수 있다. 왕의 일상 식사에 대한 예법이 존재하였음에도 불구하고, 왕 자신의 인생관, 시대적 상황, 기호 등에 따라서 사치스럽게 산해진미(山海珍味)를 즐기는 왕도 있었고, 반대로 검박을 몸소 시범하는 현주(賢主)의 경우도 있었다.

왕의 밥을 표현하는 말인 '수라(水剌)'는 우리 고유의 말이 아니고 고려 말 몽골의 부마국(駙馬國)이던 시대에 몽골어에서 전해진 말이다.

수라(水刺)는 왕, 왕대비, 왕비, 왕세자, 세자빈 등 왕족이 일상에서 먹는 밥이나 밥상을 높여 이르는 말이며 모든 왕족에게 '수라'라는 말을 쓰지는 않았다. 『원행을묘정리의궤』의 '찬품'조에 의하면 자궁(慈宮, 혜경궁 홍씨)과 대전(大殿, 정조)의 경우 '수라(水刺)'라고 하였으나 정조의 두 여동생인 청연군주(淸衍郡主), 청선군주(淸璿郡主)의 상차림에는 '진지(進止)'라는 명칭을 사용하였다. 왕족이라도 품계의 서열에 따라 달리 불렀던 것을 알 수 있다.

'수라'는 단순히 임금의 진지에 대한 높임말이기도 하지만 넓은 의미로 진지와 반찬이 차려진 상차림을 말하기도 한다.

밥에 대한 표현이 받는 이의 위상(位相)에 따라 밥·진지·메·수라 등으로 각기 다르며, 그에 따라 행위에 대한 용어도 조금씩 다르다. 그 예로 밥은 '먹는다', 메는 '올린다'라고 한다. 조선 말기 상궁들의 구술에 따르면, 왕이나 왕비께서 수라를 드시는 것을 '수라를 젓수신다'라고 하여 '진지를 잡수신다(드신다)'보다 더 높여 표현하였다고 한다.

왕실의 일상음식

(1) 정조의 일상음식

『원행을묘정리의궤』에는 왕과 자궁(慈宮, 혜경궁 홍씨)과 여형제들이 한성 경복궁을 출발하여 화성에 가서 진찬(進饌)을 베풀고 다시 환궁할 때까지 8일간의 식단이 권4 찬품(饌品)조에 자세히 실려 있다.

따라서 정조 시기의 일상식의 면모를 볼 수 있는데, 크게 정식인 반수라(飯水刺)와 간식인 반과상(盤果床)으로 나뉜다. 반수라에는 조수라(朝水刺), 주수라(晝水刺), 석수라(夕水刺)가 있으며, 반과상에는 죽수라(粥水刺), 미음상(米飮床), 조다소반과(早茶小盤果), 주다소반과(晝茶小盤果), 만다소반과(晚茶小盤果), 야다소반과(夜茶小盤果), 주다별반과(晝茶別盤果) 등이 있다.

정조의 어머니 혜경궁 홍씨의 회갑연에 올린 진찬이 있었던 특별한 날이나 행로 중에 끼니 사이의 공복을 채우고 보양식의 개념으로 올렸던 미음을 제외하면, 혜경궁 홍씨는 평균적으로 하루에 5~6회 상차림을 받았다.

윤2월 11일은 혜경궁 홍씨가 화성행궁에 하루 종일 기거하면서 다섯 번의 상차림을 받는다. 하루 중 처음에는 죽수라를 올리고, 식사 시간에는 조수라와 석수라를 올리며, 그 사이사이에 반과상을 올렸다.

죽수라는 항상 이른 아침에 올리는데, 조수라나 조다소반과가 이를 대신하기도 하였다. 그러나 죽수라가 점심, 오후, 저녁에 오르는 경우는 찾아볼 수 없다.

수라는 올리는 시간에 따라 조수라, 주수라, 석수라로 나뉜다. 반과상은 올리는 시간이나 상차림의 규모에 따라 조다소반과, 주다소반과, 주다별반과, 만다소반과, 야다소반과 등으로 지칭되는데, 국수를 위주로 한 다과상차림이다. 점심이나

표1 8일간 혜경궁 홍씨에게 올린 상

윤 2월 9일	윤 2월 10일	윤 2월 11일	윤 2월 12일	윤 2월 13일	윤 2월 14일	윤 2월 15일	윤 2월 16일
조다소반과 조수라 주다소반과 석수라 야다소반과 미음 4회	조수라 주다소반과 주수라 주다별반과 석수라 야다소반과 미음 5회	죽수라 조수라 주다소반과 석수라 야다소반과	조수라 조다소반과 주다소반과 주수라 석수라 야다소반과 미음 3회	죽수라 조다소반과 진찬 조수라 만다소반과 석수라 야다소반과	죽수라 조수라 주다소반과 석수라 야다소반과 [양로연]	조수라 주다소반과 주수라 석수라 야다소반과 미음 2회	조다소반과 조수라 주다소반과 주수라 미음 2회

시흥행차도

1795년 윤2월 9일부터 16일까지 정조의
화성행차를 그림으로 기록한 화성능행도 중 시흥
행차 장면. 1795년은 정조의 돌아가신 아버지
사도세자와 살아계신 어머니 혜경궁 홍씨가 모두
회갑을 맞는 해였다. 당시 사도세자는 이미 죽은
뒤였지만, 정조는 수원에 있던 사도세자의 묘소를
참배하고 어머니의 회갑 잔치도 수원에서 열었다.
당시의 주요 장면을 8폭의 병풍으로 제작한 것이
화성능행도병으로 남아 있다. 위 그림은 왕의
행차가 서울로 돌아오는 길에 시흥을 지나가고 있는
장면이다.

『원행을묘정리의궤』에 의거 재현한 정조 시기의 수라상. (궁중음식연구원)

야참처럼 수라 사이에만 올렸던 것이 아니라 윤2월 9일의 경우처럼 죽수라를 대신하여 반과상이 오르기도 하였다.

왕의 여동생인 군주들도 행차에 동행했는데, 왕의 수라는 같이 간 군주와 같은 상차림었다. 동행한 내외빈과 궁인 및 여러 신하들에게도 품수를 적게 한 반상을 차려주거나 두레반식으로 차리는 상차림으로 식사를 제공했다.

식재료나 음식은 수라가자(水刺架子)에 싣고 갔다. 원행 중 들르는 행궁마다 5~10칸짜리 임시 수라간[水刺假家]를 설치하여 자궁, 정조, 두 군주에게 올릴 음식을 준비하여 상차림을 차려냈다. 행행 중이라 상차림의 횟수나 종류, 음식 내용이 본궁에 기거할 때의 일상식사 내용과 똑같았는지는 판단하기 어렵지만, 그에 준했을 것으로 추정할 수는 있다.

정조는 예행연습 도중 신하들이 원행 중 과잉충성을 염려하여 여러 가지 지침을 내렸는데, 그 중 "진이한 음식을 구해다 바치지 말 것"과 "왕의 수라는 10여 그릇을 넘지 않도록 할 것"을 엄명한 것을 보면 궁중에서의 수라상은 더 잘 차렸을 것으로 추측할 수 있다.

(2) 고종과 순종의 일상음식

1900년대 초반까지도 조선왕조의 말기 고종과 순종의 시대를 거친 궁중내인들이 생존해 있었다. 1960년대에 국가에서 무형문화재 제도를 실시하면서 '조선왕조 궁중음식'도 1971년 무형문화재 38호로 지정되었다. 1970년 11월 당시 문화재 전문위원이었던 황혜성은 궁중음식을 전승·보호하려는 목적에서 『조선왕조 궁중음식』이란 무형문화재 조사보고서를 제출하였고, 정부에서 이를 심의하여 1971년 1월에 중요무형문화재 제38호로 지정되었다.

1대 기능보유자로 지정된 인물로는 한희순을 비롯한 박창복, 김명길, 성옥염 상궁이 포함되어 있었다. 제출한 보고서는 당시 생존에 있던 마지막 상궁들의 구술을 바탕으로 전수된 내용들이었다. 한희순 상궁은 고종 때인 13살에 궁에 들어가 왕조가 끝날 때까지 음식 만드는 일만 한 상궁으로 1대 기능 보유자로 지정되었고, 1년간 전수활동을 하신 후 돌아가셨다. 그가 문화재 기능보유자로 지정될 수 있도록 노력했던 황혜성이 2대 기능보유자가 되었고, 황혜성에 의해 궁중음식이 전수교육되면서 이후 대중에게도 알려지게 되었다.

1971년 작성된 『조선왕조 궁중음식』 문화재 조사보고서에는 수라상에 관한 설명과 궁중음식과 기명, 상차림에 대한 내용이 기록되어 있다. 조선시대 말기의 궁중에서는 평상시 일상식으로 다섯 번의 식사를 올렸다고 한다. 이른 아침 7시 전에 초조반(初朝飯)을 올렸고, 수라상은 두 번인데, 오전 10시 이후 조반(朝飯), 오후 5시경 석반(夕飯)을 올렸다. 이외에 점심 때는 낮것상을 올렸고, 밤중에는 야참[夜食]을 올렸다.

또한 고종과 순종대의 평상시 수라상은 수라간(水剌間)에서 주방상궁들이 만들었다. 왕과 왕비께서는 각각 동온돌과 서온돌에서 상을 받으셨고, 결코 겸상을 하는 법은 없었다. 그리고 왕족인 대왕대비전과 세자전은 각각의 전각에서 따로 살림을 하며, 부속 주방에서 직접 만들어 올렸다. 수라상에 올리는 찬물은 왕의 침전과 거리가 떨어져 있는 수라간에서 만들어서 퇴선간으로 보낸다. 퇴선간은 지밀에 부속되어 있는 중간 부엌 역할을 하는 곳으로, 식은 찬물들을 덥히거나, 곱돌솥 혹은 새옹에 백탄을 피워서 수라를 지었고, 상에 오르는 여러 가지 기명(器皿)·화로·상 등도 관장했다.

- 수라상이 방에 다 차려진 다음에 왕이나 왕비를 납시도록 한다. 수라상은 왕과 왕비가 각각 독상(獨床)으로 온돌방에서 나란히 앉아 받으신다. 여름철에는 대청에서 받으시기도 하였다고 한다. 상궁은 왕과 왕비께 "수라 나아오리이까?"고 아뢰고 모신다. 그리고 아랫사람에게는 "수라 잡수오너라"고 한다. 이는 진지상을 올리라는 뜻이다.

- 수라를 드실 때는 나이 많은 상궁이 기미(氣味)상궁을 담당하고 이외에 두 명의 수라상궁이 시중을 든다. 수라를 드실 때는 되도록 젊은 나인들은 시중을 들지 않는다.

- 왕이나 왕비가 정좌하시면 수라상궁이 두 손으로 그릇 뚜껑을 차례로 열어서 겹쳐서 곁반에 내려 놓는다.

- 왕이나 왕비가 드시기 전에 궁중의 관례로 검식(檢食) 과정으로 나이 많은 큰방상궁이 기미를 한다. 기미상궁은 곁반에 놓인 빈 공기나 공접시에 여벌의 수저를 사용하여 공접시에 찬물을 조금씩 덜어서 어전(御前)에서 먹은 후에 왕이나 왕비께 "젓수십시요"라고 아뢴다.

- 왕이나 왕비께 음식을 드시기 전에 앞에 휘건(揮巾)을 두르고 협자로 고정시킨다. 휘건은 얇은 연분홍 모시나 흰 무명수건으로 사방 60cm정도의 크기로 만든 냅킨에 해당된다.

- 수라상을 받으시면 가장 먼저 수저를 들어 동치미 국물을 먼저 한 수저 떠 마신다. 다음에 수라기의 밥을 한 술 떠 드시고 나서 탕을 드신다. 숟가락으로는 밥과 국을 드시고 젓가락은 다른 찬물을 드실 때에 쓴다. 수저는 한손에 함께 쥐는 것이 아니고, 수라와 찬물을 드실 때에 번갈아서 사용한다. 왕이 수저를 드시고 식사하시는 것을 "하저(下箸)하시다"라고 한다.

- 수라상에는 은시저(銀匙箸)로 둥글고 납작한 모양의 잎사시[葉匙]를 두 벌 나란히 놓는다. 한 벌은 탕을 드실 동안 쓰고, 다른 한 벌은 숭늉 또는 차수[茶水]로 바꾼 다음에 쓴다. 이는 기름기 있는 음식의 맛이 다른 음식에 옮지 않도록 하는 배려로 서양요리를 먹을 때 식탁에 나이프와 포크를 여러 벌 놓고 음식 접시마다 바꾸어 쓰는 법과 같은 이치라 하겠다.

- 탕이 끝나면 화로에서 전골을 만들어서 여벌 수저로 공기에 덜어 올린다. 잡숫는 동안 상궁들은 먹기에 큰 것은 작게 오려서 공접시에 담아 올리고 멀리 있는 찬품을 앞으로 위치를 옮겨 놓는다.

- 수라를 다 드시고 나면 상을 퇴선간에 물린다. 퇴선간에서는 기명·상·수저와 화로·전골틀 등 기명과 기구들을 씻어서 관장한다. 드시고 물린 찬물은 다른 그릇에 옮겨 담고 밥을 새로 지어서 지밀나인들의 다음 끼니 식사로 하였다고 한다.

수라상에 올라간 음식들

(1) 『원행을묘정리의궤』에 기록된 수라상 음식들

반수라상

반수라상은 다리가 있는 원반(元盤)과 협반(俠盤)으로 2개의 상에 차리는데, 13기 또는 15기가 올랐다. '기(器)'란 그릇의 수인데, 장(醬)은 그릇수로 치지 않았다. 원반에는 은기에 담은 12기(器) 음식을 차리고, 협반에는 화기 그릇에 담은 3기 음식을 차렸다. 대전 및 군주에게는 흑칠족반(黑漆足盤) 하나의 상에 7기 음식을 유기그릇에 담아 차렸다.

혜경궁 홍씨의 수라상 원반에는 반(飯), 갱(羹), 조치(助致), 구이[炙伊], 좌반(佐飯), 숙육(熟肉), 해(醢), 채(菜), 침채(沈菜), 담침채(淡沈菜), 장(醬) 등이 오른다. 협반에는 탕(湯), 적(炙), 증(蒸), 만두(饅頭), 회(膾), 전(煎), 각색어육 등 동물성 식품을 주로 사용한 음식류가 차려졌다. 세부적으로 각각의 음식들을 살펴보면 다음과 같다.

반(飯)으로는 백반(白盤)과 적두수화취(赤豆水和炊)가 나온다. 적두수화취는 흰밥과 팥물로 밥을 지은 붉은 색의 밥이다. 홍반은 찰밥으로 지은 경우가 많다.

갱(羹)은 탕(湯)이라는 명칭이 사용되었고, 연포(軟泡)나 숙(熟)도 이에 속한다. 원반의 탕은 육탕만이 아니라 채소, 생선 등을 주재료로 만든 다양한 탕이 올랐다. 원반에 올린 갱의 주재료를 살펴보면 어장(魚腸:생선내장), 명태(明太), 대구(大口), 숭어[水魚], 소뼈, 소의 양(胖), 생치(生雉:꿩), 토란[土蓮], 제채(薺菜:냉이), 태포(太泡:두부) 백채(白菜), 애개(艾芥:쑥갓) 등 동물성과 식물성 식품을 골고루 사용했음을 알 수 있다. 특히 제철 식재료인 냉이나, 토란, 명태, 대구, 배추 등을 썼음을 알 수 있다. 협반에 올린 탕으로는 초계탕(醋鷄湯), 양숙(胖熟), 잡탕(雜湯) 등이 있다.

조치(助致)의 조리법을 보면 탕(湯), 증(蒸), 초(炒), 볶기(卜只), 전(煎), 자(煮)로 다양해서, 찌개 형태만 가리키는 것이 아님을 알 수 있다. 조치에는 생선, 닭을 찜으로 하거나 전복이나 죽합, 굴 등을 국물이 있게 볶거나 조리는 두 가지 조리방법이 있다.

구이[炙伊]와 적(炙)은 소, 돼지, 갈비, 닭, 꿩 등의 수조육류와 생선, 조개류가 재료로 쓰였는데, 원반이나 협반에 따라 재료를 구분하여 쓰진 않았다. 생선류로 방어, 굴, 은어, 청어, 게발, 전복, 낙지, 금린어, 누어, 연어, 대합 등이 다양하게 쓰였으며, 수조육류로는 황육, 돼지갈비, 등골, 양, 갈비, 우족, 곤자손, 생치, 쇠꼬리, 콩팥, 메추라기, 연계 등이 쓰였다. 원반에 오르는 음식은 구이라는 표현을 썼지만, 협반에 오르는 음식은 각색적이라 하였다. 각색적은 고기, 해물 등을 한 가지로 하거나 또는 채소와 번갈아 꼬치에 끼워 굽거나 지지는 방법으로 잡산적(雜散炙), 각색화양적(各色花陽炙), 설야적(雪夜炙), 산적(散炙) 등이 있다.

좌반(佐飯)은 밥을 잘 먹을 수 있게 해주는 간이 조금 센 밑반찬이다. 생선살이나 생선알, 새우, 전복, 꿩, 쇠고기 등을 소금에 절이거나 말린 반찬 또는 간장, 꿀로 양념하여 말린 포가 반찬이 된다.

특별한 좌반으로는 생선이나 고기포를 곱게 부수어 꿀로 반죽을 해서 다식처럼 찍어낸 것이 있다. 된장인지 고추장인지 모르나 장을 볶은 것이나 장조림 같은 것도 좌반에 든다. 생선류로는 민어(民魚), 송어, 전복, 숭어, 은구어, 광어, 대구, 청어, 석어가 쓰이고 고기류로는 꿩, 쇠고기가 쓰였다. 소금절임을 한다 해도 슴슴하게 한 것, 아예 소금을 안 넣은 것, 또 완전히 말린 것, 반쯤 말린 것 등으로도 구별하여 썼다. 알로는 숭어알, 새우알이 쓰였다. 좌반류에 드는 찬들은 어패류나 육류품을 건조, 반건조, 소금절임을 한 포(脯), 가루로 만들어 다식판에 찍어내는 다식, 그 외 장볶기(醬卜只), 감장초(甘醬炒) 등 여러 가지를 한 그릇에 담았다.

해(醢)는 생선이나 조개, 생선알 등을 소금을 넣어 오랜 시간 두어 발효시켜 먹는 젓갈이다. 젓갈의 종류로 어패류는 전복, 굴, 조개, 게, 조기, 왜방어, 청어, 새우가 쓰였으며, 생선알로는 새우, 명태, 대구, 연어, 송어, 석어, 밴댕이가 쓰였다. 명태 내장, 조기아가미도 젓갈로 쓰였다.

채(菜)는 나물을 말하는데 삶아서 쓰는 나물과 생으로 먹는 나물이 있다. 화성행차시 계절이 초봄이었으므로 나물 종류가 많지 않고 새싹이 나는 시기라 움에서 솟아난 무순, 움파, 겨자순, 생강순이 있고, 이른 봄나물인 신감초, 미나리, 거여목, 고들빼기가 있으며, 익숙한 무, 오이, 죽순나물도 보인다. 마른 나물인 박고지나 도라지는 숙채(熟菜)로 하였다. 한 가지 재료로 나물을 만드는 법이 있는가하면 육채나 잡채처럼 여러 가지 나물을 섞어 만든 법도 있다. 대개 저녁 수라상에 잡채류가 보인다. 지금은 쓰이지 않는 재료로 거여목이 보이는데 목쑥이라 하여 땅속에 자라는 하얀 줄기이다. 생강순이나 겨자순, 파순은 오늘날 나물재료로 쓰지 않는다.

침채(沈菜)는 김치로 침채와 담침채(淡沈菜)의 두 가지를 올리는데, 담침채는 싱겁고 국물이 있는 것을 말한다. 침채 종류에는 무김치, 배추김치, 미나리김치, 교침채(交沈菜), 동과초(冬瓜醋)가 있으며, 김치 재료는 청근(菁根:무), 백채(白菜), 수근(水芹:미나리), 오이(靑瓜) 등이 있다. 교침채는 무와 배추를 섞어 만든 김치로 석박지라 부르는데, 궁중의 대표적인 김치이다. 담침채의 경우 해저(醢葅), 석화잡저(石花雜葅), 치저(雉葅), 백채(白菜), 청근(菁根), 수근(水芹), 산개(山芥:산갓), 동아[冬瓜] 등이 있다.

해저는 김칫국을 많이 해서 붓는 김치로 조기젓이나 새우젓을 김칫국물에 부어 맛있게 익도록 해서 먹는 김치이다.

석화 잡저는 일종의 깍두기로 굴을 많이 넣고 젓갈을 넣어 국물을 같이 먹게 담근 김치이다.

치저는 예부터 내려오는 특별한 김치로 오이나 열무 등으로 담근 잘 익은 국물김치에 꿩 삶은 국물과 건지를 합하여 그릇에 담아내는 김치이다.

이외에 원반에 오르는 음식의 조리법으로 전이나 만두, 찜, 회 등이 보인다.

전은 숭어전, 계란전, 순조전이 있으며 순조전은 메추라기를 다져서 완자전을 부친 것이다.

회에는 위어회가 있는데 위어는 웅어로 궁중에서 늦봄에서 초여름사이 먹던 생선이다.

이외에 협반에 올라가는 음식에서 탕과 각색적을 제외한 조리법으로는 전, 회, 만두, 증, 병, 편육이 있다.

전유화는 재료명이 없이 전유화로 되어 있다.

각색만두는 여러 가지 만두를 한 그릇에 담는 것으로 되어 있다. 양, 천엽, 생전복, 숭어, 황육, 숙저육, 진계(묵은 닭) 등의 재료가 나타나며, 만두속으로 쓰거나 만두피의 재료로 사용되었을 것으로 짐작된다. 양만두나 천엽만두는 만두껍질을 얇게 만들어 잔칼질을 많이 하여 고기소를 넣고 싸는데 벌어지지 않게 녹말을 묻혀서 찐다. 어육만두는 생선과 고기를 섞어서 둥글게 뭉쳐 녹말을 묻혀 굴림만두처럼 했을 것으로 짐작된다. 어만두는 생선살을 넓게 펴서 고기와 버섯으

표2 『원행을묘정리의궤』에서 혜경궁 홍씨와 정조의 수라상 찬품 비교

대상		자궁			대전, 군주		
장소		화성	원소	화성	화성	원소	화성
일시		12일 아침	12일 낮	12일 저녁	12일 아침	12일 낮	12일 저녁
기명		15기	13기	15기	7기	7기	7기
반	반	①홍반	①홍반	①백반	①홍반	①홍반	①백반
	갱	②냉이탕	②잡탕	②눌어탕	②냉이탕	②잡탕	②눌어탕
	조치	③저포초	③양만두	③잡장자	③저포초	③양만두	③잡장자
		④건청어초	④연계증	④천엽볶기			
	구이	⑤은구어	⑤우육내장, 숙복, 신감초,생송	⑤침연어	④은리어, 은어, 세갈비	④은린어, 요골, 양, 생치, 연계 숙복, 신간호	④안심육, 요골 붕어
	좌반	⑥담염민어, 육장, 반건대구, 황육다식, 생치편포	⑥수어장, 약건치, 전북포, 불염민어, 어란, 장볶이	⑥불염민어, 잡육병, 하설다식 약포, 전복	⑤담염민어, 육장, 반건대구, 황육다식, 생치편포	⑤수어장, 약건치, 전북포, 불염민어, 어란, 장볶이	⑤불염민어, 잡육병, 하설다식 약포, 전복
	해	⑦대구알, 석화해	⑦연어란, 명태고지, 홍어란 해란, 게젓	⑦감동해			
	적			⑧화양적			
	증				⑥붕어증		
	전	⑧수어전					
	만두			⑨어만두			
	편육	⑨양지두편육					⑥양지머리 편육
	채	⑩목숙, 신감초	⑧길경, 청근, 수근, 신감초, 녹두장음, 동과	⑩청순, 생강순, 개자장음			
	침채	⑪교침채	⑨교침채	⑪청근	⑦붕어증	⑥길경, 청근, 수근, 신감초, 녹두장음, 동과	⑦청근
	담침채	⑫산개	⑩당침채	⑫해저		⑦교침채	
	장	간장, 초장, 고추장	수장, 초장, 전장	간장, 초장	간장, 초장, 고추장	수장, 초장, 전장	간장, 초장
협반	탕	⑬초계탕	⑪초계탕	⑬양숙			
	증	⑭붕어증	⑫붕어증				
	각색적	⑮금린어, 세갈비		⑭우심육, 요골, 붕어			
	숙육		⑬갈비, 전치수, 진계, 양, 요골, 금린어, 청어	⑮양지머리			

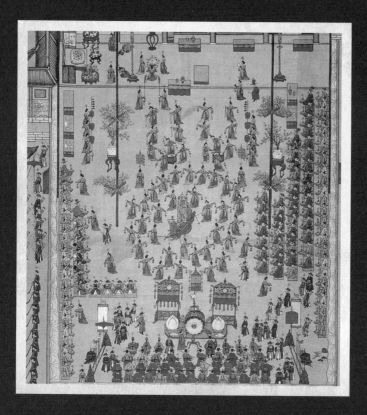

봉수당진찬도 화성행차를 8폭 병풍으로 표현한 〈화성능행도병〉
중에 포함된 혜경궁 홍씨의 회갑 잔치 장면. 제목은
〈봉수당진찬도〉이다. 회갑 잔치는 경기도 수원
화성의 봉수당에서 거행되었다. 단상에는 흰색
차양을 치고 왕과 왕의 어머니 혜경궁 홍씨의
자리를 마련하였고, 내외신들이 봉수당 안팎에
자리잡고 잔치상을 받았다. 관례에 따라 지존의
자리는 빈 의자만 그렸다. 대문쪽에는 장악원
악사들의 음악 공연이 펼쳐지는 가운데 마당에서는
선유락(뱃놀이)이라는 무용 공연이 있었다. 위는
〈봉수당진찬도〉 중에서 음악 연주와 무용 공연
부분을 확대한 장면이다.

로 만든 소를 넣고 반달모양으로 싸서 녹말 묻혀 찐다.

회는 육회만 올렸다.

찜에는 연저잡증, 생복증, 연계증, 전치증, 부어증, 저포증, 골증이 올라가는데 재료의 이름으로 음식명을 정하나 한 가지만 넣는 것이 아니고 여러 가지 고기와 내장, 전복, 해삼 등을 골고루 쓰고 무나 버섯 등도 같이 넣어 양념하여 무르게 익힌다.

편육은 양지머리만 재료로 썼다.

장(醬)은 간을 보충하거나 음식에 곁들여 먹을 수 있도록 간장(艮醬), 초장(醋醬), 고초장(苦椒醬), 개자(芥子) 등 일반적인 장류가 곁들여졌다. 올려진 음식에 따라 2~3가지 장이 올려진다. 간장은 국물음식에 간을 맞추어 먹을 수 있게 한 것이며, 초장은 초간장으로 전, 고기음식, 만두를 먹을 때 찍어 먹게 한 것이며, 고추장은 회를 찍어먹는 데 쓰였고, 겨자는 채나 잡채에 쓰였다. 이 외에 해장(蟹醬), 수장증(水醬蒸), 증감장(蒸甘醬), 고초장전(苦椒醬煎)과 같은 독특한 장도 보이는데 된장이나 고추장 등을 더욱 맛나게 하는 비법을 써서 찌거나 볶아낸 장으로 추측된다.

『원행을묘정리의궤』에 나타난 윤2월 12일 조수라 원문

죽수라상

혜경궁 홍씨의 죽수라는 15그릇으로 원반에 죽(粥), 갱, 조치, 구이, 좌반, 해, 채, 침채, 담침채, 장 등을 은기(銀器)에 담아 올렸다. 별찬으로 증, 편육, 적, 전, 장과 등이 올랐다. 협반에는 탕, 적, 증, 전 등의 찬물이 차려졌다. 대전이나 군주의 경우 7그릇으로 죽, 갱, 조치, 구이, 좌반, 증, 전, 침채, 장 등을 유기(鍮器)에 담아 올렸다.

반수라와 죽수라는 주식이 밥 또는 죽이라는 차이가 있을 뿐이고 찬품의 내용은 거의 유사하다. 원행 중 죽수라는 윤2월 11, 13, 14일에 올렸다. 모든 죽수라에 올린 죽(粥)은 백미죽(白米粥)으로 동일하며, 다른 찬품의 내용은 때에 따라 변화가 있었다.

반과상

혜경궁 홍씨에게 올린 반과상에는 흑칠을 한 다리가 있는 상 위에 12~19그릇을 올렸다. 면(麵), 만두(饅頭), 탕(湯), 적(炙), 전유화(煎油花), 어채(魚菜), 편육(片肉), 증(蒸), 회(膾), 다식(茶食), 각색당 (各色糖), 떡[餠], 유밀과(油密果), 강정(强精), 율란(栗卵) 및 조란(棗卵), 정과(正果), 생과(生果), 수정과(水正果), 청(淸:꿀), 장(醬) 등을 사기그릇에 담았는데, 국물이 없는 음식들은 3~5촌(9~15cm 정도)으로 고여 상화(床花)로 장식하였다. 대전 및 군주의 반과상은 자궁상보다 7~11그릇으로 적게 차리며, 고임의 높이도 2~5촌이었다. 대전의 반과상에는 고임음식에 상화가 없었고, 군주의 경우 상화는 있지만 혜경궁 홍씨의 반과상보다는 적었다.

윤2월 10일에 혜경궁 홍씨에게 올린 주다별반과(晝茶別飯果)는 25그릇이며, 고임의 높이가 4촌~1척(12~30cm정도)인 것으로 보아 다른 반과상보다 규모가 큰 상차림이라 볼 수 있다. 반과상 중 주다소반과, 만다소반과의 일부 상차림에 죽(粥)이 등장한다. 백자죽(柏子粥:잣죽), 두죽(豆粥:콩죽), 백감죽(白甘粥) 등이 있었다. 죽수라를 대신하여 올린 반과상인 조다소반과의 찬품에는 죽이 기록되지 않았다.

(2)고종과 순종의 수라상 음식들

수라상의 찬품과 기명(器皿)

고종과 순종대의 평소의 수라상은 12첩 반상차림으로 수라와 탕 2가지씩과 기본 찬품과 쟁첩에 담는 12가지 찬물들로 구성된다.

기본음식으로 수라는 백반(白飯)과 팥 삶은 물로 지은 찹쌀밥인 붉은빛의 홍반(紅飯) 두 가지를 수라기에 담고, 탕은 미역국(藿湯)과 곰탕 두 가지를 모두 탕기에 담아 올리어 그날에 따라 좋아하시는 것을 골라서 드시도록 준비한다.

조치는 토장조치와 젓국조치 2가지를 준비하고 찜·전골·침채 3가지가 기본 음식이다. 그리고 상 위에 놓이는 조미품으로 청장·초장·윤집(초고추장)·겨자집 등을 종지에 담는다. 쟁첩에는 12가지 찬물을 다양한 재료로 조리법도 각기 달리하여 만든다.

수라상은 큰 원반과 곁반인 작은 원반과 책상반의 3개 상에 차린다. 대원반은 붉은색의 주칠(朱漆)을 하고 중자개로 문양을 넣거나 다리에 용트림 장식이 조각되었다. 대원반은 중앙에 놓이며 왕과 왕비가 앉아서 드시는 상이다. 곁반으로 소원반과 네모진 책상반이 쓰인다. 책상반 대신 때로는 둥근 소반이 쓰이기도 한다.

찬물을 담는 그릇은 철에 따라 달리 쓴다. 추운 철인 추석부터 다음 해의 단오 전까지는 은반상기(銀飯床器)를 쓰고, 더운 철인 단오에서 추석 전까지는 사기(砂器)반상기를 쓴다. 수저는 연중 내내 은수저가 쓰였다. 조선조 말에 쓰이던 수라상과 은반상기·칠보반상기 등이 창덕궁 전시실에 보존되어 있다.

수라는 주발 모양의 수라기에 담는다. 수라기는 모양이 주발 또는 바리 또는 합처럼 생긴 것도 있다. 탕은 수라기와 같은 모양인데 크기가 작은 갱기(羹器)에 담는다. 조치는 갱기보다 한 둘레 작은 그릇인데 하나는 토장찌개, 또 하나는 젓국찌개를 담는다. 수라상에 올리는 기명은 거의 은기나 사기만인데 예외로 토장조치는 작은 뚝배기에 올리기도 하였다고 한다. 찜은 대개 조반기(朝飯器:꼭지가 달린 뚜껑이 있는 대접)에 담고, 김치류는 쟁첩보다 큰 보시기에 담는다.

12가지 찬품은 쟁첩(錚鐷)이라는 뚜껑이 덮인 납작한 그릇에 담고, 청장·초장·젓국·초고추장 등은 종지(鍾子)에 담는다. 차수는 숭늉도 쓰지만 대개 곡차를 다관(茶罐:차주전자)에 담고, 찻종보다 큰 대접에 담고 쟁반을 받쳐서 곁반에 올린다. 곡차는 보리·흰콩·강냉이를 볶아서 끓인다.

표3 고종·순종대 수라상의 찬품과 기명

궁중의 음식명			일반음식명	그릇
기본음식 ㅣ 수라, 탕, 조치, 찜, 전골, 침채, 장류				
01 수라	흰밥, 붉은팥밥	2가지	밥, 진지	수라기, 주발
02 탕	미역국, 곰탕	2가지	국	탕기, 쟁기
03 조치	토장조치, 젓국조치	2가지	찌개	조치보, 뚝배기
04 찜	찜(육류, 생선, 채소)	1가지	찜	조반기, 합
05 전골	재료, 전골틀, 화로 준비		전골	전골틀, 합, 종지, 화로
06 침채류	젓국지, 송송이, 동치미	3가지	김치, 깍두기	김치보, 보시기
07 장류	청장, 초장, 윤집, 겨자집	3가지	장, 초장, 초고추장	종지
찬품 (12첩)				
01 더운구이	육류, 어류의 구이나 적		구이, 산적, 누름적	쟁첩
02 찬구이	김, 더덕, 채소의 구이나 적		구이	쟁첩
03 전유화	육류, 어류, 채소류의 전		전유어, 저냐, 전	쟁첩
04 편육	육류 삶은 것		편육, 수육	쟁첩
05 숙채	채소류를 익혀서 만든 나물		나물	쟁첩
06 생채	채소류를 날로 조미한 나물		생채	쟁첩
07 조리개	육류, 어패류, 채소류의 조림		조림	쟁첩
08 장과	채소의 장아찌, 갑장과		장아찌	쟁첩
09 젓갈	어패류의 젓갈		젓갈	쟁첩
10 마른찬	포, 자반, 튀각 등의 마른 찬		포, 튀각, 자반	쟁첩
11 별찬안	육, 여패, 채소류의 생회, 숙회		회	쟁첩
12 별찬수란	수란 또는 다른 별찬			쟁첩
차수	숭늉 또는 곡물차		숭늉	다관, 대접

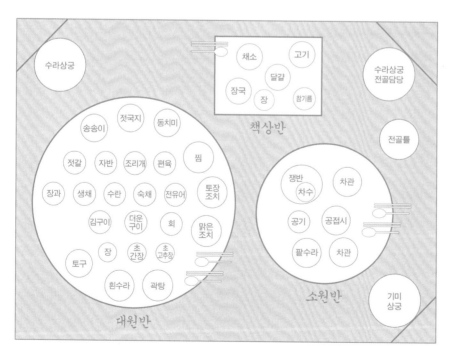

황혜성의 『조선왕조 궁중음식 무형문화재 보고서』, 문화공보부 문화재관리국, 1971에 의거하여 구성한 고종·순종시기 수라상

초조반(初朝飯)

궁중에서는 아침 수라를 10시경에 드시므로 보약을 드시지 않는 날에는 유동식으로 보양이 되는 죽·응이·미음 등을 이른 아침에 드린다. 아침 일찍 드시는 조반이므로 초조반 또는 자릿조반이라한다. 궁중에서 죽은 아플 때 먹는 것이 아니고 초조반 또는 낮것상에 올리는 경우가 많았다. 죽으로 흰죽·잣죽·낙죽(酪粥: 우유죽)·깨죽·흑임자죽·행인죽 등을 올린다. 미음으로 차조·인삼·대추·황률 등을 오래 고아서 만든 차조미음이나 멥쌀만을 고아서 만든 곡정수(穀精水), 찹쌀과 마른 해삼·홍합·우둔고기를 한데 곤 삼합미음 등이 있다.

응이에는 율무응이·갈분응이·녹말응이·오미자응이 등이 있다. 초조반상은 죽이나 응이나 미음 등 유동식이 주식인 상으로 찬품이 아주 간단하다. 죽상을 차릴 때는 죽, 미음, 응이 등을 합에 담고, 따로 덜어먹을 공기와 수저를 놓는다.

찬품으로는 어포·육포·암치보프레기·북어보프레기·자반 등의 마른 찬을 두세 가지를 차리고, 조미에 필요한 소금·꿀·청장 등을 종지에 담는다. 김치는 국물김치로 나박김치나 동치미가 어울린다. 죽상에 놓는 조치는 맑은 조치로 소금이나 새우젓국으로 간을 맞춘 찌개이다.

낮것상

점심(點心)은 '낮것'이라 하여 평소에는 마음에 점을 찍을 정도로 가벼운 음식인 응이·미음·죽 등의 유동식이나 간단한 다과상을 차려서 올린다. 왕가의 친척이나 손님들이 점심시간에 방문한 때는 국수장국이나 다과상을 차려서 대접한다. 낮것(晝物床)은 점심과 저녁 사이의 간단한 입매상으로 장국상 또는 다과상이다. 세 번의 식사 외에 야참으로는 면·약식·식혜 또는 우유죽(酪粥)등을 올렸다.

면상(麵床)

생신이나 명절에는 면상인 장국상을 차려서 손님들을 대접한다. 진찬이나 진연 등 궁중의 큰 잔치 때는 병과와 생실과 찬물 등을 고루 갖추어 높이 고이는 고임상(고배상:高排床)을 차린다. 실제로 드시는 것은 입매상으로 주로 국수와 찬물을 차린다. 면상에는 여러 병과류와 생과와 면류와 찬물을 한데 차린다. 주식으로는 밥이 아니고 온면·냉면 또는 떡국이나 만두 중 한 가지를 차리고, 찬물로 편육·회·전유·신선로 등을 차린다. 면상에는 반상에 오르는 찬물인 장과·젓갈·마른찬·조리개 등은 놓이지 않으며, 김치는 국물이 많은 나박김치·장김치·동치미 등을 놓는다.

- 대원반의 앞줄의 왼쪽에 수라, 오른쪽에 탕을 놓는다. 원반에 백반과 미역국을 놓고, 곁반에 홍반과 곰국을 놓는다. 홍반을 잡숫기를 원하시면 백반과 미역국 자리에 홍반과 곰국을 바꾸어 놓는다.

- 대원반의 오른편 앞쪽에 은수저를 두벌 놓고, 국을 다 드시고 나서 갱기를 물릴 때에 수저 한 벌을 함께 내린다. 차수를 올린 후 새 수저를 쓰시도록 한다. 곁반에 놓인 여벌수저와 공기, 공접시는 기미(氣味)를 하거나 음식을 덜 때에 쓴다.

- '비아통'이라 불리는 토구는 상에서 음식을 먹다가 삼킬 수 없는 뼈나 가시를 담는 용도의 그릇으로 대원반의 왼편 끝에 놓는다.

- 음식의 간을 맞추거나 전유어·회 등에 필요한 청장·초장·초고추장·젓국·겨자집 등의 조미품은 수라와 탕의 바로 뒤쪽에 놓는다.

- 기본찬품 중 찜·조치 등 더운 음식은 상의 오른쪽에 놓는다. 김치류는 원반의 가장 뒷줄 왼쪽부터 젓국지(배추김치)·송송이(깍두기)·동치미의 순서로 가장 오른편에 국물김치가 오도록 놓는다.

- 쟁첩에 담는 12가지 찬물 중에 더운 음식과 자주 먹는 찬물은 원반의 오른쪽에 위치하도록 놓고, 젓갈이나 장과(장아찌)처럼 가끔 먹는 찬물은 왼쪽에 가도록 놓는다.

- 더운 찜과 더운 구이와 별찬인 회와 수란 등은 소원반에 두었다가 적절한 때에 대원반에 올리기도 하였다고 한다.

68

고종·순종 시기의 수라상 재현(궁중음식연구원)

참고문헌

조선왕조실록 홈페이지 http://sillok.history.go.kr/

『원행을묘정리의궤(園幸乙卯整理儀軌)』, 1795.

김명길, 『낙선재 주변』, 중앙일보사, 1977.

김상보, 『조선왕조궁중의궤음식문화』, 수학사, 1995.

김상보, 『상차림문화』, 기파랑, 2010. 2005

김용숙, 『조선조 궁중풍속연구』, 일지사, 1987.

한복려, 『궁중음식과 서울음식』, 대원사, 1995.

한복려・정길자, 『대를 이은 조선왕조 궁중음식』, 궁중음식연구원, 2003.

한복진, 『조선시대 궁중의 식생활문화』, 서울대학교 출판부, 2005

황혜성, 『조선왕조 궁중음식' 무형문화재 조사보고서』, 문화공보부 문화재관리국, 1971.

황혜성, 『한국음식대관』 6권 (궁중의 식생활. 사찰의 식생활), 한림출판사, 2002.

이성우, 「조선조의 궁중음식 건기에 관한 고찰」, 『한국식생활학회지』, Vol.3, No.1, 한국식생활학회,

1988.

이성우, 『조선조 궁중음식 건기(1863~1941)』, 미원음식연구원, 1987.

2 왕실의 건강식

'전약'의 운명

김 호 — 경인교육대학교

조선 왕실에서는 많은 특별식이 있었겠지만, 그 중에서도 가장 유명한 것 중의 하나가 전약이었다. 전약은 워낙 맛이 좋아서 임금이 특별한 날에 신하들에게 신물로 주기도 했고, 중국이나 일본의 사신들이 왔을 때에도 자주 등장하였다. 중국 사신은 전약의 맛을 찬양하며 본국으로 가져갈 수 없을까 논의하기도 했다. 물론 조선의 사신이 외국으로 나갈 때에도 전약을 가지고 가서 필요한 경우 선물로 쓰기도 했다.

전약이라는 이름에서 알 수 있듯이, 이는 몸에 좋은 약이었기 때문에 수라간이 아니라 내의원에서 만들었다. 조선 후기에는 민간에까지 퍼져나가, 근대에 발달한 엿이나 서양에서 들어온 사탕과 경쟁하기도 했다. 어느덧 경쟁에서 밀려 조선에서 사라져간 이 흥미로운 특별식은 음식으로서뿐만 아니라 역사의 한 단면으로서도 주목할 만하다.

외국인들을 위한
접대음식

전약(煎藥)은 어떤 음식이었을까? 조선후기의 여러 자료들에 나타나는 전약 관련 기사들을 살펴보면 전약이 '외국인들을 위한 접대 음식'으로 활용되었음을 알 수 있다. 이를테면 중국의 사신들이나 일본인들에게 선보인 조선의 고유 음식이었다.

사신들을 영접한 후 남긴 1610년의 『영접도감의궤』에는 아침 식사와 함께 대접했던 전약 기록이 눈에 띈다.❶ 이렇게 전약은 외국 사신들의 접대에 긴요하였으므로 전약 제조를 담당했던 내의원에서는 항시 이를 준비해 두어야 했던 것으로 보인다.❷ 이후에도 조선을 방문한 청나라 사신들 가운데 일부는 전약의 맛에 반하여 본국으로 가져가고 싶어하는 이도 생길 정도였다.❸ 전약이 달고 맛있는데다가 일종의 보양식이었기 때문이다. 전약의 희귀성은 전약에 대한 호기심을 더욱 더 자아낸 것으로 보인다. 1653년 조선에 왔던 청나라 사신은 전약의 맛을 극구 칭찬하며 서울에서 구할 수 없음을 아쉬워했다.

전약은 돈이 있다고 해서 얼마든지 쉽게 구매할 수 있는 품목이 아니었다. 오직 내의원에서만 이를 제조했기 때문이다. 이처럼 전약은 희소성과 그 뛰어난 맛 때문에 조선을 대표하는 음식으로 인식되었으며 일부 외국 사신들도 이를 더 맛보고 싶어했던 것이다.❹

전약이 외국 사신들의 접대 음식으로 활용되었던 사례는 17세기에 국한되지 않았다. 18세기에 이르러서도 전약은 여전히 조선을 대표하는 음식 가운데 하나였다. 때문에 중국 연행길에 오른 사절단 일행들은 항상 전약을 가지고 다녔던 것으로 보인다.

1712년(숙종38) 동지사 겸 사은사 김창집(金昌集)을 따라 중국 북경을 다녀온 김창업은 중국인들에게 전약을 대접하였더니 모두 그 제조 방법을 궁금해 했다고 연행록에 기록하고 있다.

마유병(馬維屛)이라는 중국학자를 만나 대담하다가 전약 등을 대접하였더니 만드는 방법을 물어보았다. 이에 적어주었더니 받아 소매에 넣어가지고 갔다.❺

전약 (궁중음식연구원)

이름을 보면 김창업은 이미 전약 만드는 방법을 알고 있었던 것으로 판단된다.

또한 당시 이원영이라는 중국인도 전약을 맛보고 무엇이냐고 김창업에게 묻고 성질이 따뜻한지 등을 물었다. 이에 김창업은 성질이 더운 음식이라고 답하고 그렇기 때문에 겨울에만 먹는 것이요, 혈기 왕성한 소년은 먹지 않는 것이 좋다고 화답하였다.❻

18세기 후반 홍대용 역시 전약을 가지고 연행(燕行)에 나섰다. 홍대용이 하루는 거문고 상점을 운영하는 유씨 서생을 만난 적이 있었다. 이때 그는 유생에게 거문고를 연주해 보이고 또 그에게 연주를 부탁하였다. 그리고 평사낙안(平沙落雁) 12장을 연주한 유생에게 감사의 표시로 전약을 대접했다. 이때 중국인 유생은 단것은 잘 먹지 않는다고 사양하였지만 맛을 보았다고 한다.❼

전약은 두장(豆醬)이나 약반(藥飯)과 함께 중국인들이 매우 좋아하는 조선의 음식❽ 중 하나였다. 때문에 중국을 방문하거나 조선 사행길에 나선 중국 사신들에게 전약은 항상 접대용 음식으로 제공되었다.

전약은 중국인들에게만 특별한 음식이 아니었다. 일본 사람들 역시 조선의 전약을 특별하게 생각하고 있었다. 일본을 방문했던 통신사 일행 역시 전약을 접대용으로 활용하였다.

일기도(壹歧島)의 태수가 통신사 일행을 위해 승기악(勝妓樂)을 베풀어 준 데 대해 사신 일행은 전약을 보내 감사의 표시를 했으며,❾ 이에 일본 측에서 답례로 전약과 유사한 양갱(羊羹)을 보내왔지만 조선인의 입맛에는 '단지 달 뿐'이었다. 전약의 맛에 미치지 못한 일본의 양갱을 극명하게 드러낸 표현이었다.❿ 조선의 전약이야말로 오직 달기만 한 양갱과 달리 각종 향신료가 듬뿍 들어간 풍미(風味)와 건강을 돕는 음식이라는 차별성을 지니고 있었다. 특별한 맛과 풍미를 가진 전약

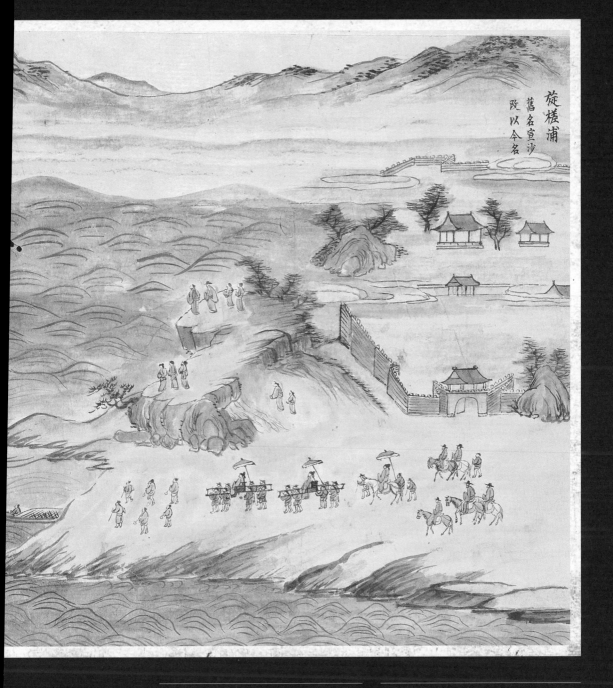

旋槎浦
舊名宣沙
改以今名

항해조천도 인조의 즉위를 알리기 위해 명나라로 파견된 사신들의 기록화. 당시 사행은 배로 선사포를 출발하여 가도, 녹도, 석성도 등을 거쳐 등주에 이르는 해로와, 등주에서 북경까지 이르는 육로를 이용했다. 전체 행로를 25장의 그림으로 남겼다. 위 그림은 선사포를 출발하는 장면.(1책. 지본담채, 41.0 x 34.0 cm, 국립중앙박물관 소장)

이 귀한 음식인 것은 중국인이나 일본인에 국한된 이야기가 아니었다.

조선인들에게도 전약은 쉽게 맛보기 어려운 음식이었다. 임금의 특별 하사품이었으므로 그 의미는 더욱 컸다.

1637년 인조는 종친부 등에 아교전약(阿膠煎藥)을 하사한다는 전교를 내린 바 있었다.[⓫] 1796년 정조는 유생들에게 시험을 보이고 각 등급에 따라 도서와 백력(白曆) 그리고 전약을 하사하였다.[⓬] 전약을 하사한 일은 매우 많아 일일이 거론하기도 어려울 정도이다.

전약은 매년 겨울철에 신하들에게 내려준 임금의 특별 하사품 가운데 하나였다. 조선시대에 왕은 납약(臘藥)으로부터 성호탕(醒醐湯), 전약(煎藥), 육향고(六香膏) 등 다양한 구급 약물 및 보양 약물을 당상 이상의 관리들에게 조금씩 나누어주었다. 전약 역시 빼놓을 수 없는 물종이었다.[⓭] 이런 과정을 통해 왕실의 약선 음식들이 민간으로 흘러 들어갔음을 알 수 있다.

특히 전약은 속을 따뜻하게 해주는 효과가 있어 겨울철 보양식으로 복용하였고, 하사를 위해 내의원에서는 정기적으로 동지에 맞추어 전약을 제조 진상하였다.[⓮] 1719년 숙종은 호흡이 고르지 않은 문제로 경옥고 등을 먹어야 했다. 당시 내의원 도제조 이이명(李頤命)은 새로 만든 경옥고가 침향(沈香)의 향취가 있어 맛이 좋다고 언급하였다. 그리고 이어서 숙종에게 동지에 진어하는 전약 등도 모두 계피와 파고지 등 속을 따뜻하게 덥혀주는 약재들이 들어 있으므로 이들의 성미(性味)가 동일하다고 말했다. 이를 통해 우리는 전약이 그저 달기만 한 것이 아니라 계피 등 약물로 온보(溫補)의 효과가 있었음을 알게 된다.[⓯]

이처럼 특별한 왕실 보약이 어떻게 19세기 후반 널리 민간에까지 보급되었을까? 그것은 내의원에서만 만들어 바치던 전약의 제조방법이 여러가지 경로를 통해서 일반에 알려졌기 때문이다. 또한 왕실의 전약 제조에 소용되는 고가의 재료들, 특히 향료들이 19세기에 이르러 민간에서도 손쉽게 구할 수 있을 만큼 널리 보편화되었던 것은 아닐까 생각할 수도 있다.

이에 대해 확언하기 전에 전약의 제조법을 조금 더 구체적으로 살펴보자. 특이하게도 조선 왕실 최고의 약선 가운데 하나였던 전약은 의서(醫書)에서부터 요리책에 이르기까지 다양한 서적에 제조법이 수록되어 전하고 있다. 이는 전약이 음식인 동시에 약물이었다는 사실에서 기인한다.

여러가지 전약
제조법

전약 제조법이 들어있는 19세기 후반의 의서 『의방활투(醫方活套)』를 보면 전약은 일종의 '양갱' 형태로 보인다. 『의방활투』는 1869년(고종6) 의가(醫家) 황도연(黃度淵, 1807-1884)이 저술한 의서이다.[16] 이 책은 이른바 조선후기 민간 의약학의 발달을 상징적으로 보여주는 책으로 민간에 널리 활용되고 있는 처방들을 '사전식'으로 정리하여 활용이 매우 용이하였다. 특히 편람을 쉽게 하기 위해 처방전을 삼품(三品)의 형태로 나누어 수록한 것이 특징인데 바로 보제(補劑), 화제(和劑), 공제(攻劑)의 삼통(三統)이 그것이다. 1단에는 상통(上統) 보제(補劑), 2단에는 중통(中統) 화제(和劑), 3단에는 하통(下統) 공제(攻劑)를 배치하는 방식이었다.

이 가운데 상통 123번째 항목에 전약의 제조법이 소개되어 있다. 일종의 보제로 여겨진 전약의 처방문은 '내국 중 전약(內局 衆 煎藥)'으로 표제되어 있다. 내국은 내의원이므로 이 처방이 곧 내의원의 처방임을 의미한다. 한편 '중(衆)'은 18세기 후반 정조의 명을 받들어 어의(御醫) 강명길(康命吉)이 편찬한 『제중신편』을 줄여 표기한 것이다. 결국 『의방활투』의 전약 제조 방법은 내의원의 전약제조법을 수록한 『제중신편』을 재인용하였다는 말이 된다.

『동의보감』이 너무 방대하여 보다 활용도가 높은 의서로 재편하는 동시에 당시 내의원 처방 가운데 쓸 만한 약방문을 민간에 공개할 요량으로 출간한 의서가 바로 『제중신편』이다.[17] 따라서 18세기 후반 『제중신편』을 통해 공개된 전약의 제조 방법이 19세기 동안 민간에 퍼져나가면서 『의방활투』에 재인용된 것으로 볼 수 있다. 『의방활투』에 기록된 전약 제조법을 옮겨 보면 아래와 같다.

백청(白淸) 1두, 대추살 8홉, 아교 1두 3승, 관계말(官桂末) 6전, 건강말(乾薑末) 2냥 4전, 호초말(胡椒末) 5전, 정향말(丁香末) 3전. 이를 자기(磁器)에 담아 두었다가 굳으면 복용한다. [가루내어 잘 섞은 후 여러 차례 끓인다]
[18]

전약은 아교처럼 젤라틴의 효과를 내기 위한 재료와 대추육을 섞어 기본을 삼고

여기에 꿀 등의 감미재료 및 계피와 생강, 후추와 정향 등의 향신료로 약간은 매콤하면서 달콤한 향취를 내는 일종의 보약이었음을 알 수 있다.

그런데 흥미로운 사실은 『의방활투』와 『제중신편』의 전약 제조법이 다르다는 점이다. 『제중신편』에는 아래와 같은 두 가지 제법이 소개되어 있다. 원문 그대로 인용하면 아래와 같다.

① 白薑五兩 桂心二兩 丁香胡椒各一兩五錢爲末 大棗蒸去核取肉爲膏二鉢(一鉢爲三升) 阿膠煉蜜各三鉢 右先熔膠 次入棗蜜消化 乃入四味藥末 攪勻煎微溫 下篩貯器 待凝取用甚佳 [寶鑑]

② [內局]以白淸一斗 阿膠一斗二升 先煎熔化 和勻後入桂皮末六兩 官桂末六錢 乾薑末一兩四錢 胡椒末五錢 丁香末三錢大棗肉八合 攪勻再煎數沸 磁器收貯 候凝用之[19]

하나는 『동의보감』에서 인용한 내국방 전약 제조법(①)이고 다른 하나는 정조 당시 내의원에서 행해지고 있던 전약 제조법이다(②). 말하자면 ①번은 17세기 초 전약을 제조하던 방법이고 ②번은 그로부터 190년 정도 뒤인 18세기 말의 전약 제조 방법임을 알 수 있다.

그런데 이 두 방법 가운데 어느 것도 19세기 후반의 『의방활투』의 전약 제조법과 일치하지 않는다. 이는 『의방활투』에 인용된 전약 제조법이 『제중신편』이 아닌 다른 서적에서 발췌되었음을 의미하며, 곧 19세기 후반 전약 제법이 다양하였음을 의미한다. 결국 다양한 제조 방법의 존재는 전약의 맛이 17세기 초, 18세기 후반 그리고 19세기 후반에 이르기까지 모두 달랐을 가능성을 암시한다.

그렇다면 『의방활투』의 전약 제조법은 어디에서 유래하는 것일까? 흥미롭게도 그 해답은 19세기 전반 빙허각 이씨(憑虛閣 李氏, 1759~1824)에 의해 저술된 방대한 생활종합서적인 『규합총서』에서 찾을 수 있다.[20]

『규합총서』에 전약 제법이 수록되어 있다는 사실에서 이미 19세기 전반 전약은 약물(藥物)인 동시에 음식으로 이해되었음을 알 수 있다. 특히 『규합총서』에는 세 가지나 되는 서로 다른 전약 제조법이 전하고 있는데, 전약(煎藥)이라는 제목으로 소개된 방법은 '의식주' 생활을 다루고 있는 부분에, 그리고 '임신전약(壬申煎藥)'과 '내국전약(內局煎藥)'이라는 두 가지 방법은 의약을 다룬 권4에 수록되

의방활투 1869년(고종 6) 황도연(黃道淵,1807~1884)이 펴낸 의학책. 1권 1책. 목활자본. 이 책은 저자가 쓴 『의종손익(醫宗損益)』을 간편한 표식(表式)으로 쓴 것이다. 규장각 소장.

79

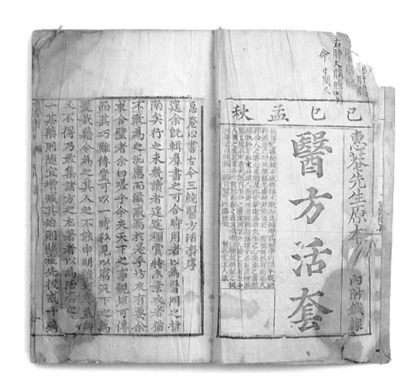

규합총서

1809년(순조 9) 빙허각(憑虛閣) 이씨(李氏)가 엮은 가정살림에 관한 책. 이씨는 조선후기 방대한 장서를 소장한 것으로 유명했던 달성 서씨 가문의 며느리로, 가사에 대한 내용을 각종 문헌에서 발췌하여 저술한 백과전서식 저술을 남겼다.

제중신편   1799년(정조 23) 왕명에 의하여 내의원
(內醫院)수의였던 강명길(康命吉)이 편술한 의서
(醫書). 8권 5책. 목판본. 규장각 소장.

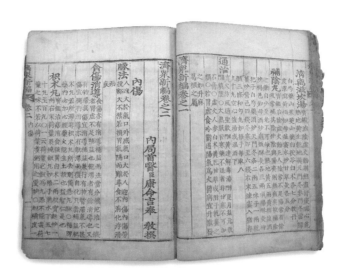

어 있다.

바로 권4에 수록된 '내국전약' 제조법이 앞서 본 황도연의 『의방활투』에 소개된
전약 제법과 동일한 것이다. 그런데 왜 황도연은 본인의 의서에 『규합총서』의 '내
국전약'법을 인용하면서 『제중신편』을 인용하였다고 했을까 의문이 아닐 수 없다.
우선 먼저 떠오르는 생각은 의사였던 황도연이 규방의 여성이 지은 『규합총서』를
인용서로 삼기보다는 권위있는 의서를 인용서로 기록했을 가능성이 있다. 그러나
이보다는 조금 더 복잡한 저간의 사정이 있었던 것으로 보인다.

전약 맛의 변천
과정

그렇다면 전약의 맛은 어떤 변화과정을 거쳤던 것일까? 이제부터 19세기 후반 전약의 제조법과 18세기 후반의 그것, 그리고 그 이전의 전약의 제법을 통해 맛의 변천을 비교해 보아야 할 차례다.

먼저 19세기 후반의 전약 제조법을 18세기 후반 전약 제조법과 비교할 때 가장 두드러진 차이는 계피[官桂] 성분은 줄고 생강과 아교가 약간 늘었다는 사실이다. 이로 보아 19세기 후반 전약은 100년 전인 18세기 말에 비해 매운 계피의 향취가 줄어든 대신 생강의 향취가 조금 더해진, 그리고 보다 더 쫀득한 맛으로 변화했다. 한편 18세기 후반 내국방과 17세기 초『동의보감』의 전약 제조법을 비교해 보면, 정향(丁香)이나 후추 그리고 생강과 같은 향료가 18세기 후반에 이르러 감소하는 반면 계피 성분과 아울러 아교 성분이 대폭 증가하였음을 알 수 있다. 이처럼 18세기 후반 전약 제조는 계피 성분의 증가가 가장 두드러진 특징이었다. 또한 18세기 후반에 이르면 대추의 양이 17세기 초에 비해 현격히 줄어들었다.

결국 17세기 초반 전약의 풍미에 비해 18세기 후반의 전약은 정향이나 후추 등과 같은 향료 대신에 계피 성분이 강한 풍미, 그리고 전보다 쫀득해진 맛으로 변모했을 것으로 추정할 수 있다.

한편 19세기 후반 전약은 대체 음식들의 도전에 직면하게 되었다. 당시 단맛의 유행을 선도했던 이국풍의 사탕과 서민들의 엿이 그것이었다. 주지하는 바와 같이 19세기 서울의 시장에는 중국산 사탕들이 진열되고 있었다. 이국적 취향의 중국 사탕들은 민중들의 입맛을 빼앗은 엿과 함께 조선후기 '전약'의 달고 쫄깃한 맛에 도전하고 있었던 것이다.

씨름도 김홍도의 〈단원풍속화첩〉(18세기 말) 중 씨름도.
사람들이 모여 씨름을 구경하는 가운데 엿판을 든
엿장수가 등장하고 있다.

전약이 맞닥뜨린
도전

가루지기타령과 같은 조선후기 서민들의 노래에는 언젠가부터 자연스럽게 엿장수가 등장하고 있었다. '구경꾼 모인 데는 호두엿장수가 먼저 아는 법'이었다. 갈삿갓 쓰고 엿판 메고 가위 치며 외고 온다.

호도엿 사오, 호도엿 사오. 계피·건강(桂皮·乾薑)에 호도엿 사오. 가락이 굵고 제 몸이 유하고 양념 맛으로 댓 푼. 콩엿을 사려우, 깨엿을 사려우. 늙은이 해소에 수수엿 사오.

특히 단맛의 엿은 19세기 후반 가장 주요한 기호식품이 되었다. 엿 제조는 주요한 산업이 될 정도였다. 먹을 쌀도 부족한데 술이나 엿을 만드는 일은 정부에 의해 엄격하게 금지되었다. 이른바 주당(酒糖) 제조 금지가 그것이다.[21] 엿을 제조하여 쌀을 소비하는 일의 폐해는 술 제조에 버금가는 일로 인식되었다.[22] 충주 유학 박동수(朴東洙)는 상소를 올려 엿의 제조를 막는 일이 시급한 시무(時務)임을 주장하기도 했다.[23]

그러나 19세기 전국의 인기 있는 엿들은 대도시의 대표 상품이 되고 있었다. 광주의 백당(白糖, 밤엿), 개성의 율당(栗糖, 밤엿), 의주의 이당(飴糖, 능히 사탕을 만든다는 뜻) 등 비교적 큰 도시 주변에 엿장수들이 활발하게 활동하고 있었던 것이다.[24] 엿장수 몇 대에 거부가 된 사람도 나타날 정도였다. 50년째 대를 이어 엿장수를 한 황주의 강응석은 엿장사 집에 고용인으로 있다가 차차 돈을 모아 대대로 엿모판을 물려준 까닭에 5정보의 토지에 현금 일만원을 소유한 지방 거부로 소개되고 있었다.[25] 심지어 1896년에는 외국의 설탕회사도 인천에 상륙해서 사탕을 팔고 있었다. 다음은 영국의 설탕회사 홈링거 상회의 선전문이다.

밀 밀가루 사탕. 누구든지 밀을 팔고 싶거든 인천 제물포에 있는 영국 상회 홈링거 회사로 오거드면 밀을 몇천 석이라도 팔고 갈 터이오. 밀가루와 상등 사탕을 사고 싶거든 그 회사에 와서 싸게 사 가시오.[26]

중국풍 그리고 서양의 단맛은 이제 전약의 단맛을 능가할 준비가 되어 있었다. 조선 왕실의 전통으로부터 탄생한 약선 '전약'은 500년 동안 왕실만의 독특한 음식이자 약물이었으며, 외국인들에게는 조선을 대표하는 고급 음식이었다.

그러나 조선후기에 이르러 전약의 제법이 민간에 흘러나가고 많은 외국산 향료들의 구입이 용이해지면서 전약은 이제 '왕실'만의 약물이라는 정체성을 상실하게 되었다. 마침내 20세기에 들어와 전약은 민간의 기억 속에서 사라진 음식이 되었다.

이국적 풍미를 가진 향신료와 단맛의 풍미는 점차 향신료가 일반화되면서 '차별'의 기능을 상실하게 되었다. 동시에 쫄깃하고 단맛이 강한 전약으로의 변모는 당시 유행하던 엿이나 사탕의 경쟁상대가 되지 못했다.

전약의 고유한 메타포인 '이국적인 좋은 맛'은 19세기 이후 중국의 사탕과 20세기 초 서양의 설탕에 밀려 약화되고 말았다. 그 뒤 1930년대 전약은 가끔 신문에 소개되어 추억의 맛으로 기억될 뿐이었다.

1. 『영접도감미면색의궤(迎接都監米麵色儀軌)』 경술(庚戌) 「감결질(甘結秩)」 을유 12월 초3일

— 右甘結 天使時早飯所入煎藥段 壬寅年謄錄內 當初磨鍊 而詔使翌年春到此 故日暖不用爲有在果 今番段 若詔使當到冬寒 則節用之物 不可不爲之故 預備待令事(內醫院)

2. 위의 책, 을유 11월15일

— 內醫院牒呈內 都監甘結內乙用良 天使所用煎藥 預備事 甘結是置有亦相考爲乎矣 無前例叞 不喩無啓下 私自進排不得事是置 所掌該司 以改捧甘結事;日暖不用;

3. 『승정원일기』 효종 2년 10월 18일(임술)

迎接都監啓曰 鄭使 使李馨長來言曰出來時 麻多會王爲求煎藥及五花糖 切欲得之以去 彼云中所求 似不可不 副 煎藥則令醫司 量宜煎造 而五花糖一二斗 令該曹貿得 使之入給 何如 傳曰允

4. 『승정원일기』효종 4년 11월 20일(임자)

迎接都監啓曰 卽接伴送使移文 則衙譯尹堅 以其所得煎藥 納于上勑使 則勑使食而甘之曰 如此絶味 在京

不得覓食 極以爲恨 仍招使通官送言曰 煎藥更願得食 須通都監 某條覓送云 未知 尹譯於何處覓得此物 而

勑使如是懇求 則似不可不副其請 令醫司 量宜煎取 付諸撥便 急速以送 何如 傳曰允

5. 『노가재연행일기(老稼齋燕行日記)』(서울대 규장각 소장) 제4권 계사년(1713, 숙종 39) 1월 22일(경자)

餉以藥果柏子餠煎藥 燒酒等物 暫嘗其味而不盡喫焉 仍問煎藥法 余書示 袖其紙而去

6. 上同.

元英先喫柏子餠少許曰 這松子糕甚美 我帶回家 去次 問煎藥是何物 余書示之 元英曰性熱 余曰然 故只於

冬月喫的 血熱少年不宜喫 元英曰 我不敢喫 方衄血

7. 『담헌서』외집(外集) 권7「연기(燕記)」'금포 류생(琴鋪 劉生)'

8. 『담헌서』외집(外集) 권10「연기(燕記)」'음식(飮食)'

我國之豆醬藥飯煎藥 彼人所珍愛

9. 『봉사일본시견문록(奉使日本時聞見錄)』3월 22일 병오

阻雨留壹歧島 送首譯 謝太守勝妓樂之饋 兼送煎藥

10. 『봉사일본시견문록(奉使日本時聞見錄)』4월 26일 기묘

留大阪城 館伴及大阪町奉行等來問候 酊菴僧以柑子送饋 裁判呈羊羹 凝如煎藥 而味甘而已

11. 『승정원일기』인조 15년 11월 7일(신미)

傳于金光煜曰 宗親府·儀賓府·忠勳府·弘文館 阿膠煎藥 □□一合 政院·藝文館竝一合賜給

12. 『일성록』정조 20년 1796년 12월 25일

進士金文欽以賦三上居首史記英選一件 煎藥一器 白曆一件賜給 生員洪聖肇 以箋三下居首 朱書百選一件

煎藥一器 白曆一件賜給 賦三中一人 奎章全韻大本一件 靑魚一級 白曆一件 三下七人 各奎章全韻小本一件

靑魚一級 白曆一件 賦次上三十人 箋次上十三人 各黃粧曆一件 靑魚一級賜給

13. 『약방등록(藥房謄錄)』종친부(조선)편(宗親府(朝鮮) 編) (서울대 규장각 소장. 청구기호 奎 13004)

諸堂上宅 封藥時 臘藥,醒醐湯,煎藥,六香膏 依藥房謄錄 施行事

14. 『내의원식례(內醫院式例)』「연별진상(年例進上)」조(條) 참조.

15. 『승정원일기』숙종 45년 11월 23일(신묘)

頤命曰 新製瓊玉膏 臣等先嘗少許 則以沈香加入之故 稍有香臭 而味則頗好 似不妨於進御矣 冬至所進煎

藥 其或進御乎 上曰間間進御矣 頤命曰 聖候積歲沈淹 醫技靡不殫竭 而獨補助元陽 熏蒸脾胃之方 尙未一

試 諸醫多以此爲言 肉桂破古紙等材料 固是補陽熏脾之劑 而煎藥性味頗同 亦有此等功效 若多進而腦火不

生 無他所妨 則此法因以可試矣 上曰唯

16. 『의방활투(醫方活套)』(서울대 규장각 소장. 청구기호 古 7608-10)

17. 김 호, 「정조대(正祖代)의 의료 정책과 『제중신편(濟衆新編)』의 간행」 『제1회 한국의사학회 정기학술

　　발표회 자료집』(제중신편 발간 200주년 기념 학술발표회), 2000.

18. 『의방활투(醫方活套)』「상통(上統)」 백이십삼 '내국 중 전약(內局 衆 煎藥)'

　　白淸一斗 大棗肉八合 阿膠一斗三升 官桂末六錢 乾薑末二兩四錢 胡椒末五錢 丁香末三錢 磁器收貯 候凝

　　用 [攪勻煎數沸]

10. 『제중신편(濟衆新編)』「잡병(雜病)」 '내국 조전약법(內局 造煎藥法)[보감(寶鑑)]'

20. 정양완(鄭良婉) 역, 『규합총서(閨閤叢書)』, 보진재, 1975의 해제 참조.

21. 『일성록』 1877년 4월 15일

　　領議政 李最應啓 言見今麥事告登 賑政垂訖 迨此時 請弛酒禁 自有已行之例 竝與飴糖而弛禁之意 請分付

　　法司 從之

22. 『일성록』 1876년 6월 11일

87

『언문후생록(諺文厚生錄)』, 『노가재연행일기(老稼齋燕行日記)』, 『한양가(漢陽歌)』, 『아언비각(雅言覺非)』,
『영접도감미면색의궤(迎接都監米麵色儀軌)』, 『승정원일기(承政院日記)』, 『일성록(日省錄)』, 『담헌서(湛軒
書)』, 『봉사일본시견문록(奉使日本時聞見錄)』, 『약방등록(藥房謄錄)』, 『내의원식례(內醫院式例)』, 『의방
활투(醫方活套)』, 『식료찬요(食療纂要)』, 『규합총서(閨閤叢書)』, 『동의보감(東醫寶鑑)』, 『성호사설(星湖僿
說)』, 『흠영(欽英)』, 『조선왕조실록(朝鮮王朝實錄)』, 『경국대전(經國大典)』, 『제중신편(濟衆新編)』, 『향약
집성방(鄕藥集成方)』, 『의림촬요(醫林撮要)』

정양완(鄭良婉) 역, 『규합총서(閨閤叢書)』, 보진재, 1975

클로딜드 부아베르(노정규 역), 『향신료』, 창해, 2000

장 마리 펠트(김중현 역), 『향신료의 역사』, 좋은책만들기, 2005

김 호, 『허준의 동의보감 연구』, 일지사, 2000.

조선 왕실의 식탁

3부 왕실의 잔치와 잔치음식

1

혼례 잔치와 혼례

음식

김상보 | 대전보건대학교

조선 왕실의 혼례는 당연히 요즈음과 같은 자유연애에 따라 이루어지지 않았다. 그렇다고 중매나 추천을 받아들이지도 않았다. 결혼 적령기 시대부가의 자제들 중에서 신청을 받아, 3단계의 엄격한 심사를 거친 후에야 혼처가 확정되었다.

이 모든 절차는 국법으로 정해져 있었다. 혼처가 확정된 이후의 혼례 절차 또한 마찬가지로 국법에 의거했다. 국법은 매우 섬세해서 상대방에게 어떤 선물을 줄 것인지, 어떤 음식을 제공할 것인지도 세부적으로 규정해 두었다.

이 글에서는 혼례 절차를 순서에 따라 소개하면서, 동시에 혼례 잔치에 사용된 음식들을 살펴본다. 아울러 이를 규정한 법적 근거들이 어떠했는지도 살펴본다. 기록을 중시했던 조선에서는 왕실 혼례와 관련된 화려한 기록화들을 남겼으므로, 매우 생생한 혼례 장면도 확인할 수 있다.

간택

조선왕실에서 결혼할 상대자를 고르는 일을 간택이라 했다. 간택은 세 단계에 걸쳐 최종 인물을 선정했다. 삼간택을 마치고 신부가 정해지면, 그 다음날 신랑이 신부의 친정에 예물을 보냈다. 정포(正布, 관리의 녹봉으로 주던 닷새베) 250필, 정목(正木, 품질이 매우 좋은 무명) 250필, 백미(白米, 하얗게 쓿은 멥쌀) 200섬, 황두(黃豆, 대두콩) 200섬 등이었다.

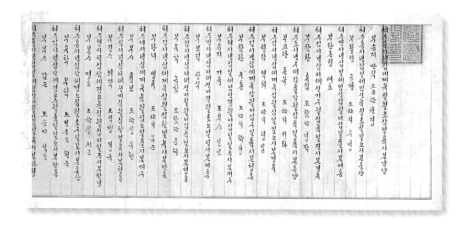

간택단자 고종 19년(임오)에 왕세자(순종)의 가례를 위해 한글로 작성된 간택단자이다. 후보 32명의 신상정보가 적혀 있다. 1882년(고종 19), 1첩(18절) 필사본 25.7×6.1cm, 한국학중앙연구원 소장

〈왕실 혼례의 주요 절차〉

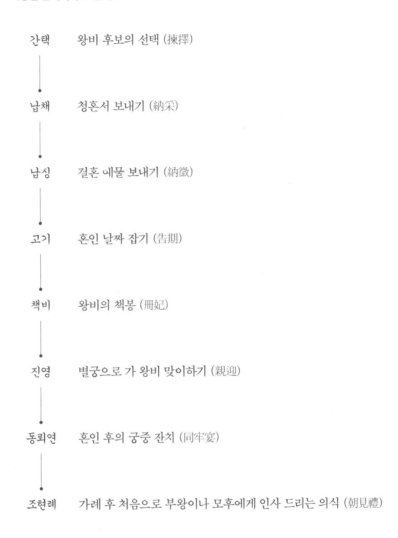

간택   왕비 후보의 선택 (揀擇)

납채   청혼서 보내기 (納采)

납징   결혼 예물 보내기 (納徵)

고기   혼인 날짜 잡기 (告期)

책비   왕비의 책봉 (冊妃)

친영   별궁으로 가 왕비 맞이하기 (親迎)

동뢰연   혼인 후의 궁중 잔치 (同牢宴)

조현례   가례 후 처음으로 부왕이나 모후에게 인사 드리는 의식 (朝見禮)

조선왕조는 정치사상적으로 정권을 강화하기 위하여 의례 정비에 전력을 쏟았다. 주공(周公)의 작품으로 전해지는 『의례(儀禮)』를 기본으로 하여 국가의 행사를 길례(吉禮)·가례(嘉禮)·흉례(凶禮)·군례(軍禮)·빈례(賓禮)로 나누어 『국조오례의(國朝五禮儀)』를 완성하니 성종 5년(1474)의 일이다. 왕가의 혼인 가례를 친영례(親迎禮)에 준한다고 하는 교시를 내린 때는 이보다 약 60년이 앞선 세종 원년(1419)의 일로 『국조오례의』「가례」에서 제시한 혼례 역시 친영이 중심이 되어 행해지는 의례였음은 물론이다.

그러나 『국조오례의』가 완성되고 나서도 올바른 친영례를 행하지는 못하였다. 절차에 따라 완전한 친영례를 행한 시기는 중종(재위, 1506~1544)이 친영 장소로 정한 태평관(太平館, 신부될 사람이 혼례 때까지 임시로 머물던 별궁)에서 문정왕후를 친히 맞이하여 가례를 치르고 난 이후의 일이었다.

이후 비로소 궁중에서 친영례가 정착되었지만 점차 혼속(婚俗)이 사치에 흐르자 국고의 낭비가 심하였다. 그래서 그 비용을 줄이기 위하여 영조는 병조판서 박문수(朴文秀,1691~1756)에게 명하여 각 궁방(宮房)·묘사(廟社)·부(府)·원(院)·시(寺)·감(監)의 국가경비 지출에 관한 예규(例規)를 만들게 하였다. 그 중에는 국혼에 관한 정례를 확립하여 궁중혼수를 줄여 쓰고자 하는 취지도 들어있었다. 이 예규가 『탁지정례(度支定例)』(1)인데, 영조 25년(1749) 2월에 완성되었다.

『탁지정례』(2)는 10개월이 지난 12월 완성되었다. 이 속에는 왕가례(王嘉禮)·왕세자가례·숙의(淑儀, 종 2품 내명부의 종계)가례·대군(大君, 임금 정궁의 아들)가례·왕자(王子, 임금의 아들)가례·공주(公主, 임금 정궁의 딸)가례·옹주(翁主, 왕의 서녀)가례를 적고, 세손은 적출일 때에는 대군, 서출은 왕자, 군주(郡主, 왕세자 정실의 딸로 정2품)는 공주, 현주(縣主, 왕세자의 서녀)는 옹주에 준하도록 하면서 가례의 절차, 절차에 따른 예물, 소용되는 기용(器用), 상차림 등을 계급질서에 맞게 열거하여 그 수량을 한정하는 내용 등이 적혀 있다. 그뿐만 아니라 소용되는 의복의 종류와 분량까지 명시하여 국혼의 정례로서 남기고자 하여 이를 『어제국혼정례(御製國婚定例)』라 명명하였다. 『국혼정례』는 후기 조선왕조의 가례 문화에 대한 기반을 제공하여 조선왕조가 패망할 때까지 유지되었다.

94

국조오례의 중 길례 부분 조선 전기 신숙주등이 왕명을 받아 편찬한 책.
왕실에서 중요한 다섯 가지 의례의 예법과 절차등을
수록하였다. 이 그림은 그 중 제 1권 길례 부분이다.

國朝五禮儀卷之一

吉禮

春秋及臘祭社稷儀

時日 見序例 ○齊戒 見序例 ○陳設 前祭三日
典設司設大次於壇西門之外道北南向侍
臣次於大次之後南向設王世子次於大次
西南東向設諸祭官次於齊坊之内陪祭官
次於其前隨地之宜前二日壇司帥其屬掃
除壇之内外典設司設饌慢於西門之外典
樂師帥其屬設登歌之樂於壇上軒架於壇
比門
内俱南向前一日典祀官壇司各帥其屬設
國社國稷神座各於壇上南方北向設后土
氏神座於國社神座之左后稷氏神座於國
稷神座之左俱東向席皆以莞執禮設殿下
版位於壇門内當壇南向飲福位於國稷壇
上神座之東北南向贊者設亞獻官終獻官
進幣爵酒官薦俎官奠幣爵酒官位於西門
内道北執事者位於其後每等異位俱重行
東向南上監察位於此門内一於東北隅
西向一於西北隅東向執禮位二一於此壇

납채

　　　납채란 신랑될 사람의 본가(왕실)에서 신부될 사람의 집에 혼인을 청하는 의례이다. 이 때 신부집에서 신랑집의 예물을 받아들이기 때문에 납채(納, 받을 납, 采, 가릴 채)라 한다. 폐백은 살아있는 기러기 한 마리를 사용하였다. 기러기의 왼쪽머리를 홍주(紅紬, 홍색명주) 7자로 목을 얽어 홍주 2폭의 보자기로 싼 다음 안(案)에 올려놓는다. 기러기는 정기적으로 남쪽(양)과 북쪽(음)을 왕래하기 때문에, 이를 음양의 법칙을 따르는 것으로 보아 폐백으로 사용한 것이다. 기러기가 세시음양(歲時陰陽)에 역행하지 않고 도(道)에 따라 순조롭게 살아가듯이 혼인하고자 하는 당사자도 음양의 원리에 따라 겸손한 마음으로 살아가라는 의미이다.❶

납채 다음날 왕실에서는 신부 본가(장인댁)에 현색운문대단(검은색의 구름무늬를 놓아 짠 최고급 비단) 2필, 훈색운문대단(붉은색의 구름무늬를 놓아 짠 최고급 비단) 2필, 현색화단(검은색의 벼화禾자 무늬를 놓아 짠 비단) 2필, 훈색초(분홍색의 생사로 짠 견) 2필, 대홍토주(새빨간색의 바닥이 두터운 명주) 5필, 초록토주 5필, 황토주 5필, 남토주(쪽빛토주) 5필, 백토주 20필, 면자(綿子, 풀솜) 20근, 씨를 뽑아낸 면화 50근, 홍염주(홍색물을 들인 명주) 5필, 황염주 5필, 백면주 10필을 당주홍칠큰함에 담아 보낸다.

납채 후 3일째 되는 날 신부 본가에 다시 현색운문대단 2필, 훈색운문대단 2필, 현색화단 2필, 훈색초 2필을 나전중함(螺鈿中函, 조개껍질을 붙여 장식한 중간 크기의 함)에 담아 보낸다. 이것이 정친예물(定親禮物, 혼인을 정하여 친척이 된 것을 기념하는 예물)이다.

오성유밀과(五星油蜜果)

오성유밀과는 다섯 개의 행성, 즉 목성·화성·토성·금성·수성을 나타내는 한과이다. 각각 오행의 색을 나타내는데, 만드는 법은 다음과 같다.❶

•
대약과(大藥果) | 검은색 | 수(水)
밀가루에 꿀·참기름·물을 넣고 반죽하여 홍두깨로 0.5cm 정도 두께로 밀어서 사방 8cm 정도로 반듯하게 썰어 참기름에 튀겨내고는 꿀에 담갔다가 건져내어 꿀을 완전히 뺀 다음 잣가루에 엿가루를 섞은 고물로 묻힌다.

•
행인과(杏仁果) | 황색 | 토(土)
밀가루에 꿀과 물을 넣고 반죽하여 두께 0.3cm 지름 2cm 성노 뇌게 빚어서 침기름에 튀겨내고는 꿀에 담갔다가 건져내어 꿀을 완전히 뺀 다음 잣가루에 엿가루를 섞은 고물로 묻힌다.

•
양면과(兩面果) | 청색 | 목(木)
밀가루에 계핏가루·후춧가루·물을 넣고 반죽하여 홍두깨로 0.2cm 정도 두께로 밀어서 길이 6cm 너비 2cm 정도 되게 직사각형으로 썰어 내천川자 형태로 칼집을 세 번 넣은 다음 한 가운데로 한쪽 끝을 밀어 넣어 뒤집고는 이것을 참기름에 튀겨낸 후 꿀에 담갔다가 건져내어 꿀을 완전히 뺀 다음 잣가루에 엿가루를 섞은 고물로 묻힌다.

•
홍요화(紅蓼花) | 홍색 | 화(火)
밀가루에 참기름과 물을 넣고 반죽하여 홍두깨로 두께 0.2cm 정도로 밀어서 가로 2cm 세로 4cm 정도 되게 직사각형으로 반듯하게 썰어 참기름에 튀겨내고는 꿀에 담갔다가 건져내어 꿀을 완전히 뺀다. 한편 찜통에서 쪄낸 찹쌀밥을 바싹 말려서 참기름에 튀겨내어 완전히 식힌 다음(건반, 乾飯) 여기에 참기름에 지초(芝草)를 넣고 우려낸 지초기름을 뿌려 붉은 고물로 만들어 앞의 꿀을 뺀 과자에 묻힌다.❷

•
백요화(白蓼花) | 백색 | 금(金)
홍요화와 같이 만들되 지초기름에 물들이지 않은 흰 건반을 고물로 하여 과자에 묻힌다.

납징

　　혼약의 증거로서 신랑집에서 신부집에 결혼예물을 보내는 의례다. 납폐(納幣)라고도 한다. 납징 때에는 흑색[玄]과 분홍색[纁]비단 10필, 말[馬] 4필로 예물을 삼는다. 그래서 현색모단(玄色冒緞, 검은색의 중국산 비로드) 6필과 훈색비단(纁色廣的, 분홍색의 폭넓은 비단) 4필을 왜주홍칠(선명한 붉은색) 속백함에 담아 당주홍칠을 한 상에 올려놓고 납징 의례를 행한다.

　　현색모단이 6필인 이유는, 양끝에서 중앙으로 향하여 둘둘 말아 2권으로 한 『의례(儀禮)』「사혼례(士昏禮)」의 예에 따라 2권을 2필로 삼은 것이니, 6필은 6권이 되는 셈이다. 2권은 곧 1조(組)가 되기 때문에 현색 6필은 3조에서 나온 숫자이다. 3은 기수(奇數)로 양수(陽數)이며 하늘[天]을 의미한다.

　　훈색비단이 4필인 이유는, 역시 양끝에서 중앙으로 향하여 둘둘 말아 2권으로 한 『의례』의 예에 따라 2권을 2필로 삼은 것이다. 4필은 4권이 되며 2조가 된다. 훈색 4필은 2조에서 나온 숫자이다. 2는 우수(偶數)로 음수(陰數)이며 땅[地]을 의미한다. 그러므로 현색 3, 훈색 2는 천(天, 하늘)과 지(地, 땅)에 순응하여 겸손하게 순종한다는 의미와 함께 음양의 합덕(合德)을 나타낸다.❸

　　납징한 날 신부 본가에 화은(花銀, 치마에 장식하는 은으로 만든 꽃) 50냥, 백능(白綾, 아롱거리는 무늬가 있는 흰색 비단) 4필, 조라(皂羅, 검은색의 얇은 비단) 4필, 대홍주 16필, 초록주 16필, 백면자 10근을 당주홍칠함 1부에 담아보내고, 그밖에 생돼지 4마리, 생양 4마리, 청주 50병, 오성유밀과(五星油蜜果) 4부 등의 이바지식품을 보낸다. 이는 혼례날 신부집에서 손님을 치르는 데 쓰도록 궁중에서 배려한 물선(物膳)이다.❹

친영

신랑이 친히[親] 신부의 집(별궁)에 가서 신부를 맞아오는[迎] 의례이다. 왼쪽 머리를 홍색의 명주 7자로 목을 얽어 홍색 명주 2폭의 홑보자기로 싼 살아있는 기러기 1마리를 왜주홍칠전안상에 올려놓고 신랑이 절하는 의식을 갖는다. 이를 전안의례(奠鴈儀禮)라고 한다.

한편 전안의례 전 신랑이 신부집 대문 밖에 이르면 신부의 아버지와 어머니는 딸에게 방안에서 예(醴, 단술을 마시게 함)를 하는데 이것을 예녀우방중(醴女于房中)이라 한다. 흑칠중원반에 소약과·건치절(꿩 말린 것을 먹기 좋게 칼로 아름답게 오린 것), 전복절(전복 말린 것을 먹기 좋게 칼로 아름답게 오린 것), 생이(배), 생율(밤), 석류, 문어절(문어 말린 것을 먹기 좋게 칼로 아름답게 오린 것) 각각 1기를 차린 과반(果盤) 1상을 벌려놓고 이를 안주삼아 딸에게 예(醴)를 하면서 '반드시 몸을 단정하게 할 것, 스스로 잘 경계하고 존경하는 마음으로 밤과 낮으로 교명(敎命)에 어김이 없도록 할 것, 열심히 노력하고 존경하는 마음으로 밤과 낮으로 집안 일에 틀림이 없도록 할 것'을 다짐한다.

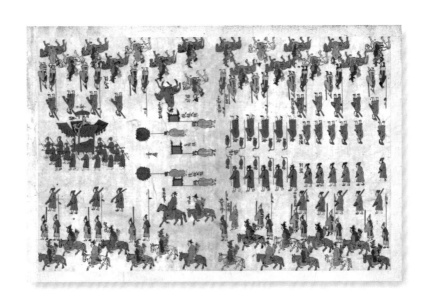

친영행렬　영조와 계비 정순왕후의 혼례식을 기록한 영조가례도감의궤(1759) 중 반차도, 제21~22면, 규장각 소장.

동뢰연

신부가 신랑집에 도착한 다음 돼지고기와 술로서 굳게 일심동체 (同)가 되게 하는 연향의례이다. 그래서 이를 동뢰연(同牢宴)이라 한다.

동뢰연을 치르기 위하여 연상이 차려지는 동뢰청(同牢廳) 북쪽에는 남쪽을 향하여 동뢰연 대상 2조를 벌려 놓는다. 동쪽의 1조는 신랑을 위한 것, 서쪽의 1조는 신부를 위한 것이다.

각 조는 연상(宴床, 당주홍칠저족상)·좌협상(左俠床, 당주홍칠저족상)·우협상 (右俠床, 당주홍칠저족상)·면협상(面俠床, 당주홍칠저족상)·대선상(大膳床, 왜주홍칠대선상)·소선상(小膳床, 왜주홍칠소선상)으로 구성되어 이들 상 위에는 홍색명주로 만든 상건(상보)을 씌운다.

2개의 소선상 남쪽에는 홍색명주상건이 씌워진 2개의 왜주홍칠장공탁(長空卓)이 놓여지고 장공탁 사이에는 옥동자(玉童子; 옥경玉京에 있다는 맑고 깨끗한 용모를 가진 가상적인 동자) 1쌍을 올려놓기 위한 왜주홍칠향좌아 1쌍, 그리고 향꽂이 1쌍을 올려놓기 위한 왜주홍칠향좌아 1쌍이 놓이며, 화룡촉(畫龍燭) 2쌍이 주대촛대(鑄大燭臺)에 꽂혀져 배설된다.

장공탁 남쪽에는 동과 서로 마주보게 교배석(交拜席)이 마련된다. 신랑과 신부가 절하는 자리에는 자주색의 바탕이 두꺼운 명주로 만든 요와 홍색의 명주로 만든 요를 깔고, 이들 위에는 홍색무명요를 깐 후 다시 맨 밑에는 각각 채색으로 온갖 꽃무늬를 넣어서 둘을 맞대어 붙여 만든 상등품의 큰 돗자리인 채화만화면상석 (彩花滿花面上席)이 깔린다. 그리고 각각의 요 위에는 온갖 꽃무늬를 넣어서 짠 방석인 만화방석(滿花方席)이 놓인다.

신랑과 신부의 교배석 앞에는 홍색명주상건이 씌워진 왜주홍칠찬안상(饌案床) 2좌가 차려지고, 찬안상 좌우에는 왜주홍칠과반 2좌와 왜주홍칠중원반 2좌 그리고 주중촛대에 꽂혀진 홍사촉(紅肆燭)이 배설된다.

교배석 남쪽에는 북쪽을 향하여 좌면지를 깐 왜주홍칠 대주정(大酒亭, 신랑용)과 왜주홍칠 주정(신부용)이 차려진다. 이들은 술병과 술잔을 올려놓기 위한 것이다.

대주정과 주정 옆에는 홍색명주상건을 덮은 왜주홍칠을 한 향안(香案) 2좌가 향

동뢰연배설도 왕세자(순종) 가례도감의궤(1882) 중 동뢰연 배설도. 장서각 소장.

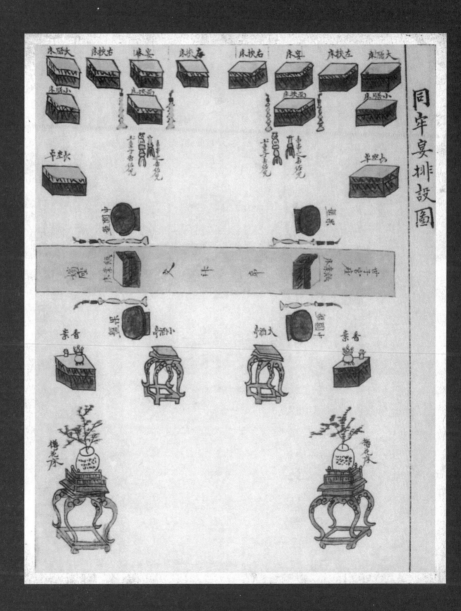

로와 향합을 올려놓기 위하여 놓여진다. 향안 뒤 남쪽에는 북쪽을 향하여 왜주 홍칠을 한 준대(樽臺) 1쌍을 벌려놓는데, 그 위에는 1쌍의 화룡화준(畫龍花樽, 꽃과 용이 그려져 있는 꽃단지)을 올려놓고 준화(樽花) 2타(朶, 송이)를 꽂는다.❺

동뢰연이란 합체(合體)하여 같은 신분이 되는 의례이다. 이렇게 합체하기 위해서 근배(巹盃, 작은 박 하나를 쪼개어 둘로 만든 것)에 신랑용의 대주정과 신부용의 주정에 올려있던 은대병(銀大瓶)에 담겨있는 술을 따라 마시게 한다. 양기(陽氣)를 키워 신랑과 신부의 혼을 일체시키기 위함이다. 이 때 안주로서 먹는 것이 과반·중원반·미수사방반 외에 초미·이미·삼미에 차려진 찬품이 되고 이 안주는 음기(陰氣)를 키워 신랑과 신부의 몸을 합체시키는 매개체로 작용한다.

술안주를 위하여 삼미로 구성된 것은 신랑과 신부에게 술 3잔이 올라가기 때문이다. 제1잔은 백자청화주해(白磁靑畫酒海)에 담겨있던 술을 동도금작(銅鍍金爵)에 따라 마시는 것이고 이 때의 술안주가 초미이다.

제2잔은 은봉병(銀鳳瓶)에 담겨있던 술을 쌍이단엽금잔(雙耳單葉金盞)에 따라 역시 먹은 음식을 조화시키기 위하여 술을 마시며 이 때의 술안주는 이미이다.

제3잔이 바로 합체를 위하여 합근주를 마시는데 이 때의 술안주가 삼미이다.❻
과반·중원반·미수사방반은 초미·이미·삼미를 보조하기 위하여 동원된 음식으로 해석해도 좋다. 특히 과반이 신랑과 신부 각각에 3반인 것은 미수가 삼미(三味)이기 때문이다.

동뢰연이 끝나면 신부(왕비)를 따르는 사람이 신랑(왕)이 드시고 남긴 찬과 술을 한데 모아 싸고, 신랑을 따르는 사람은 신부의 찬 나머지와 술을 한데 모아 싸서 일정한 장소에 가서 마시고 먹게 된다.❼

이렇게 신랑측 시종인과 신부측 시종인이 신랑과 신부가 먹다 남긴 음식을 서로 맞바꾸어 먹는 의례는 신랑과 신부가 제1잔에서 먼저 술을 따라 마시고 이후 음복(飮福)하여 신과의 공음(共飮)·공식(共食)이 이루어져 신에게 맹세하여 합체하였듯이, 신랑·신부 그리고 그 가족들이 공음과 공식을 통하여 일체가 되는 과정이다.❽

연상(宴床)의 찬품과 만드는 법

*기는 그릇 수를 세는 단위

- **중박계(中朴桂) 2기**
  밀가루에 참기름·꿀·물과 합하여 반죽한 다음
  홍두깨로 1cm 두께 정도로 밀어서 가로 2.5cm
  세로 8.5cm 정도 되게 네모반듯하게 썰어
  참기름에 튀겨내어 고여 담는다.

- **백산자(白散子) 2기**
  밀가루에 참기름과 물을 합하여 반죽한 것을
  홍두깨로 0.2cm 두께 정도로 밀어서 가로
  4cm 세로 5cm 정도 되게 네모반듯하게 썰어
  참기름에 튀겨낸 뒤 꿀에 담갔다가 건져내어
  꿀물을 완전히 뺀 다음 건반을 고물로 하여
  묻혀 고여 담는다.

- **홍산자(紅散子) 2기**
  만드는 방법은 백산자와 같으나 지초기름을
  뿌려 붉게 물들인 건반을 고물로 묻혀 고여
  담는다.

- **유사마조(油沙亇條) 2기**
  밀가루에 참기름·꿀·물을 합하여 반죽한 것을
  홍두깨로 두께 0.5cm 정도 되게 밀어서 가로
  1.5cm 세로 10cm 정도 되게 반듯하게 썰어
  참기름에 튀겨내고는 꿀에 담갔다가 건져내어
  꿀물을 완전히 뺀 다음, 참기름에 볶아 익힌
  밀가루를 고물로 하여 묻혀 고여 담는다.

- **홍마조(紅亇條) 2기**
  만드는 방법은 유사마조와 같으나, 지초기름을
  뿌려 붉게 물들인 건반가루를 고물로 하여 묻혀
  고여 담는다.

- **육색실과(六色實果) 6기**
  잣·호두·밤·대추·황율·건시를 각각 1기로
  하여 고여 담는다.

좌협상(左俠床)의 찬품과 만드는 법

- **홍망구소(紅望口消) 2기**
  밀가루에 참기름·꿀·물과 합하여 반죽한 것을
  홍두깨로0.2cm 정도 두께로 밀어 지름 4cm
  정도의 원형틀로 찍어내어 참기름에 튀겨내고는

꿀에 담갔다가 건져내어 꿀물을 완전히 뺀 다음
지초기름을 뿌려 붉게 물들인 건반 가루를
고물로 하여 묻혀 고여 담는다.

- **유사망구소(油沙望口消) 2기**
  만드는 방법은 홍망구소와 같으나 참기름에
  볶아 익힌 밀가루를 고물로 하여 묻혀 고여
  담는다.

- **백다식(白茶食) 2기**
  하얗게 볶아 익힌 밀가루에 꿀을 합하여 반죽한
  다음 다식판에 박아내어 고여 딤는다.

- **전단병(全丹餅) 2기**
  참기름을 두르고 갈색이 나도록 볶아 익힌
  밀가루에 꿀을 넣고 반죽하여 다식판에 박아낸
  것을 흑당(黑糖, 진하게 달인 엿물)에 담갔다가
  건져내어 흑당물을 완전히 빼서 고여 담는다.

- **송고미자아(松古味子兒) 1기**
  찹쌀가루에 꿀과 곱게 다진 숙송기[熟松古:
  삶아서 연하게 만든 소나무 속껍질] 그리고
  물을 합하여 반죽해서 도토리 크기로 빚은 것을
  참기름에 튀겨낸 후 꿀에 담갔다가 건져내어
  꿀물을 완전히 뺀 다음 건반가루를 고물로 하여
  묻혀 고여 담는다.

- **소홍망구소(小紅望口消) 2기**
- **유사소망구소(油沙小望口消) 2기**
- **백미자아(白味子兒) 1기**
  밀가루에 참기름·꿀·물을 합하여 반죽해서
  도토리 크기로 빚은 것을 참기름에 하얀색이
  유지되게끔 튀겨내고는 꿀에 담갔다가
  건져내어 꿀물을 완전히 뺀 다음 고여 담은
  것이다.

- **유사미자아(油沙味子兒) 1기**
  만드는 방법은 백미자아와 같으나 참기름에
  볶아 익힌 밀가루를 고물로 하여 묻혀 고여
  담은 것이다.

- **적미자아(赤味子兒) 1기**
  만드는 방법은 백미자아와 같으나 갈색이
  되게끔 튀겨내고는 꿀에 담갔다가 건져내어
  꿀물을 완전히 뺀 다음 고여 담는다.

- **운빙(雲氷) 1기**
  밀가루에 참기름·꿀·물을 합하여 반죽해서

홍두깨로 0.1cm 정도 두께로 밀어 가로·세로
8cm 정도 되게 반듯하게 썬 것을 참기름에
하얀색이 유지되게끔 튀겨낸 뒤 꿀에 담갔다가
건져내어 꿀물을 완전히 뺀 다음 고여 담는다.

우협상(右俠床)의 찬품과 만드는 법

- **홍마조 2기**
- **유사마조 2기**
- **송고마조(松古亇條) 2기**
  무르도록 쪄낸 찹쌀밥에 곱게 다진 숙송기를
  합하여 밥알이 없어지도록 쳐서 두께 1cm 가로
  1.5cm 세로 10cm 정도 되는 막대 형태로 잘라
  꿀물에 담갔다가 건져내어 꿀물을 완전히 뺀
  다음 건반가루를 고물로 하여 묻힌 것을 고여
  담은 것이다.
- **염홍마조 2기**
- **소홍산자 2기**
- **소백산자 2기**
- **유사미자아 1기**
- **송고미자아 1기**
- **운빙 1기**
- **백미자아 1기**
- **적미자아 1기**
- **율미자아(栗味子兒) 1기**
  무르도록 쪄낸 황율과 찹쌀밥에 꿀과 참기름을
  합하여 밥알이 없어지도록 쳐서 도토리
  모양으로 빚은 것을 꿀에 담갔다가 건져내어
  꿀물을 완전히 뺀 다음 건반가루를 고물로 하여
  묻혀 고여 담은 것이다.

면협상(面俠床)의 찬품과 만드는 법

- **채소(菜蔬) 4기**
  미나리·무·도라지·산삼 각 1기.
  청장·참기름·소금·식초·겨자로 양념하여
  고여 담은 생채이다.
- **어육(魚肉) 4기**
  건문어·건치·중포(소고기 말린 것)·건전복
  각각 1기로 하여 먹기 좋게 칼로 아름답게 오려
  고여 담는다.

- **건남(乾南) 4기**
  전복·계란·연계·생치(生雉, 꿩)를 각각 1기로
  하여 고여 담는다. 찜요리이다.
- **전어육(煎魚肉) 3기**
  노루뒷다리·오리·생선을 포로 떠서 소금과
  후춧가루를 뿌려 녹말가루를 묻혀 참기름에
  지져내어 각각을 1기로 하여 고여 담은 것이다.

대선상(大膳床)

  삶아 익힌 숙편(熟片)
- **돼지 1마리**
- **소뒷다리 1개**
- **오리 1마리**

소선상(素膳床)의 찬품

  삶아 익힌 숙편(熟片)
- **양 1마리**
- **소앞다리 1개**
- **오리 1마리**

미수사방반(味數四方盤)의 찬품

  먹기 좋게 칼로 아름답게 오렸기 때문에
  절육(折肉)이라 한다. 고여 담아 사방반에
  차린다.
- **전복절(全鰒折, 건전복) 1기**
- **광어절(廣魚折, 건광어) 1기**
- **대구어절(大口魚折, 건대구어) 1기**
- **문어절(文魚折, 건문어) 1기**
- **쾌포절(快脯折, 육포) 1기**

중원반(中圓盤)

- **전복절 1기**
- **인복절(引鰒折) 1기**
  말릴 때 늘려서 말린 전복

- 건치절 1기
- 전유어 1기

과반(果盤)의 찬품

- 전복절 1기
- 건치절 1기
- 문어절 1기
- 약과 1기
- 배 1기
- 잣 1기
- 밤 1기
- 정과 1기
  천문동(天門冬)·생강·동아[冬瓜]에
  꿀을 합하여 졸여 만든 것으로 과반3상에
  천문동정과·생강정과·동아정과를 각각
  달리하여 차린다.

초미(初味)의 찬품과 만드는 법

- 전복자기(全鰒煮只) 1기
  물에 삶아 부드럽게 만든 건복을 먹기 좋은
  크기로 잘라 생강즙·간장·참기름·후춧가루
  등을 합하여 볶는다.
- 생치적(生雉炙) 1기
  각을 떠 잘라낸 꿩에 소금·후춧가루·참기름을
  발라 굽는다.
- 산삼병(山蔘餠) 1기
  쪄낸 찹쌀밥과 산삼을 합하여 쌀알이 없어질
  때까지 쳐서 손가락 크기로 만들어 참기름에
  지져낸다.
- 수정과(水正果) 1기
  꿀물이다. ❾
- 추복탕(搥鰒湯) 1기
  닭육수에 두들겨 가면서 말린 추복을 넣고 끓여
  깻가루·소금·잣을 넣은 탕이다.
- 약과 1기
- 잣 1기
- 꿀[追淸] 1기

이미(二味)의 찬품과 만드는 법

- 생치자기(生雉煮只) 1기
  각을 떠 잘라낸 꿩에 생강즙·간장·참기름·
  후춧가루 등을 합하여 볶는다.
- 전유어 1기
- 송고병(松古餠) 1기
  무르게 쪄낸 찹쌀밥에 숙송기를 합하여 쌀알이
  없어질 때까지 친 다음 밤톨 크기로 떼어
  참기름에 지져낸다.
- 수정과 1기
- 밤 1기
- 행인 1기
- 세면(細麵) 1기
  녹두녹말가루로 만든 발이 가는 국수이다.
- 꿀 1기

삼미(三味)의 찬품과 만드는 법

- 어만두(魚饅頭) 1기
  얇고 넓게 저민 숭어살에 녹말가루를
  묻혀서 여기에 곱게 다져 양념한 소고기와
  돼지고기소를 넣고 만두 모양으로 싼 다음
  녹말가루를 묻혀 찜통에서 쪄낸다.❿
- 생치전체소(生雉全體燒) 1기
  생치를 통째로 준비하여 참기름과 소금을 발라
  물에 젖은 한지에 싸서 불기 있는 재 속에 묻어
  구워낸다.
- 자박병(自朴餠) 1기
  찹쌀가루를 익반죽하여 참기름에 튀겨내어
  콩고물을 묻힌다.
- 장육자기(獐肉煮只) 1기
  각을 떠 잘게 자른 노루고기에
  간장·참기름·후춧가루 등을 넣고 볶는다.
- 전은정과(煎銀正果) 1기
  밀가루에 꿀과 물을 넣고 반죽하여 홍두깨로
  0.2cm 정도 되게 얇게 밀어서 참기름에 흰색이
  유지되게끔 튀겨낸 뒤 꿀에 담갔다가 건져낸다.
- 수정과 1기
- 대추 1기
- 꿀 1기

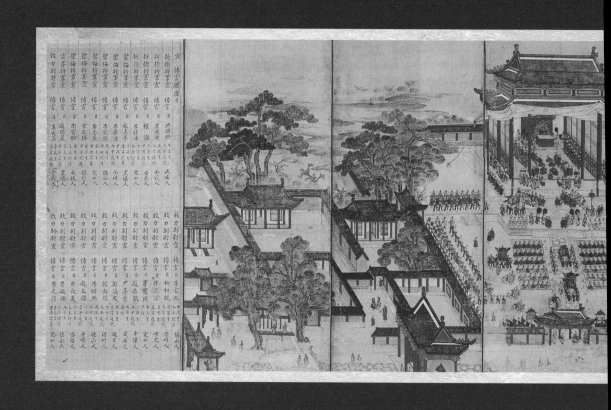

헌종가례진하계병 병풍의 형태로 가례진하도가 남아 있는 유일한
예이다. 경복궁 근정전에서 거행되는 진하 행사의
모습을 중점적으로 묘사하였다.(8첩. 1884년. 각폭
115 × 51.5cm. 동아대학교 박물관 소장)

조현례

　　조현례를 현구고례(見舅姑禮)라고도 한다. 동뢰연이 끝나고 신부가 시부모를 처음 뵐 때 시어머니에게 단수포(腶脩脯, 소고기를 길게 저며서 여기에 생강과 계피가루를 뿌려 말린 육포), 시아버지에게 대추와 밤[棗栗]을 예물로 올리는 의례이다.

시어머니(음)에게 단수포(양성)를 올리고, 시아버지(양)에게 조율(음성)을 올리는 것은 천시(天時)의 법칙에 따라 적용한 것이다. 시어머니에게 단수포를 올림은 '공경하고 노력하여 배우고 익히며 시어머니의 장수를 빈다' 는 의미를 담고 있고, 시아버지에게 조율을 올림은 '공손하게 갖추어 진심어린 마음을 많이 드린다' 는 의미를 담고 있다.⓫

왕가례에서는 시아버지가 없고, 시어머니가 되는 대상은 대왕대비이다. 그래서 신부는 대왕대비에게만 단수포 2접(貼)을 왜주홍칠소소사방반에 담아 올린다. 이때 술 1작을 올리며 술안주가 되는 것이 전복절, 건치절, 문어절, 약과, 정과, 잣, 밤, 배를 각각 1그릇씩 고여 담은 과반(果盤)이다.

연(輦)　　조선시대 왕의 가마. 140.0×140.0×260.0cm. 집 모양으로 지붕의 네 모서리와 가마채 끝 부분에 용머리 장식을 달았다. 국립고궁박물관 소장.

미 주

- 국혼에 관해서는 다음을 참조. 「어제국혼정례(御製國婚定例)」, 『탁지정례(度支定例)』; 김상보, 『조선왕조 궁중의궤 음식문화』, 수학사, 1995, 136~152쪽.

1. 김상보, 『조선왕조 혼례연향 음식문화』, 신광출판사, 2003, 134쪽.

2. 김상보, 『조선왕조 궁중과자와 음료』, 수학사, 2006.

3. 김상보, 『조선왕조 혼례연향 음식문화』, 신광출판사, 2003, 139쪽.

4. 김상보, 『사도세자를 만나다.』, 북마루지, 2011, 88쪽.

6. 긴상보, 『사두세자를 만나다』, 북마루지, 2011, 125,126쪽.

6. 『국조오례의(國朝五禮儀)』; 김상보, 「조선조의 혼례음식」, 『정신문화연구』, 정신문화연구원, 2002, 59쪽.

7. 『국조오례의(國朝五禮儀)』

8. 김상보, 「조선조의 혼례음식」, 『정신문화연구』, 정신문화연구원, 2002, 33~34쪽.

9. 『영접도감의궤(迎接都監儀軌)』, 1643.

10. 김상보, 『다시보는 조선왕조 궁중음식』, 수학사, 2011, 26쪽.

11. 김상보, 「조선조의 혼례음식」, 『정신문화연구』, 정신문화연구원, 2002, 35~36쪽.

2 생신 잔치와 생신 음식

김상보 — 대전보건대학교

조선 후기, 왕실의 잔치는 큰 변화를 겪었다. 순조대인 1828년, 왕비의 40세 생신을 축하하기 위한 잔치가 그 변화의 시작이었다. 기존에 한 차례 열렸던 연회가 세 차례로 확대된 것이다. 그 시작은 정치적 상황 때문이었다.

당시 왕은 건강상의 이유로 왕세자에게 정무를 대신 맡겨두고 있었다. 또한 조선 역사상 가장 강력한 외척 세력이 실권을 잡고 있던 때였다. 그래서 왕을 위한 잔치가 끝난 뒤, 왕비를 위한 잔치가 한 번 더 열렸고, 그 다음날에는 왕세자를 위한 잔치가 열렸다.

이처럼 세 차례에 걸쳐 연회를 행하는 관례는 그 이듬해 왕의 40세 생신 축하 잔치에서도 똑같이 시행되었으며, 이후로 조선 왕조가 막을 내릴 때까지 계속되었다. 왕세자가 정무를 대신하지 않는 시대에도 마찬가지였다.

이 글에서는 1829년 왕의 40세 생신 잔치를 중심으로, 조선후기 각각의 잔치의 모습, 잔치에 소용된 음식들을 소개 한다. 당시 잔치 모습에 대한 기록화뿐만 아니라, 음식의 세부 내용, 그리고 음식상의 배치 등도 재구성해 본다.

화려했던 조선 왕실의
생일 잔치

정조(재위 1776~1800) 일대는 영조대에 이어 실사구시(實事求是) 학풍의 전성기를 이루면서 최고의 문화를 꽃피운 시기였다. 정조가 승하하고 순조(재위 1800~1834)가 즉위하니 왕은 이때 11세였다.

순조는 즉위 2년(1802) 9월 김조순의 딸을 왕비로 책봉했다. 이에 따라 김조순은 국구(國舅)로서 세도를 잡게 되었고, 점차 조정은 안동 김씨 일족이 장악하게 되었다. 자연히 중앙정계는 권력투쟁에 급급하여 부패가 심해졌고 민정(民政)은 마비되었다. 지방에 파견되는 외관(外官)도 세력을 배경으로 사사로이 이권을 챙기는 자들이 많아졌다. 한편 순조 재위 34년 동안 수많은 재해가 이어졌다. 끊임없이 발생한 대화재, 수재, 역병 등은 사회적 불안을 가중시켰고 민란이 발생하는 등 기강의 해이는 가속화되었다.❶

순조 27년(1827) 왕은 건강상의 이유로 19세가 된 세자 호(旲)에게 정무를 맡겼다. 의정부에서는 세자에 의한 정사 세칙을 제시했고, 세자는 2월 18일 묘시(卯時)에 종묘와 사직, 경모궁(사도세자의 신위를 모신 사당)에 고유제(告由祭, 큰 일이 생겼을 때 신명神明에게 고하는 제사)를 지낸 다음, 같은 날 오시(午時)부터 대리정사를 시작하였다.❷ 그런데 이 해 7월 경신일, 세자빈이 원손을 출산했다.

나라의 종통을 이을 후손이 태어난 경사와, 대리정사를 보는 세자의 심정과 예절을 표시하고자, 세자는 자경전에서 임금과 중궁(김조순의 딸)께 존호와 책봉문을 올린 다음 연향을 올렸다. 이것이 내연(內宴, 궁중의 집안 사람들만 모여 하는 연회)인 정해년(1827)의 「자경전 진작(慈慶殿 進爵)」이다.❸

이 연향 규모는 정조대까지 행하여졌던 그것을 크게 벗어나지 않는 것이었다. 그러나 중궁의 40세 생신을 축하하기 위하여 다음 해에 내연으로 행하여졌던 무자년(1828)의 「자경전 진작」은 「자경전 진작(자경전정일진작)」 이외에 「자경전 야진별반과」 그리고 세자를 위한 「자경전익일회작」을 더하여 3회에 걸친 대 연향이었다. 이러한 연향 구성은 근검절약을 추구했던 궁중 내의 생활철학에서 크게 벗어난 것이었다.❹

새롭게 추가된 「자경전 익일회작」은 세자를 위한 연향이었다. 세자가 대리정사를 본 지 1년만에 개최되는 것이기 때문에, 성공적 대리정사에 대한 자축과 세자에 대한 예절의 표현이라는 의미가 있었다. 또한 「자경전 야진별반과」는 중궁전을 위하여 별도로 마련된 연향으로, 당시 김조순의 세도와도 무관하지 않다.

그 이듬해인 기축년(1829, 순조 29)은 임금의 나이가 40세가 되고, 임금의 자리에 오른지 30년이 되는 해였다.❺ 그래서 외연(外宴, 왕과 신료들이 참석하는 연회)과 내연이 함께 열렸다. 외연은 명정전에서 개최하여 이를 「명정전 외진찬」이라 하고, 내연은 자경전에서 개최하여 이를 「자경전 정일진찬」, 「자경전 야진찬」, 「자경전 익일회작」이라 하였다.

이러한 연향 구성은 헌종 이후 고종 때까지 계속되었다. 세자가 대리정사를 보지 않은 시기에도 세자를 위한 익일회작은 계속 이어졌고, 야진찬 역시 빠지지 않았다. 이처럼 연향의 규모가 엄청나게 커짐에 따라 조선왕조 말기까지 연향을 위한 물자의 손실이 막대하였다.

이상과 같은 시대적 흐름을 고려할 때, 생신음식을 살펴보기 위해서는 연향의 전환점이라고 볼 수 있는 기축년(순조 29)의 생신음식을 살펴보는 것이 중요하다. 세자를 위한 「익일회작」에서 세자의 연향상차림과 임금의 연향상차림을 비교해 보면 「익일회작」의 성격을 연향상을 통하여 알 수 있을 것이다. 아울러 찬품에 대한 조리방법은 지면 관계상 「명정전 외진찬」을 대상으로 기술하기로 한다.

기축년 잔치의 구성

2월 9일(낮) ─────────────→ 2월 9일(밤) ─────────────→ 2월 10일

명정전 외진찬   자경전 야진찬   자경전 익일회작
자경전 정일진찬

 표1 **기축년 잔치의 음식상**

명정전 외진찬	
대전	찬안 · 9미수 · 탕 · 만두
세자	1미수 · 탕 · 만두
참연제신	200인, 연상
시위제신	128인, 산과상

자경전 정일진찬	
대전	찬안 · 별행과 · 차 · 소선 · 염수 · 대선 · 7미수 · 탕 · 만두
세자	찬안 · 별행과 · 차 · 1미수 · 탕 · 만두
세자빈	찬안 · 별행과 · 차 · 1미수 · 탕 · 만두
내진헌	찬안 · 별행과
명온공주	찬안 · 별행과
기타 110인	찬상 · 상상 · 외빈상 · 내빈상 · 중상 · 하상
반사	27상
사찬	6상

자경전 야진찬	
대전	찬안
세자	찬안

자경전 익일회작	
대전	찬안
세자	찬안 · 별행과 · 차 · 1미수 · 탕 · 만두
기타 61인	찬상 · 내입상 · 내빈상 · 상상 · 중상 · 무예청상 · 감관상 · 하상
반사	3상
사찬	26상

114

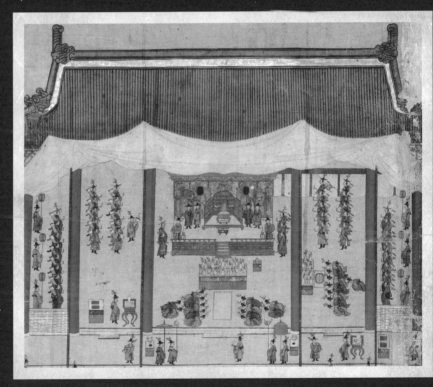

「기축진찬도병」 중 외진찬 부분.

「명정전 외진찬」의 음식들

「명정전 외진찬」에는 임금과 세자, 참연제신 200인, 시위제신 128인이 참여하였다. 주인공은 물론 임금이다.

임금에게는 찬안(饌案), 9미수(味數), 탕(湯), 만두(饅頭)를 올렸다. 찬안은 20기로 하고, 미수는 9미수로 하였다.(참고로 「자경전 정일진찬」에서는 찬안이 30기, 미수가 7미수였다.) 이는 전례에 따라 세자가 지시하여 시행되었다.❻ 이외에 세자에게는 찬안, 1미수, 탕, 만두, 참연제신에게는 연상(宴床), 시위제신에게는 산과상(散果床)이 올랐다.

임금께 올린 찬안은 주칠(붉은칠)찬안 2좌에 협탁 1좌를 합하여 20기의 유기와 자기를 사용하였다.

찬안의 음식들

전복숙 물에 불린 건전복에 쇠고기 안심육·진계(묵은 닭)·잣·참기름·간장을 합하여 만든 일종의 찜이다.

칠계탕 진계에 쇠고기·돼지고기·해삼·전복·두골전·숭어전유화·표고버섯을 합하여 중탕하여 익힌다. 국물을 넉넉히 하니 찜과 탕의 중간 형태이다.

잡탕 닭육수에 쇠고기·돼지고기·숭어전유화·두골전·전복·곤자소니·돼지아기집·해삼·오이·잣을 합하여 끓인 탕이다.

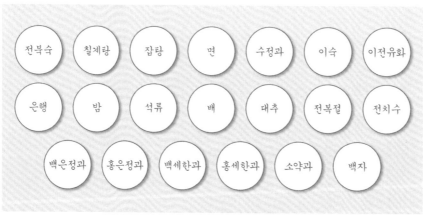

대전 진어찬안

면 메밀국수에 쇠고기 안심육으로 만든 육수를 붓고 여기에 후춧가루와 간장으로 양념한 쇠고기 안심육 수육으로 교태한다.

수정과 꿀물이다.

이숙 배에 꿀과 통후추를 합하여 졸여서 완전히 식힌 다음 통후추를 제거하고 잣가루를 고물로 하여 묻힌다.

어전유화 얇게 포로 뜬 숭어에 소금을 뿌려서 녹두녹말가루로 옷을 입혀 참기름에 지져낸다.

전복절 전복 말린 것을 먹기 좋게 칼로 아름답게 오린다.

전치수 생치를 통째로 하여 참기름과 소금을 발라 물에 젖은 한지로 싸서 불기 있는 잿속에 묻어 구워낸다.

백은정과 밀가루에 꿀과 물을 넣고 반죽하여 홍두깨로 0.2cm 정도 되게 얇게 밀어서 참기름에 흰색이 유지되게끔 튀겨내고는 꿀에 담갔다가 건져낸다.

홍은정과 백은정과와 같으나 다만 반죽할 때에 참기름에 지초를 넣고 우려낸 지초기름을 합하여 반죽한다.

백세한과 밀가루에 꿀·참기름·물을 넣고 반죽하여 홍두깨로 0.5cm 정도 두께로 밀어서 가로 2cm 세로 2cm 정도 되게 반듯하게 썰어 참기름에 튀겨 내고는 꿀에 담갔다가 건져내어 꿀을 완전히 뺀 다음 백당(흰엿가루)을 고물로 하여 묻힌다.

홍세한과 백세한과와 같으나 백당에 지초기름을 뿌려 붉게 물들인 것을 고물로 하여 묻힌다.

소약과 밀가루에 꿀·참기름·물을 넣고 반죽하여 홍두깨로 0.5cm 두께 정도로 밀어서 사방 4cm 되게 반듯하게 썰어 참기름에 튀겨낸 후 꿀에 담갔다가 건져내어 계피가루를 화합한 엿가루를 고물로 하여 묻는다.

이외에 은행, 밤, 석류, 배, 대추 등이 찬안에 올랐다.

미수의 음식들

미수는 주칠소원반 각각에 유기와 자기를 사용하여 초미에서 9미까지 아홉차례에 걸쳐 고임음식을 차려 임금께 올렸다. 초미에서 9미까지의 음식 구성과 상화장식은 [표 2]와 같다. 미수에 차려진 음식을 살펴보도록 하겠다.

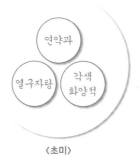

〈초미〉

열구자탕은 쇠고기안심육·돼지아기집·돼지안심육·곤자소니·쇠양·꿩·진계·숙전복·숭어전유화·오이·무·미나리초대·도라지·잣에 생강·파·참기름·후춧가루·간장으로 양념하여 육수를 부어 끓인 것이다.

각색화양적은 쇠고기안심육·등골전·돼지고기·꿩·연계·도라지·표고버섯을 두께는 연필 굵기, 길이는 10cm 정도로 잘라 참기름·간장·파·후춧가루로 양념하여 꽂이에 꿴 다음 밀가루와 달걀로 옷을 입혀 참기름에 지져낸 것이다.

〈2미〉

표2 「명정전 외진찬」당시 임금께 올린 9미수의 구성

미수	음식	상화
초미	연약과 1기·열구자탕 1기·각색화양적 1기	목단화 1개와 홍도삼지화 1개
2미	연행인과 1기·만증탕 1기·양숙편 1기	목단화 1개와 홍도삼지화 1개
3미	홍미자 1기·완자탕 1기·저육숙편 1기	목단화 1개와 홍도삼지화 1개
4미	백미자 1기·과제탕 1기·해삼증 1기	월계화 1개와 홍도삼지화 1개
5미	흑임자다식 1기·추복탕 1기·부어증 1기	월계화 1개와 홍도삼지화 1개
6미	송화다식 1기·저포탕 1기·족병 1기	월계화 1개와 홍도삼지화 1개
7미	준시 1기·골탕 1기·우육숙편 1기	월계화 1개와 홍도삼지화 1개
8미	호두 1기·양탕 1기·생합회 1기	월계화 1개와 홍도삼지화 1개
9미	증대조 1기·생치초 1기·어만두 1기	월계화 1개와 홍도삼지화 1개

연행인과는 밀가루에 꿀과 물을 넣고 반죽하여 두께 0.3cm 지름 2cm 정도되게 빚어서 참기름에 튀겨낸 후 꿀에 담갔다가 건져내어 꿀을 완전히 뺀 다음 엿가루를 고물로 하여 묻힌 것이다.

만증탕은 쇠고기안심육·돼지사태육·연계·꿩을 곱게 다져 깨·참기름·간장·생강·파·후춧가루·잣가루로 양념하여 밤톨 크기로 빚어 녹말가루를 묻힌 다음 찜통에서 찐다. 육수에 무르게 익혀서 양념한 곤자소니·쇠양·돼지아기집과 소금에 절여 살짝 볶은 오이 그리고 표고버섯·박고지를 넣고 끓여서 거의 익었을 때, 앞서 쪄낸 것과 두골전·숭어전유화를 넣고 잠깐 끓여낸 것이다.

양숙편은 쇠양을 무르게 익혀 편으로 썬 것이다.

〈3미〉

홍미자는 밀가루에 참기름·꿀·물을 합하여 반죽해서 도토리 크기로 빚은 것을 참기름에 튀겨낸 뒤 흰엿가루에 지초기름을 뿌려 붉게 물들인 것을 고물로 하여 묻힌 것이다.

완자탕은 돼지사태육·쇠혀·꿩·연계를 곱게 다져 잣가루·생강·참기름·후춧가

루·간장으로 양념하여 대추 크기로 빚은 다음 녹말가루로 옷을 입혀 찜통에서 찐다. 육수에 양념한 해삼·전복·홍합·표고버섯을 넣고 끓여서 익으면, 앞서 쪄 낸 완자와 숭어전유화를 넣어 잠깐 끓여낸 것이다.

저육숙편은 돼지고기를 무르게 익혀 편으로 썬 것이다.

〈4미〉

백미자는 홍미자와 같으나 고물로 흰엿가루를 묻힌 것이다.

과제탕은 손가락 굵기로 썰어 소금에 절여서 물기를 짜낸 오이에, 생강·참기름· 간장·후춧가루로 양념한 꿩·연계·쇠혀와 숭어전유화·잣을 합하여 육수에 담아 끓인 것이다.

해삼증은 여러번 삶아내어 물러진 건해삼의 뱃속에 생강·잣가루·간장·파·참기 름·후춧가루로 양념한 곱게 다진 꿩고기와 연계고기를 가득 집어 넣고 밀가루 를 묻혀 참기름에 지져낸 다음 여기에 표고버섯과 석이버섯 그리고 약간의 육수 를 넣어 중탕으로 찜한 것이다.

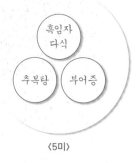

〈5미〉

흑임자다식은 볶아 익힌 흑임자를 가루로 만들고 꿀을 화합하여 찜통에서 쪄낸 다음 절구에 찧어 기름을 짜내 버리고는 다식판에 박아 낸 것이다.

추복탕은 두들겨가면서 말린 추복을 닭육수에 넣고 끓여 깻가루·잣·소금으로 양념하여 만든 탕이다.

부어증은 붕어 뱃속에 생강·참기름·후춧가루로 양념한 곱게 다진 꿩고기와 닭고기를 넣고 밀가루와 달걀로 옷을 입혀 참기름에 지져내어 표고버섯을 합하여 육수를 부어 중탕하여 만든 찜이다.

〈6미〉

송화다식은 송홧가루에 꿀을 넣고 반죽하여 다식판에서 박아낸 것이다.

저포탕은 먹기좋은 길이로 썰은 돼지아기집에 양념한 곱게 다진 쇠고기를 넣고, 소금간한 닭육수를 합하여 끓인 탕이다.

족병은 우족·꿩·진계를 합하여 무르도록 삶고 또 삶아 기름과 뼈를 없앤 다음 달걀지단채·석이버섯채·파채·참기름·표고버섯채·간장·초·후춧가루를 넣고 차게 식혀 먹기 좋은 크기로 썰은 것이다.

〈7미〉

준시는 품질이 좋은 곶감이다.

골탕은 숟가락으로 떠낸 쇠골에 계란을 씌워 참기름으로 지져낸 다음 생강즙·간장으로 양념한 육수에 담아 끓인 탕이다.

우육숙편은 양지머리육을 무르게 익혀 편으로 썬 것이다.

〈8미〉

양탕은 무르게 삶아 익힌 쇠양을 얇게 저며 떠서 생강즙과 후춧가루를 뿌려 밀가루와 달걀로 옷을 입혀 참기름에 지져내고는 표고버섯과 함께 육수에 담아 끓인 탕이다.

생합회는 큰조개회이다. 먹을 때는 간장에 생강즙과 초를 화합한 강초장을 곁들인다.

〈9미〉

증대조는 씨를 발라낸 대추에 잣을 박아 꿀을 넣고 조린 것이다.

생치초는 각을 떠 잘게 자른 꿩에 생강즙·간장·참기름·후춧가루를 넣고 볶은 것이다.

어만두는 얇고 넓게 저민 숭어살에 녹말가루를 묻혀서 여기에 곱게 다져 양념한 쇠고기와 돼지고기로 만든 소를 넣고 만두 모양으로 싼 다음 녹말가루를 묻혀 찜통에서 쪄낸 것이다.

탕

주칠소원반에 자기 1기를 사용하여 임금께 올린 「탕」은 금중탕이다. 닭육수에 참기름에 볶은 표고버섯과 참버섯을 넣고 끓인 다음 닭고기와 잣가루로 교태한 탕이다.

대전 진탕(주칠소원반, 자기)

123

만두

주칠소원반에 자기 1기를 사용하여 임금께 올린 「만두」는 밀가루 만두피에 간장과 잣가루로 양념한 곱게 다진 표고버섯·참버섯·돼지사태육 합한 것을 소로 하여 싸서 찜통에서 쪄낸 찐만두이다.❼

대전 진만두(주칠소원반, 자기)

대탁찬안, 『잔치풍경: 조선시대 향연과 의례』, 특별전 도록, 국립중앙박물관, 2009.

자경전 내진찬(정일진찬)의
음식들

　　내진찬에는 대전·세자·세자빈·명원공주·숙선옹주·영온옹주·숙
의박씨·덕온공주·복온공주·내빈 29인·제신 11인·외빈 48인·내시 18인 등 115
인이 참여하였다. 내진찬에서의 주인공은 물론 임금이다. 연회가 끝나고 음식을
하사하는 반사 33상이 지위에 따라 반사찬상·반사상상·반사중상·반사하상·사
찬상상으로 나뉘어져 내려졌다.

임금에게는 찬안, 별행과, 대선, 소선, 탕, 만두, 7미수, 차를 올렸다. 중궁에게는 내
진헌(內進獻)의 형식으로 찬안과 별행과를 올렸고, 세자에게는 찬안, 별행과, 탕,
만두, 1미수, 차를, 세자빈궁에게는 찬안, 별행과, 탕, 만두, 1미수, 차를, 명온공주
에게는 찬상, 별행과를, 숙선옹주·영온옹주·숙의박씨·덕온공주·복온공주에게
는 각각 찬상을, 내빈과 제신에게는 상상, 내빈상, 중상을, 외빈에게는 외빈상을,
내시에게는 하상이 올랐다.

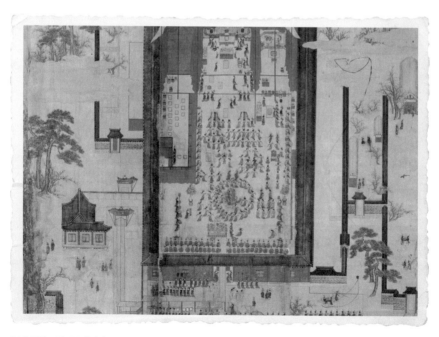

「기축진찬도병」 중 내진찬 부분

표3 「자경전 정일진찬」 당시 임금께 올린 상차림 구성

구분	음식상	상화
찬안	주칠찬안 6좌에 46기의 당화기와 유접시	대수파련 1개·중수파련 2개·소수파련 1개·각색절화 14개·홍도삼지화 6개·홍도별간화 7개·홍도간화 3개
별행과	주칠찬안 1좌 좌우에 협상을 붙여서 30기의 유기와 자기	이층수파련 1개·목단화 8개·월계화 5개·홍도삼지화 8개
7미수	7립의 주칠소원반 각각에 유기와 자기	목단화 1개·월계화 1개·홍도삼지화 1개·홍도별건화 2개
대선	주칠소원반에 자기	홍도삼지화 1개
소선	주칠소원반에 자기	목단화 1개
탕	주칠소원반에 자기	
만두	주칠소원반에 자기	
차	주칠소원반에 은다관 은다종	

「찬안」에는 추복탕, 잡탕, 금중탕, 면, 전치수, 연저증, 부어증, 병시, 화채, 이숙, 약반, 양전·해삼전, 간전·어전, 편육, 삼색갑회, 어채, 전복초·홍합초, 각색화양적, 조란·율란·강란, 각색정과, 다식과·만두과, 대약과, 각색점증병, 각색경증병, 각색조악·화전, 양색단자·잡과병, 각색절육, 밤, 대추, 준시, 유자·감자, 삼색요화, 석류, 배, 삼색녹말병, 흑임자다식·황율다식, 녹말다식·송화다식, 각색당, 양색강정, 양색매화강정, 삼색매화연사과, 잣, 용안·여지를 1자 1치에서 2자 2치 높이로 고임음식으로 하여 올렸고, 이밖에 초장·개자장(겨자)·꿀이 차려졌다.

상화로는 대수파련 1개·중수파련 2개·소수파련 1개·각색절화 14개·홍도삼지화 6개·홍도별간화 7개·홍도간화 3개를 꽂았다.

「별행과」에는 각색화양적, 전복숙, 칠계탕, 골탕, 잡탕, 추복탕, 면, 수정과, 이숙, 전치수, 건치절, 전복절, 문어절, 유자, 석류, 배, 호두, 어채, 양숙편, 녹말다식, 송화다식, 백은정과, 홍은정과, 백세한과, 홍세한과, 소약과, 밤, 대추, 은행, 용안이 고임음식으로 하여 차려졌다.

대전 진어찬안(주칠찬안 6좌), 46기(당화기·유접시)

128

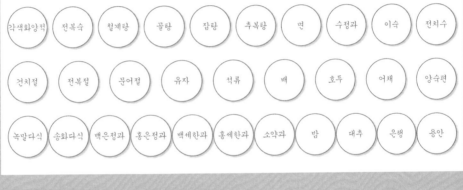

대전 진어찬별행과(찬안 및 좌우협설 2좌), 30기(유기 · 자기)

열구자탕(김상보 재현)

7미수는 각각 다음의 음식들이 고임음식으로 차려졌다.

초미는 연약과·열구자탕·전복초·양만두·부어증·준시·족병

2미는 연행인과·만증탕·어전유화·생복화양적·병시·잣·저육숙편

3미는 홍미자·완자탕·생치초·압란화양적·해삼증·정과·우육숙편

4미는 흑임자다식·저육장방탕·생복초·낙제화양적·생합회·황율·우족초

5미는 백미자·양탕·저증·천엽화양적·생복회·증대조·골만두

6미는 홍요화·과제탕·연계숙편·양전유화·생합만두·조란·어화양적

7미는 백요화·생선화양적·생복초·양화양적·저포탕·건정과·어만두

130

〈초미, 7기〉
〈주칠소원반, 유기·자기〉

〈2미, 7기〉
〈주칠소원반, 유기·자기〉

〈3미, 7기〉
〈주칠소원반, 유기·자기〉

〈4미, 7기〉
〈주칠소원반, 유기·자기〉

〈5미, 7기〉
〈주칠소원반, 유기·자기〉

〈6미, 7기〉
〈주칠소원반, 유기·자기〉

〈7미, 7기〉
〈주칠소원반, 유기·자기〉

「대선」은 저육숙편 1기와 계육숙편 1기   「소선」은 우육숙편 1기와 염수 1기

〈대선, 2기〉
〈주칠소원반, 자기〉

〈소선, 2기〉
〈주칠소원반, 자기〉

「탕」은 금중탕 1기

〈진탕, 1기〉
〈주칠소원반, 자기〉

금중탕(김상보 재현)

「만두」는 찐만두 1기   「차」는 작설차 1기

〈진탕, 1기〉
〈주칠소원반, 자기〉

〈진다〉
〈주칠소원반, 은다관·은다종〉

「자경전 야진찬」의
음식들

「자경전정일진찬」을 치르고 난 그날 저녁에 대전과 세자가 중심이
되어 열린 연회이다. 주인공은 임금이다. 임금과 세자에게 각각 찬안과 탕이 올
랐다.

주칠대원반에 22기의 당화기를 사용하여 임금께 올린 찬안에는 개자(겨자), 초
징·꿀 외에 수정과, 잡탕, 잡증, 전약, 율란, 강란, 서여병, 각색매화연사과, 전복, 홍
합초, 각색정과, 어전, 해삼전, 준시, 편육, 삼색갑회, 만두, 각색화양적, 각색다식,
각색절육, 백자, 석류, 생이(배), 대추, 밤, 다식과, 만두과, 각색병을 5치에서 1자 3
치 높이로 고임음식으로 하여 올랐다. 상화는 소수파련1개, 각색절화 5개, 홍도삼
지화 4개, 홍도별간화 4개, 홍도간화 2개를 꽂았다. 주칠소원반에 갑번자기 1기를
사용하여 임금께 올린 탕은 금중탕이다.

기축진찬도병　　자경전정일진찬의 장면을 그린 내진찬도 가운데
선유락(뱃놀이) 공연 부분.

「자경전 익일회작」의
음식들

「자경전 정일진찬」을 치르고 난 다음날 아침 세자, 임금, 명온공주, 내빈 22인, 제신 13인·무예청 10인, 비장 7인, 감관 3인, 내시 5인 등 63인이 참여하여 열린 연회이다. 주인공은 세자이다. 연회가 끝나고 음식을 하사하는 반사 29상이 지위에 따라 반사하상, 사찬중상으로 나뉘어져 내려졌다.

세자에게는 찬안, 별행과, 1미수, 탕, 만두, 대전에게는 찬안, 중궁은 내입(內入)의 형식으로 내입상, 명온공주에게는 찬상, 내빈에게는 내입상과 내빈상, 제신들에게는 상상과 중상, 무예청에게는 무예청상, 비장에게는 하상, 감관에게는 감관상, 내시에게는 하상이 올랐다.

세자에게 올려진 음식상에 차려진 음식은 다음과 같다.

「찬안」에는 흑칠찬안 4좌에 당화기 30기를 사용하였다. 상에 오른 음식은 각색병, 각색조악, 화전, 단자, 잡과병, 약반, 병시, 면, 다식과, 만두과, 각식다식, 오색강정, 삼색매화연사과, 조란, 율란, 강란, 삼색녹말병, 유자, 석류, 배, 준시, 대추, 생율, 각색정과, 화채, 금중탕, 잡탕, 각색절육, 편육, 양전, 해삼전, 간전, 어전, 전치수, 전복초·저태초, 각색화양적, 어만두, 삼색갑회가 6치에서 1자 7치 높이로 고임음식으로 하여 올랐고 이밖에 꿀, 겨자, 초장이 올랐는데 중수파련 1개, 소수파련 1개, 각색절화 5개, 홍도삼지화 6개, 홍도별 간화 6개·홍도간화 1개를 상화로 꽂았다.

「별행과」에는 흑칠찬안 1좌에 갑번자기 10기를 사용하였다. 세상에 오른 음식은 양숙편, 잡탕, 면, 밤, 홍세한과, 백세한과, 배, 소약과, 증대추, 전복절이 4치에서 7치 높이로 고임음식으로 하여 올랐고 홍도간화 3개, 홍도별간화 3개를 상화로 꽂았다.

「미수」는 1상으로, 흑칠소원반에 유기와 자기를 사용하였다. 상에 오른 음식은 양만두, 저증, 소다식과, 각색화양적, 열구자탕이며 목단화 1개, 월계화 1개, 홍도삼지화 1개, 홍도별건화 1개를 상화로 꽂았다.

「탕」과 「만두」는 흑칠소원반에 자기를 사용하였다. 각각 금중탕 1기와 찐만두 1기이다.

임금에게는 진헌(進獻)의 형식으로 홍심흑칠대원반 2좌에 30기의 당화기를 사용하여 차렸다. 1좌에는 약반, 화채, 삼색녹말병, 각색정과, 꿀, 각색조악, 화전, 단자·잡과병, 다식과, 만두과, 준시, 각색다식, 대추, 생율, 오색강정, 조란, 율란, 강란, 삼색매화연사과, 유자, 석류, 배, 각색병이 올랐고, 다른 1좌에는 면, 초장, 개자, 금중탕, 잡탕, 편육, 양전·해삼전, 어만두, 전복초, 저태초, 전치수, 간전, 어전, 삼색갑회, 각색화양적, 병시, 각색병이 올랐다. 꿀, 초장, 개자를 제외한 찬품은 9치에서 1자 7치 높이로 고임음식을 하였으며, 중수파련 1개, 소수파련 1개, 홍도삼지화 6개, 홍도별간화 6개, 각색절화 6개를 상화로 꽂았다.❽

『기축진찬의궤』에 수록된 상화

기축년 생신 잔치의 구성과
전통

위로는 왕에서부터 아래로는 내시나 여관에 이르기까지 연향에 참석한 사람의 상하계급 서열에 따라 찬품종류, 찬품수, 상차림수, 음식고임 높이, 상화의 개수, 상의 종류, 그릇의 종류 등 세세한 부분까지 신경을 써서 상하계급에 철저히 적용하여 연향준비를 한 순조 29년의 「자경전 정일진찬」에서 왕에게 찬안, 별행과, 차, 소선, 염수, 대선, 7미수, 탕, 만두와 같은 다양한 음식상을 올린 것은 다름 아닌 연향의례의 법도를 따른 것이었다.

그러나 순조 29년의 연향의례는 1700년대 말까지 적용되고 있었던 『국조오례의(國朝五禮儀)』나 『국조속오례의(國朝續五禮儀)』를 반드시 준용하여 실행한 의례는 아니었다. 조선왕조는 정치 체제를 질서와 계통을 엄수하는 중앙집권적인 전제국가로서 유지하고자 하였다. 그래서 유교적 정치 이념을 이상으로 하여 명분과 풍교(風敎)를 고수하고자 하였다.

이러한 질서주의, 형식주의는 점차 해이해졌으며 제도나 법령이 개편되거나 변용하는 모습이 조선왕조 자체 내에서 19세기에 들어서서 보이기 시작하고, 이러한 현상은 순조 29년의 진찬에서도 여실히 드러나고 있다.

차와 관련하여 한 예를 들어보자. 『국조속오례의』에서 보여주는 술의 제1작 헌수 전에 올랐던 진소선, 진염수와 제7작의 헌수 끝에 올려졌던 진대선, 그리고 술의 제1작 헌수 전에 올랐던 별행과와 차는 순조 29년의 진찬에서는 진소선, 진염수, 진대선이 술의 헌수 제1작에서 오르고 있고, 차는 제2작에서, 별행과는 제7작의 헌수 끝에 올리고 있다.

차와 함께 한 조(組)가 되어 올랐던 별행과는 완전히 차와는 별개의 음식상이 되어 버린 모습을 보여준다. 원래 조선왕조의 연향은 고려왕조의 연향을 속례(俗禮)로서 이어받아 다연(茶宴) 개념에서 출발한 것이다. 이것을 보여주는 것이 본격적인 제1작의 헌수주(獻壽酒) 전에 올리는 진다(進茶)와 별행과(別行果)였으나 이 다연 개념이 무너져버린 것이다. 이 무너진 다연은 고종 40년(1902)에 개최된 진연까지 그대로 이어졌다.

미 주

1. 이상백,『한국사(韓國史)』근세후기편, 을유문화사, 1978, 151·330쪽.

2. 『순조실록』권 28, 2월 을묘조(乙卯條).

3. 『순조실록』권 29, 7월 경신조(庚申條), 9월 신해조(辛亥條)·임자조(壬子條) ; 김상보, 「19세기 조선왕
   조 궁중연향 음식문화」,『조선후기 궁중 연향문화』권2, 한국학중앙연구원, 2005, 490쪽.

4. 『순조실록』卷 30, 2月 壬午條 ;『진작의궤(進爵儀軌)』, 1828.

5. 『순조실록』卷 30, 11月 丁酉條.

6. 『진찬의궤(進饌儀軌)』, 1829.

7. 『진찬의궤(進饌儀軌)』, 1829 ; 김상보,『다시보는 조선왕조 궁중음식』, 수학사, 2011.

8. 『진찬의궤(進饌儀軌)』, 1829 ; 김상보, 「19세기 조선왕조 궁중연향 음식문화」,『조선후기 궁중연향문
   화』권2, 한국학중앙연구원, 2005, 621~649쪽.

조선 왕실의 식탁

4부

신을 위한

제사

음식

1 조상을 위한

천신

음식

한복진 — 전주대학교

유교 사회에서 왕은 천명을 받아 나라를 세운다고 믿었다. 종묘는 개국시조인 태조를 모신 나라의 사당이므로 태묘(太廟)라고 한다. 따라서 종묘는 나라의 천명과 그 명을 받은 초월적인 존재외 혼령이 머물고 있는 성지이다. 이곳에 제사 지내는 일을 천신의례라고 한다.

조선의 왕은 천신을 아주 중요하게 생각할 수밖에 없었다. 계절에 따라 새로운 과일이나 곡식이 나오면, 먼저 조상의 혼령에게 음식을 바치는 천신례를 행했다.

이 글에서는 계절별로 어떤 음식이 사용되었는지를 살펴보고자 한다. 식재료에 따라 고기, 물고기, 채소 등으로 나누어 사용된 음식을 세부적으로 실었다. 더불어 종묘에서 행하는 제례의 모습과 사용된 그릇 등의 유물도 그림으로 소개한다.

조상님께 올리는
제사

천신(薦新)이란 조상의 신위에 새로 나온 식품들을 정성스럽게 올리는 일을 말한다. 유교 사회에서는 이를 조상이 운감하시고 자손에게 축복을 내리신다는 믿음이 있었다. 즉 천신 의례는 조상께 제사를 올리고 나서 제수와 제주를 나누어 먹는 음복(飮福)과 같은 의미로 조상의 음덕을 입어 자손들이 잘 살게 해달라는 뜻이 있다.

조선시대 왕들은 천신을 길례(吉禮) 중 아주 중요한 의례로 인식하여 종묘 천신례를 철저하게 행하여 왔고, 왕이 모범을 보여 종묘에 천신하니 백성들도 이를 본받아 사당에 천신하였다.

천신은 중국 송나라 때 생긴 제도로 우리나라에는 고려시대부터 있었던 의례이다. 천신에 올리는 음식의 종류는 월령(月令)으로 정해져 있지만, 제례처럼 정해진 날이 아니고 물종이 새로 나왔을 때 바로 올리는 것이 원칙임을 알 수 있다.❶

민가에서 절기나 명절에 따라 천신하는 음식은 속절이라 한다. 원단(元旦)부터 동지까지 매달 명절이 있어 특별한 음식을 만들어 사당에 올리는 것이다. 또 계절마다 새로 나오는 식품은 사당에 천신한 다음에 가족들이 먹는다. 정초에는 떡국, 정월 보름에는 약식, 삼짇날에는 화전, 곡우에는 웅어, 단오에는 앵두와 보리밥, 유두에는 오이와 밀전병, 칠월 칠석에는 참외와 수박, 팔월 추석에는 송편과 신도주, 중양에는 국화전과 율병, 동지에는 팥죽을 올린다.

유교 사회에서 왕은 천명을 받아 나라를 세운다고 한다. 종묘는 개국시조인 태조를 모신 나라의 사당이므로 태묘(太廟)라고 한다. 이곳은 나라의 천명과 그 명을 받은 초월적인 존재의 혼령이 머물고 있는 신성한 장소이다. 왕들은 천신을 아주 중요하게 인식하였으며 햇것이 나오면 왕이 직접 또는 왕세자나 사신을 시켜서 종묘에 우선적으로 올렸다. 종묘 천신의 진설과 행례는 천신의(薦新儀)에 따른다.❷

전국에서 철따라 올라오는 천신 물종의 등급을 가리고, 수송하는 업무는 사옹원이 담당하였다. 각 도 관찰사들이 왕실로 보내는 천신 물종을 제대로 살피지 않거나, 생물(生物)이 부패하거나 시일이 지체되면 문책을 피하기 어려웠다. 『조선왕

표1 천신례에 올리는 월별 물품

월별	고려사	오례의	종묘의 궤
1월			조곽(무흴)
2월	얼음	얼음	생조개 · 생낙지 · 얼음 · 생전복 · 작설 생송어 · 물미나리 · 반 말린 꿩
3월		고사리	눌어 · 참조기 · 조기 · 고사 · 웅어 청귤 · 신감채
4월	보리와 앵두	송어	죽순 · 오징어 · 준치
5월		보리 · 밀 · 앵두 · 죽순 오이 · 살구	앵두 · 살구 · 오이 · 보리 · 밀
6월		가지 · 동아 · 능금	좁쌀 · 기장쌀 · 피쌀 · 쌀 · 능금 · 오얏 가지 · 참외 · 수박 · 동과 · 은구어
7월	서직과 양미	기장 · 피 · 조	연어 · 연밥 · 배 · 쌀 · 개암 · 잣 · 호도 · 청포도
8월	마자	벼 · 연어 · 밤	홍시 · 대추 · 밤 · 청주 · 생게 · 송이 · 붕어
9월	쌀	기러기 · 대추 · 배	석류 · 머루 · 다래 · 생기러기
10월		감 · 귤 · 감자	감자 · 금귤 · 건시 · 은행 · 은어 · 대구 문어 · 서여 · 유자 · 천금
11월		고니	빙어 · 청어 · 고니 · 뱅어 · 당유자
12월	어물(魚物)	물고기 · 토끼	생어(生魚) · 생토끼 · 유감 · 동정귤
합계	9종	21종	72종

- 고려사의 삭망 천신은 매월 보름달에 올린다
- 세종조 천신 월령은 태종 때와 동일하다
- 종묘의궤(1667)의 천신월령은 조선 말기 종묘천신월령(1895-1906)과 거의 비슷하며 다만 10월에 천금이 없다

조실록』에는 여러 차례 나온다. 종묘 천신례는 왕이 직접 참례하기도 했지만 실제로 신물(新物)을 올리는 일은 봉상시 관원이 담당하였다. 선조 때에는 봉상시 관원이 없어 사옹원 관원이 올린 적도 있다. 가뭄이나 흉황으로 채소나 어물이 귀하여 구하기 어려워지면 궁중에서 쓰는 물선(物膳)은 줄이라고 하명하였지만 천신은 조상께 올리는 예이므로 꼭 거행해야 하니 최소한으로 하라는 당부가 여러 차례 나온다.

조선시대 전반에 걸쳐서 천신 물종의 종류와 월령은 똑같지는 않다. 세종조의 『오례의』에는 "무릇 제사에 좋은 날을 점쳐서 가리지 않는 것은 종묘에 천신하는 일이다. 신물(新物)의 익는 것이 혹 일찍 익는 것과 늦게 익는 것이 있으니, 그 익는 것에 따라서 천신하고 월령(月令)에 구애할 필요는 없다"고 하였다.

종묘 조선 왕조의 역대 왕과 왕비의 신위를 모신
사당. 사직과 함께 국가 제례의 가장 중요한
장소였다. 탁월한 건축미와 역사 및 전통적 의의가
높이 평가되는 건축물이기도 하다. 1995년
유네스코 지정 세계문화유산에 등록되었으며,
종묘에서 행하는 제례와 제례 음악도 2001년
세계무형문화유산으로 등재되었다.

조상님께 올리는 곡물

천신 곡물 중 보리와 밀은 5월에 천신하고, 쌀, 좁쌀, 기장쌀, 피쌀
은 6월에 올렸다. 올벼는 보통 벼보다 철 이르게 익는 벼로 음력 6월경에 나온다.
천신 곡물은 주로 적전(籍田)에서 수확한 것을 사용하였다. 적전이란 왕이 농경의
시범을 보이기 위해 의례용으로 설정한 토지를 말한다. 조선 시대에는 개성에 서
적전이 있었고, 한양에 동적전이 있었다. 예외적으로 임진왜란 등의 전란 때문에
적전의 수확이 매우 나쁠 경우에는 지방에서 공물로 올라온 곡식을 천신에 쓰기
도 했다.

표2 **종묘 천신 물품의 종류**

식품군		종목수	식품 명
곡류		6	좁쌀(粟米) 기장쌀(黍米) 피쌀(稷米) 보리(大麥) 밀(小麥)
고기		5	반말린꿩(半乾雉) 기러기(生雁) 고니(天鵝) 토끼(生兔) *천금(薦禽)
어류	민물고기	7	연어(鰱魚) 은구어(銀口魚) 빙어(瓜魚) 붕어(鮒魚) 누치(訥魚) 송어(松魚) 웅어(葦魚)
	해수어	8	은어(銀魚) 백어(白魚) 청어(靑魚) 대구어(大口魚) 준치(眞魚) 황조기(黃石首魚) 생조기(生石首魚) 숭어(秀魚)
	기타어물	6	생문어(生文魚) 낙지(絡蹄) 오징어(烏賊魚) 생복(生鰒) 게(生蟹) 생합(生蛤)
채소류		9	가지(茄子) 고사리(蕨菜) 동아(冬瓜) 미나리(水芹) 서여(薯蕷) 송이(松茸) 신감채(辛甘菜) 외(瓜子) 죽순(竹筍)
과일류	실과류	11	앵두(櫻桃) 살구(黃杏) 능금(林檎) 오얏(李實) 배(生梨) 석류(石榴) 청포도(靑葡萄) 머루(山葡萄) 다래(獼猴桃) 개암(榛子) 홍시(紅柿)
	과채	2	수박(西瓜) 참외(眞瓜)
	감귤류	7	감자(柑子) 금귤(金橘) 유감(乳柑) 동정귤(洞庭橘) 당유자(唐柚子) 유자(柚子) 청귤(靑橘)
	건과류	6	건시(乾柿) 은행(銀杏) 잣(柏子) 호도(胡桃) 대추(大棗) 밤(生栗)
기타		5	햇미역(早藿) 예주(醴酒) 얼음(氷) 작설(雀舌) 연밥(蓮實)

종묘제례재현

조상님께 올리는 고기

천신에 올리는 고기 종류는 반 말린 꿩, 기러기, 고니, 토끼 등 4종이다. 천신월령중 맹동에 천금(薦禽)이 있는데 구체적인 동물명은 없다. 그리고 봄철에 잡은 동물은 천신에 올리지 않는다. 조선조의 왕들이 군사 훈련이나 사냥으로 잡은 노루와 사슴, 꿩을 천신한 일은 왕조실록에 여러 차례 나오며, 가마우지, 청둥오리를 올린 기록도 있다. 사냥을 많이 한 세종과 세조 때는 특히 날짐승을 종묘에 천신한 기록이 많이 나온다.

꿩(雉) 2월에 반 말린 꿩(半乾雉)을 올리는데 12월에는 생꿩을 올린 경우도 왕조실록에 여러 차례 나온다. 궁중에서 올린 물선 기록인 『공선정례(貢膳定例)』에는 생치 외에 어린 꿩(兒雉), 말린 꿩(乾雉), 꿩포(雉脯) 등이 있다. 궁중 연회에는 꿩을 통째로 구운 전치수(全雉首), 꿩전, 생치초(炒) 등을 올렸고, 『원행을묘정리의궤』(1795) 수라상 찬물 중 생치구이, 생치초, 생치찜, 생치연포, 꿩김치(雉菹)와 좌반(佐飯)으로 치포, 약치포(藥雉脯), 염건치, 생치편포, 생치다식 등을 올렸다.

기러기(生雁) 9월에 기러기를 올린다. 천신이 아닌 궁중음식 중 기러기와 고니를 이용한 예는 거의 찾아볼 수 없다. 고종 때(1865) 경기감사가 기러기를 봉진해야 하는데 해풍이 불순하여 기한 내 못 올린다고 하였다.

고니(天鵝) 11월에 고니를 올린다. 고니는 구하기가 무척 어려워서 효종부터 영조 조에 대봉(代捧)하거나 미납하거나 탈취하는 등의 기사가 왕조실록에 30여 차례 나온다. 인조 때(1638) 비변사에서 고니 천신이 제일 민폐가 되고 구하기 어려운 것이므로 백성들의 형편이 나아질 때까지 생기러기를 대신 바치게 하기를 청하였고, 숙종 때(1683)는 고니 대신에 꿩을 올렸다.

토끼(生兎) 2월에 토끼를 올린다. 효종 때(1651)는 강원도 철원부사가 토끼를 올리지 못하여 파면되었고, 숙종 때(1701)는 경상도에서 올렸다. 토끼는 탕을 하거나 찜을 하는데 궁중음식 중에 토끼를 이용한 예는 거의 없다.

궁중제례상차림(문화재청)

조상님께 올리는
물고기

조선시대에는 사옹원이 천신과 물선을 위하여 직접 강에 고기잡이 도구인 어살(漁箭)을 설치하였다. 고기 잡는 어부와 전복 잡는 포작간(鮑作干) 등의 노비가 소속되어 고기잡이를 담당하였다.

생물인 어류를 운반하기 위하여 얼음을 사용한 기록이 있고, 상한 것을 올린 데 대하여 처벌한 기록이 많이 나온다. 민물고기로는 연어, 은구어, 빙어, 붕어, 누치, 송어, 웅어 등을 사용하였고, 해수어로는 은어, 뱅어, 청어, 대구어, 준치, 조기, 숭어등을 올렸으며, 그외 해물로 게, 낙지, 문어, 전복 등도 사용하였다.

연어(鰱魚) 연어과의 회귀성 어류로 살색이 분홍에서 주황색으로 한자로 연어(年魚, 連魚, 鰱魚)라 적는다. 회, 찜, 구이 등을 한다. 『원행을묘정리의궤』(1795) 수라상 찬물 중 절인 연어와 연어알젓이 올랐다.

은구어(銀口魚) 은구어란 지금의 은어를 이르는데 6월에 천신하였다. 맛이 담백하고 비린내가 나지 않으며 살에서 수박향이 난다. 성종 때(1492) 경상도와 전라도 관찰사에게 은구어를 어살로 잡은 것 중에서 싱싱하고 좋은 것으로 골라, 얼음에 담거나 소금을 약간 뿌려서 보내라고 하였고, 사옹원에서 그것을 받아서 소금에 절이거나 건어(乾魚)를 만들면 좋다고 하였다.

빙어[瓜魚] 빙어(氷魚)를 동어(凍魚), 공어(公魚)라고도 한다. 함경도에서 11월에 천신하는데 상한 것을 올려서 문책한 기사가 많이 나온다.

붕어(鮒魚) 잉어과의 민물고기로 즉어(鯽魚)라 한다. 8월에 천신한다. 궁중연회에 붕어찜이 여러 차례 올랐고, 용봉탕에 붕어가 쓰였다.

누치(訥魚) 3월에 천신한다. 누어, 눌치로 불리며, 냄새가 강하고 가시가 많아서 많이 먹지는 않는다. 회로 하거나 소금구이 또는 탕

어살 김홍도의 〈단원풍속화첩〉 중 '고기잡이' 어살을
설치하여 고기를 잡는 모습을 그렸다. 어살은
나뭇가지를 이용하여 그물 형태로 설치하는 고기잡이
도구이다.

151

으로 만든다.

송어(松魚) 8월에 천신한다. 연어과의 회귀성 어류로 바다에서 살다가 산란기에
다시 강으로 돌아온다.

웅어(葦魚) 멸치과 회유성 어류로 봄에 바다에서 강 하류로 거슬러 올라와 갈대
속에서 자라므로 갈대 위(葦)자를 써서 위어(葦魚)라고 하며, 우어, 웅에, 우여 등
으로 불린다. 조선조에 행주에 사옹원 소속의 위어소(葦漁所)에서 잡아 진상하는
데 천신은 3월에 올린다. 웅어는 살이 연하고 맛이 고소한데 회로 하거나 고추장찌
개인 웅어감정을 만든다.

은어(銀魚) 지금의 도루묵을 은어라고 했다. 10월에 천신한다. 한자로 목어(木
魚)·환목어(還木魚)·환맥어(還麥魚)·도로목어(都路木魚)라고 한다.

뱅어(白魚) 뱅어는 11월에 생것이나 얼린 것을 천신한다. 어린 뱅어를 실치라 하고, 말린 것이 뱅어포이다. 뱅어는 날것을 회로 하거나 전, 뱅어탕을 만들고, 뱅어포는 구이를 한다.

청어(靑魚) 청어과의 냉수성어로 비웃 또는 비어(鯡魚)라 한다. 11월에 천신하다. 겨울에 청어를 냉훈법으로 말린 것을 과메기(貫目魚)라 한다. 청어는 구이, 찜, 회 등으로 먹으며 과메기는 무침, 구이, 조림 등을 하고, 청어알도 별미다.

대구어(大口魚) 생대구를 함경도와 강원도에서 10월에 천신한 다. 올렸다. 궁중 물선중에는 생대구, 반건대구, 건대구, 그리고 알과 내장, 아가미로 만든 젓갈이 들어있다. 생대구는 탕, 전 등을 하고, 말린 대구는 연회와 제사상에 높게 고이는 절육(截肉)에 쓰인다.

준치(眞魚) 생선 중에 가장 맛있다 하여 진어(眞魚)라 한다. 4월에 천신한다. 궁중음식에 국, 자반, 젓국찌개, 찜, 조림, 회, 구이 등 다양하게 쓰이며, 특히 통째로 쪄서 가시를 발라내고 준치만두를 만든다.

152

황조기(黃石首魚)·생조기(生石首魚) 조기 중 등쪽은 암회색, 배쪽은 노란 황금색을 띠는 것을 황조기 또는 참조기라 불린다. 3월에 천신한다. 궁중의 물선 중에는 생조기 외에 비늘 긁은조기(去鱗石首魚), 씻은 조기(洗鱗石首魚), 굴비, 조기알젓이 있다.

숭어(秀魚) 12월에 얼린 숭어(凍秀魚)를 천신하였다. 생선 중 으뜸으로 쳐서 수어(秀魚,水魚)라 하고, 궁중음식에는 어물 중 가장 많이 쓰였다. 궁중 연회에는 동숭어회, 숭어회, 숭어찜, 어채, 어만두, 생선화양탕, 어전유화, 어화양적 등에 숭어가 쓰였다.

게(生蟹) 『동국여지승람』에서는 참게를 해(蟹)라 하고, 대게를 자해(紫蟹), 꽃게는 청해(靑蟹)라 한다. 궁중 연회음식 중에 게전, 게알전이 있고, 찬물로 게

행호관어

겸재 정선(1676~1759)의 그림으로, 행호에서
고기잡이를 구경한다는 뜻이다. 행호는 호수가 아니라
한강의 행주대교 인근을 말한다. 사옹원에서는 직접
이곳에서 왕실에서 사용할 웅어를 잡았다. 견본채색,
23.0 x 29.4 cm, 간송미술관 소장.

감정이 있다.

낙지(絡蹄) 2월에 천신한다. 문어과의 연체동물로 두족류에 속하며, 한자로 낙제(絡蹄), 석거(石距), 장어(章魚)라 한다. 궁중 연회음식 중에 낙지전유화, 낙지어음적, 낙지화양적 등이 있다.

생문어(生文魚) 10월에 천신한다. 연체동물로 다리가 8개 있어 한자로 대팔초어(大八稍魚), 팔초어(八稍魚), 팔대어(八大魚)라고 한다. 궁중 물선 중에는 반건문어, 건문어가 있고, 궁중 연회나 제사상에 다른 건어물과 함께 높이 고인다.

 생전복(生鰒) 생복(生鰒), 생포(生鮑), 전포(全鮑)라 하고, 천신은 2월에 주로 제주도에서 올렸다. 제주와 남해안에서 포작인(鮑作人)을 지정하여 전복과 고기 등을 잡아서 올리도록 하였다. 궁중 물선에는 익힌 숙복(熟

상준 종묘의 제기 중 하나인 상준(象尊)으로 술을 올릴 때
사용했던 술잔이다. 코끼리 등에 항아리를 올려놓은
모양. 항아리에는 용무늬, 구름무늬, 번개무늬
등이 장식되어 있다.(높이 38cm, 길이 34.6cm,
국립고궁박물관 소장)

155

鰒), 말린 건복(乾鰒), 추복(搥鰒), 인복(引鰒), 조복(條鰒) 등이 있다.

궁중음식에도 전복이 많이 쓰이는데 생복은 회로 하고, 숙복이나 건복은 찜, 초,
탕, 구이, 조림 등에 쓰인다. 궁중 연회음식 중 추복탕, 생복화양적, 전복찜, 생복
찜, 전복회 등이 있고, 어채, 갑회, 열구자탕, 금중탕, 잡탕 등에 고루 들어갔다.

생합(生蛤) 백합과 조개로 상합·생합·대합·피합·참조개 등으로 불린다. 경기도
에서 2월에 천신한다. 궁중 연회음식 중에 생합회, 생합전, 생합만두가 있고, 찬물
로 대합탕, 대합구이, 대합찜 등이 있다.

오징어(烏賊魚) 묵어(墨魚)라 한다. 4월에 천신한다. 궁중 물선 중에 말린 오징어
가 있고, 잔치나 제사 때에 절육으로 높이 고인다.

조상님께 올리는
채소

가지(茄子) 6월에 천신한다. 궁중의 연회음식 중에는 가지를 활용한 음식은 나오지 않고, 일상 찬물로 가지선, 가지나물 등이 있다.

고사리(蕨菜) 3월에 천신하는데, 인조 때(1626)와 고종(1876)때 봉진이 1달 이상 지체되어 처벌한 기록이 있다. 어린 순을 익혀서, 혹은 날것으로 소금에 절이거나 말려서 먹는다. 고사리는 나물의 재료로 꼭 들어간다.

동아(冬瓜) 천신은 6월에 하는데, 보통은 겨울에 서리가 내린 후 거두므로 동과라고 한다. 궁중 연회에 동아정과를 많이 올렸고, 동아만두는 1719년 연회에 올렸다. 정과는 동아를 큼직하게 썰어서 사화가루를 뿌려서 하룻밤 재웠다가 씻어 조청에 조리면 아삭아삭한 질감이 난다. 동아로 김치와 석박지 등을 담는다.

미나리(水芹) 강회와 나물과 청포채에 많이 쓰이고, 김치와 탕과 찜 등에 고루 들어간다.

서여(薯蕷) 마 또는 산약(山藥)·산우(山芋)라고 한다. 10월에 천신한다. 궁중 연회에 올린 서여병은 찐 서여를 모양을 빚어 잣가루를 묻히고, 산약다식은 마를 쪄서 말린 고운 가루를 꿀로 반죽하여 만든 것으로 여겨진다.

송이(松茸) 숙종과 영조 때는 개성부에서, 인조 때는 충청도에서 올려 천신하였다. 8월에 천신한다. 영조는 천신 전에 송이를 찬물로 올리니 이를 꾸짖고 반드시 종묘에 천신 후에 올리라 하였다.

신감채(辛甘菜) 당귀의 잎으로 승검초라 하고, 뿌리는 한약재로 쓰인다. 3월에 천신한다. 잎을 말려서 가루로 만들어 떡이나 과자에 많이 쓰인다. 승검초 가루로 다식을 만들고, 각색편이나 주악 등에 쓰인다.

외(瓜子) 오래 전부터 재배한 식물로 열매는 처음에는 진녹색인데 익으면서 연하게 되는데 지금의 울외라 하는 채소와 비슷한 것으로 추측된다. 외는 주로 김치와 장아찌의 재료로 쓰였다.

죽순(竹筍) 대나무의 땅속줄기 마디에서 돋아나는 어린 순으로 주로 맹종죽, 왕대, 솜대, 죽순대 등을 식용한다. 주로 경상도와 전라도에서 4월에 천신하였다.

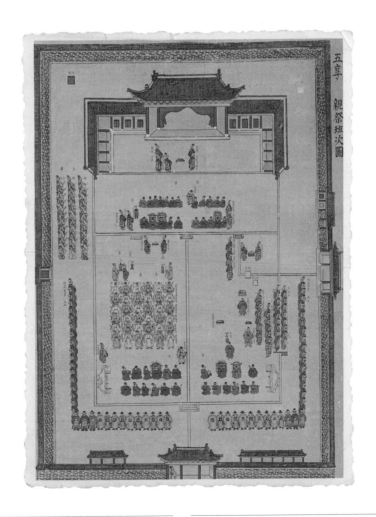

종묘친제규제도설병풍 반차도 조상신에게 임금께서 친히 제를 올리는 종묘대제의 과정을 그림으로 표현하고, 그 아래 한문으로 설명을 달았다. 모두 8폭 병풍인데, 위 그림은 그 중 제7폭 반차도이다. 반차도에서는 제사 참석자의 위치와 전체적인 대형을 묘사하였다.(19세기. 견본채색. 각 180.8 x 54.3cm. 국립고궁박물관 소장)

일무　종묘 제례를 올릴 때 음악과 함께 춤을 올린다.
열을 맞추어 추는 춤이라는 의미로 일무(佾舞)라고
하는데, 문(文)을 의미하는 문무(文舞)와 무(武)를
의미하는 무무(武舞)가 있다. 신분에 따라 규모가
다르고 열의 수가 다르다. 조선조에서는 6일무 또는
8일무로 시기에 따라 변화가 있었다.

조상님께 올리는
과일

실과류

개암(榛子) 개암나무 열매는 갈색으로 익으면 고소한 맛이 난다. 7월에 천신한다. 궁중 잔치에 올린 각색당 중 진자당에 들어 있다.

능금(林檎) 조선능금 또는 화홍(花紅)이라고도 한다. 6월에 천신한다. 1829년, 1901년 궁중 잔치 때 능금을 올렸고, 사과(沙果)는 따로 올렸다.

다래(獼猴桃) 9월에 천신한다. 다래나무 열매로 손가락 굵기의 둥근 열매로서 빛깔은 푸르고 단맛이 강하다. 날로 먹거나 꿀에 조려 정과를 만든다.

머루(山葡萄) 포도과의 덩굴식물 열매로 흑자색으로 익는데, 열매는 날로 먹거나 술을 담근다. 9월에 천신한다.

배(生梨) 7월에 천신한다. 궁중 연회에 생이 외에 청이(靑梨), 감이(柑梨), 적이(赤梨) 등을 올렸다. 궁중 잔치에는 배에 후추를 박아 생강물에 꿀을 넣어 끓인 배숙(梨熟)을 대부분 올렸다.

살구(黃杏) 5월에 천신한다. 살구나무 열매로 노란빛을 띤 붉은색으로 신맛과 단맛이 나고, 씨는 행인으로 한약재로 쓰인다. 보통 날로 먹거나 건과나 정과를 만든다. 살구를 궁중 연회에 올린 기록은 없다.

석류(石榴) 9월에 천신한다. 단단하고 붉은 껍질이고 과육 속에 많은 종자가 있다. 대체로 생과를 궁중 연회에 올렸고, 화채에 많이 쓰였다.

앵두(櫻桃) 단오날에 천신하는데 함도(含桃)·차하리·천금이라 한다. 궁중연회에 앵두화채를 올렸고, 앵두편은 앵두를 삶아 씨를 빼고 꿀을 넣고 조리다가 녹말을

사직단 국왕친향도병 반차도

토지의 신과 곡식의 신에게 임금께서 직접 제사를
올리는 사직대제를 그림으로 표현하고, 그 아래
한문으로 설명을 달았다. 모두 8폭 병풍인데, 6점의
그림이 포함되어 있다. 그림의 내용은 사직서 건물
전도와 제사 참석자의 위치를 설명하는 반차도,
제기 진설도 등이다. 아래 그림은 그 중 제2폭
반차도.(19세기, 견본채색, 각폭 127.0 x 50.0cm.
국립고궁박물관 소장)

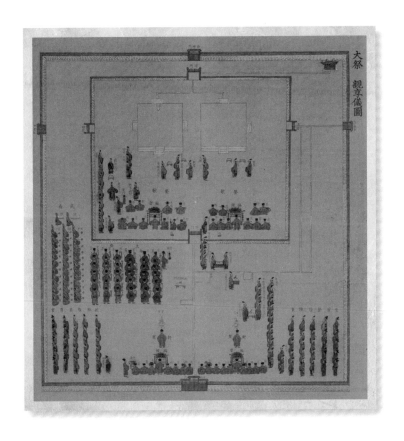

넣어 굳힌 과편을 만든다.

오얏(李實) 자두나무의 열매로 궁중 연회에 올린 기록은 없다. 6월에 천신한다.
고종 때(1888) 오얏을 천신할 때에 복숭아 종류라고 거짓으로 이름을 댔다고 벌
을 준 일이 있다.

청포도(靑葡萄) 7월에 천신한다. 궁중 연회에 포도는 몇 차례 올렸는데 청포도

는 안 올렸다. 궁중 잔치에 올린 포도정과는 중국에서 수입된 건포도로 만든 것으로 여겨진다.

홍시(紅柿) 8월에 천신한다. 붉은색으로 말랑하게 익은 감을 연시(軟柿) 또는 연감이라 한다. 1901, 1902년에 궁중 연회 때 생과로 조홍(早紅)을 올렸다.

과채류

수박(西瓜) 서과·수과(水瓜)·한과(寒瓜)·시과(時瓜)로 불린다. 6월에 천신한다. 『연산군일기』(1505)에 중국 가는 사신에게 수박을 구해 오라고 하였다. 궁중 연회 중 1719년에 생과로 수박을 올렸다.

참외(眞瓜) 박과 1년생 덩굴식물로 장과(漿果)는 황록색·황색 및 기타 여러가지 빛깔로 익는다. 6월에 천신한다. 궁중 연회 중 1868년에 생과로 참외를 올렸다.

감귤류

감귤은 고려시대와 조선시대 동안 가장 중요한 제주도 진상품이었다. 『세종실록』 (1426)에 경상도와 전라도 남해안 지방까지 감귤류 유실수인 유자(柚子)와 감자(柑子)를 심어 시험 재배하게 하였다는 기록이 있다. 조선 후기에는 감귤 진상은 9월부터 이듬해 2월까지 이루어졌다. 9월에 제일 먼저 유자가 봉진되고 10월에 감자와 동정귤을 시작으로 늦게는 산귤이 봉진되고, 청귤은 2월에 올렸다. 궁중 연회에는 유자, 감자, 황귤(黃橘), 복귤(福橘) 광귤(廣橘) 등을 올렸다.

감귤류는 생과 이외에도 약재로 중요하여 진피·청피·귤핵 등을 진상하였다. 재래종은 거의 멸종되어 오늘날 남아 있는 재래종 감귤은 10여 종에 불과하다.

감귤류는 천신이나 진상으로 바쳐지는 공식적인 수취 이외에 사적 용도로 사용되면서 규정보다 과다 요구하는 폐단이 많이 있었다.

그래서 민가에서는 감귤나무의 재배를 기피하며 살아 있는 나무을 고사시키는 사례가 적지 않게 발생하였다. 이형상 목사가 편찬한 『탐라순력도』(1702)중 '감귤봉진도(柑橘封進圖)'는 진상할 감귤을 망경루 앞뜰에서 상자에 넣어 봉(封)하는 장면이고, 옆에 품목별 수량이 상세히 나온다.

감자(柑子) 감자는 재래종 귤로 음력 9월부터 시작하여 매 10일 간격으로 1운(運)에서 20운까지 진상되었는데 천신은 10월에 올렸다.

금귤(金橘) 운향과의 상록활엽 관목으로 금감(金柑)이라고도 한다. 중국이 원산지로 매우 작으나 껍질은 다소 두껍고 단맛이 있으며 향기도 강하다. 『도문대작』에는 맛이 시다고 하였다.

유감(乳柑) 귤나무와 비슷하고 열매는 귤처럼 둥글면서 크고, 껍질의 빛은 설었을 때에는 퍼렇고 익으면 누르고 붉다. 감자보다는 작지만 아주 달다.

감귤봉진도

탐라순력도(耽羅巡歷圖) 중 감귤봉진도.
1702년(숙종 18)에 이형상(李衡祥, 1653~1733)이
제주목사로 부임하여 제주도 내 각 고을의 행사나
자연 및 역사, 문화 등을 그림으로 기록하였다.
그림은 제주목 소속 화공 김남길의 작품이며,
40폭의 채색 그림을 첩으로 묶었다. 각 장면에 대해
이형상이 설명을 기록하였다. 그 중 감귤봉진도는
귤과 약재로 사용되는 귤껍질을 진상하기 위해
포장하는 장면을 그렸다. 국립제주박물관 소장. 1첩.

동정귤(洞庭橘) 재래종 귤로 거의 멸종되었는데 제주시 애월읍 광령리에는 주민들이 돈진귤 또는 진귤이라 부르는 수령 250년 된 동정귤나무가 남아있다.

당유자(唐柚子) 재래종 귤로 단맛이 약하고 신맛이 강하여 식용보다는 약용에 이용한다. 현재 제주시 도련동에 수령 약 250년 된 당유자나무가 남아있다.

유자(柚子) 향기가 좋고 과육이 부드러우나 신맛이 강하다. 고종 때는 전라도에서 10월에 올렸다. 궁중 연회에 유자를 생과로 올렸고, 정과와 화채 그리고 병과에 많이 쓰였다. 궁중에서는 단자나 두텁떡에 넣고, 껍질을 썰어서 화채를 하거나 꿀에 재워 유자청을 만들어 차로 쓰였다.

청귤(靑橘) 『탐라지』에 "청귤은 크기는 산귤과 같고, 가을에서 겨울에 색깔이 파랗고 맛이 시어서 2~3월에 이르면 산이 적당하고, 5~6월이 되면 묵은 열매는 노랗게 익고, 새 열매는 파랗게 변하고, 파란 새순과 한 나뭇가지에 매달려 있으니 참말로 절경이다. 이때에 이르면 단맛이 꿀과 초를 조화시킨 것 같다. 7월이 되면 열매 속이 모두 물이 되어 맛이 달고, 8~9월에 열매는 다시 푸르다"고 하였다.

건과류

건과류는 궁중의 연회상이나 제사상에 높이 고임을 하고, 궁중음식에는 고명이나 부재료로 쓰였다. 주로 병과류에 많이 쓰인다.

건시(乾柿) 10월에 천신한다. 생감을 완숙되기 전에 따서 껍질을 벗겨 대꼬챙이나 싸리꼬챙이 같은 것에 꿰어 햇볕이 잘 드는 곳에 건조시킨다. 보통 건시는 깎은 감을 꼬치에 꿰어 말리고, 준시(蹲柿)는 꼬챙이에 꿰지 않고 납작하게 눌러 말린 감으로 백시(白柿)라고 한다.

대추(大棗) 8월(종묘의궤) 혹은 9월(오례의)에 천신한다. 대추나무의 열매로 생식하거나 말려서 찜, 김치 등의 고명으로 많이 쓰이고, 특히 떡과 과자, 차 등에 많이 활용된다.

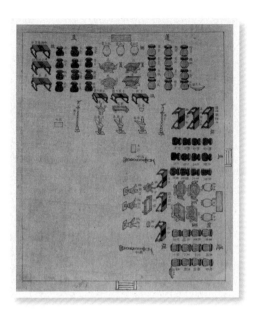

대제설찬도 사직단 국왕친향도병 중 제6폭. 제물을 배열하는 위치를 그림으로 묘사하였다. 병풍 전반에 대해서는 앞의 반차도 참조.

165

밤(生栗) 8월에 천신한다. 율자(栗子)라 하고 말린 밤은 황률(黃栗)이라 한다. 밤은 굽거나 삶아 먹거나 죽이나 찜, 김치 등과 떡과 약식의 부재료로 넣고, 꿀로 조려서 율란이나 밤초를 만든다.

은행(銀杏) 10월에 천신한다. 은행나무의 열매로 백자(白子), 백과(白果)라 한다. 은행을 굽거나 볶아서 먹거나 신선로 등 여러 음식에 고명으로 이용하고, 죽이나 병과에 많이 쓰인다.

잣(柏子) 7월에 천신한다. 향기와 맛이 좋고 자양강장의 효과가 있다. 한자로 해송자(海松子)·백자(柏子)·송자(松子)·실백(實柏)이라 한다. 궁중음식 중 잣죽과 각종 음식의 고명으로 그리고 떡이나 과자에 많이 쓰인다.

호도(胡桃) 7월에 천신한다. 가래나무과 호두나무의 열매로 고소한 맛이 난다. 궁중음식 중 신선로나 전골, 찜의 고명에 많이 쓰이고, 곶감쌈이나 호두튀김 등을 만든다.

기타 식품

햇미역(早藿) 철보다 일찍 따서 말린 미역으로 1월에 경상도와 강원도에서 올려 천신한다. 미역(海藿)의 종류는 분곽(粉藿)·조곽(早藿)·곽이(藿耳)·사곽(絲藿)·감곽(甘藿) 등이 있는데 각각 진상이나 천신 품목으로 올리니 민폐가 매우 컸다. 궁중음식 찬물 중 미역국(藿湯)에 많이 쓰이고, 자반을 만든다.

예주(醴酒) 찹쌀이나 멥쌀을 쪄서 누룩을 넣고 빚은 술로 8월에 올리는데 신청주(新淸酒), 또는 신도주(新稻酒)로 나오기도 한다.

얼음(氷) 2월에 춘분 이튿날 얼음을 천신하였다. 이를 천빙(薦氷)이라 한다. 조선조 초기에 동빙고, 서빙고 그리고 대궐 안에 내빙고를 두었다. 이중 동빙고에는 제향과 공불(供佛) 등에서 쓸 얼음을 저장하였으므로 이곳 얼음을 천빙하였다.

작설(雀舌) 곡우와 입하 사이에 나온 찻잎이 참새(雀)의 혀(舌)와 닮아서 붙여진 이름이다. 2월에 천신한다. 『세종실록』「지리지」에 제주도와 전라도의 토산물로 나온다.

연밥(蓮實) 7월에 천신한다. 수련과 연꽃의 씨의 종피를 벗겨 말린 약재로 연육(蓮肉), 나실(蘿實), 석련자(石蓮子), 수지(水芝), 수지단(水芝丹), 연실(蓮實), 우실(藕實), 적(菂), 택지(澤芝), 격(菽)이라고 한다. 연밥은 차를 하거나 죽을 만든다.

미 주

1. 증보문헌비고에 "『문헌통고』에는 '송나라 태조가 천신할 적엔 삭망제(朔望祭) 때에 겸해서 베풀었으며, 종묘 의례를 상정하였으며, 또 옛날에는 사당에 천신하는 데 날을 택하지 않고 신주를 내어 모시지 않았으며 전만 올리고 제사지내지 않았는데, 근자에 와서 날을 택하여 천신하는 것은 옳은 일이 아니다. 천자와 제후는 물건이 익으면 천신하고 초(初)·중(仲)·계(季)로서 한정하지 않는다'고 하였습니다. 모든 물건이 때를 따라 나면 즉일로 천신할 것이며 이것이 제사 드리는 것이 아닌 이상, 예법으로서 날을 택정하는 것은 부당한 일입니다. 우리나라에서는 원래 전조(前朝)와 송나라 초기의 제도를 따랐던 것인데, 모든 새로 난 물건을 삭망에 가서 겸하여 천신하는 것은 즉일로 천신하는 의절과 어긋나는 것이오니, 바라옵건대 지금부터는 모든 새 물건이 철따라 나오면 삭망을 기다리지 말고 또 택일도 할 것 없이 천신하며, 만일 그때가 삭망일 때에는 전대로 겸하여 천신하게 한다면 거의 예절에 합당할 것입니다"하니, 그대로 따랐다.

참 고 문 헌

167

『고려사』(1451) 권61 지 권14 삭망천신(朔望薦新).

『세종실록』(1432) 지리지.

『세종실록』(1451) 오례의 천신종묘의(薦新宗廟儀).

『승정원일기』(1623-1894), 서울대학교 규장각소장.

『종묘의궤』(1667) 제4책 천신 월령, 서울대학교 규장각소장.

『속대전(續大典)』(1746) 김재로 편찬.

『증보문헌비고』(1908) 제57권 예고, 종묘 천신.

『원행을묘정리의궤(園幸乙卯整理儀軌)』(1795) 권4 찬품(饌品), 서울대학교 규장각소장.

『종묘천신월령(宗廟薦新月令)』(1895-1906 고종 광무년간), 궁내부 회계원(조선)편.

황혜성 외, 『한국음식대관 제6권 궁중의 식생활』, 한국문화재보호재단, 1997.

선종순, 『종묘의궤』, 한국고전번역원, 김영사, 2008.

한복진, 「조선시대 궁중의 천신(薦新) 식품에 대한 고찰」, 『동아시아식생활학회지』 제12권 제6호, 2002.

한복진, 「조선시대 궁중의 천신(薦新) 의례에 관한 고찰」, 『동아시아식생활학회지』 제12권 제6호, 2002.

죽은 이를 위한

상식

음식

주영하 — 한국학중앙연구원

상식(上食)은 상가(喪家)에서 아침과 저녁으로 궤연(几筵) 앞에 올리는 음식을 가리킨다. 마치 죽은 이가 살아계신 것처럼, 살아계실 때와 같은 음식으로 차리는 것이 기본이다.

이 글에서는 상식을 올린 음식 목록 한 편을 분석해 본다. 한글로 기록된 목록에는 당시 어떤 음식이 올랐는지 자세하게 나와 있다. 이 목록을 분석함으로써, 조선 왕실에서 어떤 음식이 상식으로 올랐는지를 분명하게 알 수 있다. 이는 실제로 조선 왕실 일상음식의 진면목을 알 수 있는 자료이기도 하다.

살아계실 때와 마찬가지로 차리는
음식상

상식(上食)이란 상가(喪家)에서 아침과 저녁으로 죽은 이에게 올리는 음식이다. 아침에 올리는 상식은 조상식(朝上食), 저녁에 올리는 상식은 석상식(夕上食)이라 부른다.

일반 사가(私家)의 상식 예법을 소개하면 다음과 같다. 돌아가신 분이 살아 계실 때와 마찬가지로 음식상을 차린다. 제물을 차린 후에 축관(祝官)이 메(밥)를 담은 주발의 뚜껑을 열고 숟가락을 꽂는다. 젓가락은 고기 제물 위에 올린다. 잠시 후 숟가락과 젓가락을 본래 올렸던 접시에 다시 놓고 술을 올리고 분향을 한다.

그러면 상주 일행은 곡을 하고 두 번 절을 한다. 조금 있다가 축관이 갱(羹, 제사에 쓰이는 국)을 물리고 숙수(熟水, 제사에 올리는 숭늉)를 올린 뒤 수저로 밥을 세 번 떠서 숙수에 풀고 다시 숟가락을 메에 꽂는다. 이어 조금 있다가 다시 숟가락과 젓가락을 접시로 옮기고 밥그릇과 숙수 그릇의 뚜껑을 덮으면 상주 일행은 곡을 그치고 차린 음식을 물린다.

조선 왕실에서도 상식은 대체로 이와 비슷한 순서로 행해졌다. 특히 중요한 사실은 보통 왕이 직접 상식의 예를 행하였다는 점이다. 왕이 상식 의례를 행할 때는 여러 신하들도 함께 동행하였다. 상식의 예를 행하기에 앞서서 왕은 필요한 도구를 갖추고 상복도 갖추어 입었다. 왕은 신위 앞에서 상식을 행하고 곡을 하였다. 그러면 참석한 모든 신하도 이어서 곡을 행하였다. 예를 집행하는 찬례(贊禮)가 곡 멈출 것을 청하면 곡을 멈추었다. 상식 의례가 끝나면 왕은 평상시의 옷으로 갈아입었다.

이 상식 의례와 관련하여 현재 한국학중앙연구원 장서각과 경상대학교 문천관에는 '상식발기'라고 부르는 문건이 다수 소장되어 있다. 특히 경상대학교 문천관에는 「조석상식발기」, 「주다례발기」, 「별다례발기」 등이 1895년 2건, 1919년 127건, 1920년 71건, 1921년 2건, 연대 미상 3건 등 모두 205건이 소장되어 있다. 그 연도로 보아 주로 고종의 상식과 관련된 상식발기가 1919년에서 1921년까지 모두 200건 있는 것으로 보인다. 경상대학교 문천관 소장 상식발기는 현재 미처 정리를 마치지 못해 일반에 공개되지 않았기 때문에 이 글에서 상세하게 다루기 어렵다. 그것을 대신하여 한국학중앙연구원 장서각에 소장된 「병오정월초일일담ㅅ다례단ㅈ」(병오정월초일일 담사 다례 단자, 이하 「병오단자」로 칭함)에 대해서 다음에서 그 내용을 살펴보려 한다. 앞에서도 밝혔듯이 상식발기에 적힌 음식명은 실제로 왕이나 왕실의 주요 인물이 평소에 먹었던 일상음식이라는 측면에서 조선왕실의 일상음식을 살피는 데 매우 중요한 자료이다.

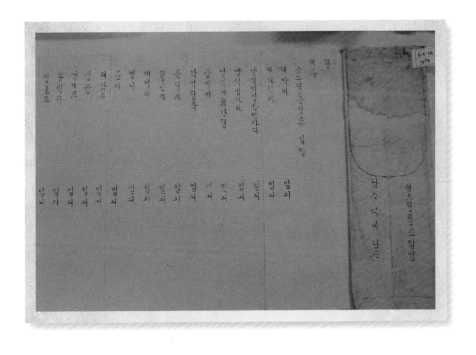

병오단자

문서의 크기는 34.3×212.9㎝이다.
지질은 단자용 두터운 저지(楮紙)이다. 한글로
표기되었다.
봉투(35.2×11.9㎝)가 따로 있으며, 봉투
겉면에 자료명을 세로 두 줄로 적었는데,
'병오정월초일일'까지 한 줄로 길게 늘여 썼고, 이어서
'담ㅅ다례 단ㅈ'를 옆에 써 넣었다.
5장의 종이를 연결하여 가로로 늘렸다.
절첩(19절)형태이다.
본문의 괘선을 철필로 눌러서 표시하였다.

표1 「병오졍월초일일담ᄉ다례단ᄌ」의 원문과 현대역

원문			현대역		
향			향		
제쥬			제주		
다례			다례		
	금노덕홍심측	일쌍		금로적홍심측	1쌍
	대약과	일긔		대약과	1기
	대다식과	일긔		대다식과	1기
	냥ᄉ세강반연사과	일긔		양색 세강반연사과	1기
	냥ᄉ빙사과	일긔		양색 빙사과	1기
	냥ᄉᄆ화간졍	일긔		양색 매화강정	1기
	듕박계	일긔		중박계	2기
	각ᄉ졀육	일긔		각색절육	1기
	듁졀과	일긔		죽절과	1기
	횡인과	일긔		행인과	1기
	ᄆ엽과	일긔		매엽과	1기
	ᄉ닉	일긔		생리	1기
	준시	일긔		준시	1기
	왜감ᄌ	일긔		왜감자	1기
	ᄉ뉼	일긔		생률	1기
	ᄉ대조	일긔		생대조	1기
	송ᄇᆨᄌ	일긔		송백자	1기
	실호도	일긔		실호두	1기
	실황뉼	일긔		실황률	1기
	뇽안 녀지	일긔		용안 여지	1기
	사당 귤병 각ᄉ당	일긔		사당 귤병 각생 당	1기
	사ᄉ다식	일긔		사색 다식	1기
	각ᄉ슉실과	일긔		각색 숙실과	1기
	각ᄉ졍과	일긔		각색 정과	1기
	ᄉ닉슉	일긔		생리숙	1기
	준시슈졍과	일긔		준시수정과	1기
	잡과쵸두합졈증병 잡과녹두증병 잡과당귀증병	일긔		잡과초두합점증병 잡과녹두증병 잡과당귀증병	1기
	대조ᄌ박병 쳥ᄌ박병	일긔		대조자박병 청자박병	1기
	잡과청애단ᄌ 잡과병	일긔		잡과청애단자 잡과병	1기

약식	일긔	약식	1긔
홍합쵸	일긔	홍합초	1긔
싱션전유ᄋ	일긔	생선전유어	1긔
간전유ᄋ	일긔	간전유어	1긔
편육 쵹편		편육 족편	
각식어치		각색 어채	1긔
두태 천엽	일긔	두태 천엽	
갈비증	일긔	갈비증	1긔
란숙	일긔	난숙	1긔
각식ᄂ름적	일긔	각색 누름적	1긔
각식편치	일긔	각색 편재	1긔
어적 우적 간적 전톄슈	일긔	어적 우적 족적 전체수	1긔
두포적 곤포적 표고적 다ᄉ마적적	일긔	두포적 곤포적 표고적 다시마적	1긔
튜복식혜	일긔	추복식혜	1긔
싱션전탕	일긔	생선전탕	1긔
금듕탕	일긔	금중탕	1긔
완ᄌ탕	일긔	완자탕	1긔
두포탕	일긔	두포탕	1긔
목면	일긔	목면	1긔
병시	일긔	병시	1긔
튜청	일긔	추청	1긔
초쟝	일긔	초장	1긔
개ᄌ	일긔	개자	1긔
염	일긔	염	1긔
상식		상식	1긔
슈라	일긔	수라	1긔
잡탕	일긔	잡탕	1긔
양봇기	일긔	양볶이	1긔
황산적 잡산적	일긔	황산적 잡산적	1긔
편육	일긔	편육	1긔
각식좌반	일긔	각색 좌반	1긔
각식쟝과	일긔	각색 장과	1긔
각식 혜	일긔	각색 혜	1긔
팀ᄎ	일긔	침채	1긔
진쟝	일긔	진장	1긔
이샹 뉵십삼긔		**이상 63긔**	

173

누구를 위한 음식일까?
「병오단자」의 사건

「병오단자」에 적힌 음식 이름은 18~19세기의 조선왕실 의궤류에 등장하는 것들과 거의 일치한다. 과자류가 9가지, 과일류가 10가지, 정과와 숙실과, 그리고 사탕류가 9가지, 떡이 8가지, 생선과 고기류가 17가지, 적(炙)이 4가지, 탕이 4가지, 식혜·목면·병시와 같은 주식류가 3가지, 양념류가 4가지이다. 이 음식발기는 음식의 한자 이름을 한글로 적은 것이 다수를 차지한다. 이러한 경향은 19세기 말에 쓰인 조선왕실의 음식발기에서 주로 나타나는 현상이다.

다만 한글로 적힌 이름들의 대부분은 본래 한자의 차자표기(借字表記)를 한 것도 일부 있다. 가령 중박계는 한자로 '中朴桂'이다. 한국어로는 '중배끼'라는 음식 이름이 한자로 차자표기된 것으로 보인다.❶ 중배끼는 유밀과의 하나로 밀가루를 꿀과 기름으로 반죽하여 네모지게 잘라 기름에 지져 만든 음식을 가리킨다. 그러나 이 문서에서는 한자음인 '중박계'를 그대로 한글로 적어두었다. 이 역시 19세기 말의 조선왕실 문서류의 특징 중 하나이다.

이로 미루어 보아 「병오단자」의 실제 연도는 1906년으로 여겨진다. 우선 17세기 이후 병오년(丙午年)은 1666년(현종7), 1726년(영조2), 1789년(정조10), 1846년(헌종12), 1906년(고종43)이 있다. 그런데 이들 병오년 중에서 '담사(禫祀)'가 행해진 사건이 있어야 한다. 담사는 장사를 지낸 뒤 만 2년이 되는 때 지내는 제사인 대상(大祥)을 지낸 다음, 그 다음 다음 달 하순의 정일(丁日)이나 해일(亥日)에 지내는 제사를 가리킨다. 다른 말로 담제(禫祭)라고도 부른다. 필자가 1906년의 일로 여기는 이유는 『고종실록』에서 그 증거를 찾았기 때문이다. 『고종실록』 47권에 있는 고종 43년(1906 병오)의 기록에는 양력 1월 25일 기사에 다음과 같은 내용이 나온다.

효혜전 등에서 제사를 지내거나 다례를 지내다 : 효혜전에 나아가 담제(禫祭)를 행하고 이어 별다례를 행한 다음 경효전에 나아가 별다례를 행하였다. 이어 의효전에 나아가 조상식과 주다례(晝茶禮)를 행하였다. 황태자가 함께 따라 나아가 예를 행하였다.

효정왕후 발인반차도(부분)

한국학중앙연구원 장서각 소장본의 부분도.
광무 8년(1904) 3월 14일에 거행된 헌종
계비 효정왕후의 발인행렬을 그린 반차도이다.
빈전(殯殿)이 설치된 경운궁 흥덕전(興德殿)에서
출발하여 헌종의 능인 경릉으로 향하는 것이다. 참여
인원과 의장의 성대함과 신식 군복과 무기로 무장한
시위대는 근대국가의 면보를 보인다.

175

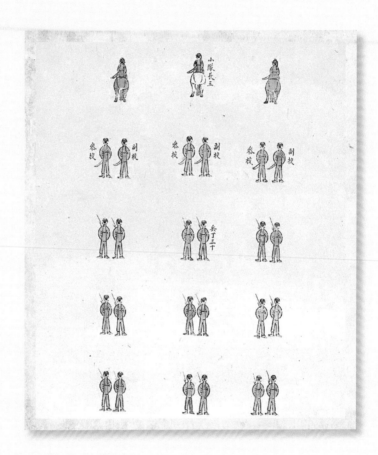

1906년 양력 1월 25일은 음력으로 1월 1일이다. 그러니 병오년 정월 초일일에 행한 담사 다례의 음식 이름을 적은 이 발기는 바로 이 때의 것임을 확인할 수 있다. 그렇다면 '효혜전'은 누구의 처소를 두고 하는 말일까? 바로 헌종(憲宗)의 계비인 효정왕후(孝定王后, 1831~1903)의 처소를 두고 한 말이다. 남양 홍씨인 효정왕후는 1844년(헌종 10)에 왕비에 책봉되어 양력으로 1904년(광무8) 1월 2일에 사망하였다. 『고종실록』에는 담사 다례에 대한 의논을 한 내용도 나온다. 고종 42년(1905)양력 11월 13일에 다음과 같은 내용이 있다.

효혜전의 담제를 지낸 후에 부묘의 예식을 마련하도록 하다. 예식원
장례경(禮式院掌禮卿) 조정희(趙定熙)가 아뢰기를, "효혜전(孝惠殿)의 담제(禫祭)를
지낸 후에 부묘(祔廟)의 예식을 마련하여야 하겠기에 삼가 『오례의(五禮儀)』와
『상례보편(喪禮補編)』을 상고하여 보니, 모두 시향(時享) 때에 부재(祔載)를 겸하여
지내는 것으로 기록되어 있습니다. 그리고 영조(英祖) 때에 하교하기를, '담제사 달이
만일 사맹삭(四孟朔)이나 납월(臘月)과 일치하면 이 오향제(五享祭)와 겸행하여
예문(禮文)을 준수하라'라고 한 일이 『상례보편』의 수교(受敎)에 실려 있습니다. 이번이
담제사 달이자 춘맹삭(春孟朔)이니, 예문과 영조 때의 수교에 따라 담제사 달 내에
있는 효정왕후(孝定王后)의 신주를 부묘(祔廟)하는 절차를 춘향대제(春享大祭)와
겸행하도록 택일하여 거행하는 것이 어떻겠습니까?" 하니, 윤허하였다.

그러니 1906년 병오년에 효정왕후의 담사를 지내고 부묘를 하기로 했음이 결정되었다. 담사는 1906년 음력 1월 1일에 모셨다. 담사 후에 신주를 혼전(魂殿)인 효혜전에서 종묘로 옮기는 부묘례(祔廟禮)를 양력 1906년 2월 18일에 행했다. 『고종실록』 47권 양력 1906년 2월 17일자의 기록은 아래와 같다.

황제가 효혜전에 가서 떠난다는 것을 고하는 치제하다. 효혜전(孝惠殿)에 나아가
고동가제(告動駕祭)를 행하고 이어 영성문(永成門) 안에 나아가 효정 왕후(孝定王后)의
신련(神輦)을 모시고 종묘에 갈 때 지송(祗送)하였다. 황태자가 따라가서 예를
행하였다.

어떤 음식이 올랐을까?
「병오단자」의 음식

이 단자에 표기된 음식은 두 가지 부분으로 나뉜다. 하나는 다례에 쓰인 음식이고[표 2] 다른 하나는 상식에 쓰인 음식이다. [표 3] 그런데 음식 중에서도 '추복식혜'와 '각색 혜'는 그 정체를 추정하기 어렵다. 왜냐하면 식해와 식혜의 용어가 조선시대에 혼용되어 사용되었기 때문이다.

식해와 식혜의 명칭에 대한 기원은 고대 중국의 기록에서 찾아볼 수 있다.『주례(周禮)』는 고대 중국의 주나라 관제를 적은 책이다. 이 책에 의하면, 주나라 천자(天子)는 연회 때에 여러 가지 음식과 함께 '장(醬)' 120가지를 받아야 한다고 했다.

표2 「병오단자」의 다례음식명과 내용

현대역	음식의 내용
제주	술
대약과	大藥果, 약과
대다식과	大茶食果, 다식
양색 세강반연사과	兩色細䏑骰然絲, 연사과
양색 빙사과	두 가지 빙사과
양색 매화강정	두 가지 강정
중박계	유밀과
각색절육	各色截肉, 마른안주
죽절과	대의 마디 모양으로 만든 과줄
행인과	은행으로 만든 과줄
매업과	유밀과
생이	生梨, 배
준시	곶감
왜감자	귤
생률	날 밤
생대조	날 대추
송백자	잣
실호두	호두 속
실항률	밤 속
용안여자	용안, 여지
사당 귤법 각색 당	사탕, 유자를 넣은 떡, 여러가지 색의 단맛 과자
사색 다식	네 가지 색의 다식
각색 숙실과	각종 숙실과
각색 청과	각종 정과
생리숙	生梨熟, 삶은 배
준시 수정과	곶감 수정과
잡과초두합점증병	雜果炒豆盒粘甑餅, 볶은 콩증병
잡과녹두증병	雜果綠豆甑餅, 녹두증병
잡과당귀증병	雜果當歸甑餅, 당귀증병
대조자박병	大棗煮朴餅, 대추 경단
청자박병	青煮朴餅, 청매실 경단
잡과청애단자	雜果青梅團餈, 청매실 단자

표3 「병오단자」의 상식음식명과 내용

현대역	음식의 내용
수라	밥
잡탕	잡탕(雜湯), 여러 가지 재료를 넣은 탕
양볶이	장(胖, 소의 밥통)을 볶은 음식
황산적	쇠고기 산적
잡산적	여러가지 재료를 넣은 산적
편육	편육
각색 좌반	각종 자반
각색 장과	각종 정과
각색 혜	각종 젓갈
침채	김치
진장	간장

그런데 여기에서 말하는 '장'은 중국의 간장이나 된장 혹은 자장을 가리키는 것이 아니라 '해(醢)' 60가지와 '혜(醯)' 60가지를 말한다. 해는 고기를 간장에 절인 일종의 장조림이며, 혜는 고기를 식초에 절여서 만든 고기식초의 일종이다. 해와 혜는 주재료인 고기 종류에 따라서 모두 60가지나 되었다고 한다.

그런데 '해'와 '혜'의 한자어가 한반도에 들어와서는 매우 다른 모습의 음식에 이름이 붙여졌다. 그것이 바로 식해(食醢)와 식혜(食醯)이다.

한국어사전에서 식해를 찾아보면 '생선에 약간의 소금과 쌀밥을 섞어 숙성시킨 음식으로 생선젓이라고도 부른다'라고 되어 있다. 오늘날에는 가자미식해가 식해의 대명사로 알려져 있다. 이에 반해서 식혜는 쌀밥을 엿기름으로 삭혀서 만든 음료수라고 적혀 있다. 캔 음료로도 출시되어 1990년대 후반에 한국인의 음료수로 자리매김한 식혜가 바로 그것이다.

조선시대의 식해는 생선과 찹쌀이나 좁쌀, 소금이 기본 재료이지만 지방마다 무, 생강, 고추, 파, 마늘, 엿기름 등 갖은 양념을 다르게 첨가했다. 1700년대 고조리서에 생선식해와 동물식해가 등장하며, 음료수 식혜는 1740년경에 편찬된 조선시대 조리서 『소문사설』에 처음 등장한다.

어육을 빼고 엿기름으로 달콤한 맛을 강조한 식해에서 다시 매운 양념마저 빠지고 온전히 단맛이 나는 식혜로 변모한 것이다. 그러니 식해나 식혜를 서로 혼용하는 경우가 조선후기 조선왕실에서도 자주 일어났다.

서울대 한국학규장각연구원에서 소장하고 있는 『경빈예장소등록(慶嬪禮葬所謄錄)』(1907년)에서는 추복식혜(秋鰒食醯)가 아니라 추복식해(秋鰒食醢)라고 적고 있다. 가을에 나는 전복으로 만든 식해라는 뜻으로 보인다. 아마도 가을에 잡은 전복의 내장으로 담은 전복젓으로 여겨진다. 각 색혜 역시 각종 젓갈로 이해된다. 왜냐하면 목록에서 침채와 진장 앞에 이 음식이 들어있는 것으로 보아 밑반찬이 되는 젓갈로 추정되기 때문이다.

이 문헌에 나오는 음식 중에서 또 다른 특징은 편육(片肉)과 관련된 기록이 보인다는 점이다. 조선시대 문헌에서 '편육'이란 단어는 크게 두 가지의 뜻을 지니고 쓰였다. 그 하나는 고기 조각을 가리킬 때 썼다. 다른 하나는 음식 이름으로서의 편육이다. 대체로 19세기 중엽부터 숙육, 즉 삶아 익힌 고기를 저민 음식을 아예 편육이라고 부른 듯하다.

1865년(고종 2) 음력 10월 1일 경복궁의 광화문 좌측에 의정부가 중건되었다. 같은 해 같은 달 12일, 이것을 기념하여 고종이 의정부를 직접 방문하였다. 의정부에서는 고종이 앉은 자리에 약과·다식·배·감·유자 등과 함께 고기류로 편육·전유어·화양적(華陽炙)·갑회(甲膾)와 각종 구이를 한 그릇씩 올렸다. 이 내용은 『친림정부시의궤(親臨政府時儀軌)』란 책에 나온다. 아마도 현재까지 편육이 독립된 음식 이름으로 등장한 문헌은 이 책이 처음이 아닐까 여겨진다.

1924년 출판된 『조선무쌍신식요리제법(朝鮮無雙新式料理製法)』에서 이용기는 '편육 먹는 법'이란 항목을 두어 본격적으로 편육에 대해 다루었다. 그런데 그의 편육에 대한 논평이 사뭇 긍정적이지 않다.

편육이란 것은 자래로 식성이요 풍속이요 습관이라 할 만한 것이니
불과 시약 달이듯하여 약은 버리고 약 찌꺼기를 먹는 셈이니 원종은 고기 맛은
다 빠진 것이라 무엇에 그리 맛이 있으며 자양인들 되리요.

이렇듯 편육에 대해서 언급하면서 이용기는 오로지 오래된 관습이라 어쩔 수 없이 이 책에 적을 뿐이라는 심정을 밝혔다. 이 책의 다른 항목에서는 주로 '만드는 법'이라 적었지만, 유독 편육에서는 '먹는 법'이라 적었다. 그러면서 양지머리편육·업진편육·제육편육·쇠머리편육 네 가지를 다루었다. ❷

179

「병오단자」로 추론해본
왕의 일상 상차림

이 음식발기의 마지막에 상식음식 이름이 있는 것으로 보아서 부
묘례를 하기 전까지는 매일 혼전에 상식을 올린 것으로 보인다. 그런데 상식으로
올린 음식 이름을 통해서 평소에 왕후가 먹던 음식의 구성을 짐작할 수 있다.
앞의 표에서도 나와 있듯이, 수라, 잡탕, 양볶기, 황산적과 잡산적, 편육, 각색좌반,
각색정과, 각색혜, 침채, 진장 등의 10개의 그릇이 올랐다. 수잡탕, 각색혜, 침채,
진장을 기본 음식이라고 본다면, 다섯 그릇에 여섯 가지의 음식이 별도로 차려졌
다. 첩수로 따진다면 5첩 반상에 해당되니, 이는 보통 왕실에서 9첩 이상의 반상
을 받았을 것이라는 추측과는 그 면모가 다르다. 현재까지는 상차림을 적은 기록
으로는 한글 필사본『시의전서(是議全書)』가 최초인데, 여기서도 5첩, 7첩, 9첩 상
차림만 나온다. 이 책은 1890년대에 쓰였고, 1910년대에야 세상에 알려졌다.❸
조선시대 사람들이 음식을 상에 차릴 때 어떤 규칙을 가지고 있었는지에 대해 무
척 궁금하지만 불행하게도 19세기 중반 이전의 문헌 중에서 아직까지 발견된 것
이 없다. 다만 19세기 말경에 쓰였을 것으로 여겨지는『시의전서(是議全書) · 음식
방문(飮食方文)』의 말미에 '반상식도'가 나올 뿐이다.
이 책의 '반상식도'에는 구첩반상, 칠첩반상, 오첩반상, 술상, 곁상, 신선로상, 입매
상의 상차림 규칙이 그림으로 그려져 있다. 여기에서 구첩반상에서 오첩반상은
상차림의 그림으로 보아 둥근 상에 차려졌다. 이에 비해 술상에서 입매상까지는
사각 상에 차려졌다. 먼저 이 상차림을 한 번 살펴보자.
먼저 그려진 상차림은 '구첩반상'이다. 아래 가운데 놓인 음식은 반과 탕이다. 곧
밥과 국을 가리킨다. 반을 기준으로 왼쪽 바깥으로는 젓갈, 좌반, 전유어, 숙육,
김치, 회, 나물, 쌈, 생선구이, 육구이가 놓였다. 안쪽 아래에서 왼쪽으로는 초장,
겨자, 지령, 양조치, 생선조치, 맑은조치가 차려졌다. 여기에서 지령은 간장의 경
상도 말이다.
보통 첩이라고 하면 뚜껑이 있는 반찬 그릇을 가리킨다고 알려진다. 상에 차려진
음식은 모두 18가지이다. 밥, 국, 간장, 김치를 첩수에서 제외한다고 해도 14가지
나 되어 9첩이라고 보기가 어렵다. 만약 밥, 국, 간장, 초장, 겨자, 김치, 젓갈 따위

의 기본 밑반찬을 제외한다고 해도 음식이 12가지이다. 그러니 이 책의 저자가 이 것을 9첩이라고 한 이유를 분명하게 알기 어렵다.

'칠첩반상'이라고 표시한 그림에는 구첩반상과 마찬가지로 반(밥)과 갱(국)이 중심에 놓였다. 반을 기준으로 바깥 아래에서 왼쪽으로는 젓갈, 좌반, 회, 김치, 숙육, 나물, 쌈, 구이가 차려졌다. 안쪽 아래에서 왼쪽으로는 초장, 겨자, 지령, 토장조치, 맑은조치가 자리를 잡았다. 이 상차림 역시 구첩반상과 마찬가지로 칠첩반상이라고 부르기가 어렵다.

'오첩반상'이라고 표시한 그림에는 역시 구첩반상, 칠첩반상과 마찬가지로 반과 갱이 중심에 놓였다. 반을 기준으로 바깥 아래에서 왼쪽으로는 젓갈, 좌반, 김치, 나

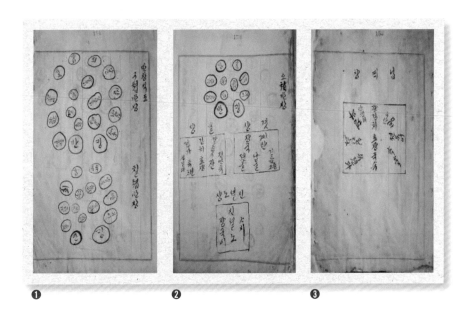

❶　　　　　❷　　　　　❸

시의전서　19세기 말엽 조선 말기의 요리책으로 지은이는 전해지지 않는다. 상편과 하편 2편으로 이루어진 1책으로 구성된다. 17종의 술빚기 방법 등 다양한 종류의 식품, 건어물, 채소가 많이 수록되어서, 한국 요리 연구에 귀중한 사료로 평가된다.
❶반상식도-구첩반상, 칠첩반상
❷반상식도-오첩반상, 술상, 곁상, 신선로상
❸반상식도-입매상

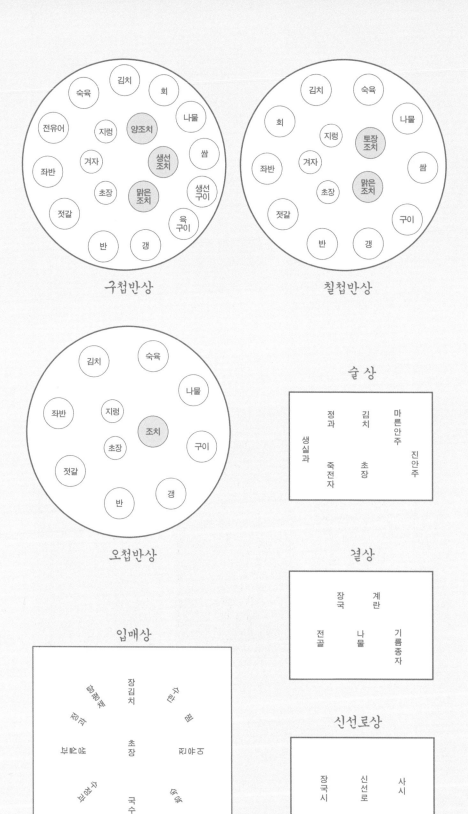

구첩반상

칠첩반상

오첩반상

술 상

곁상

입매상

신선로상

물, 숙육, 구이가 차려졌다. 안쪽 아래에서 왼쪽으로는 지령, 초장, 조치가 자리를 잡았다. 이 상차림에서 반, 갱, 지령, 초장, 젓갈, 김치를 제외하면, 좌반, 나물, 숙육, 구이, 조치의 다섯 가지 음식이 놓였다. 이것은 5첩임에 틀림없다.

반상 외에 술상도 그림으로 그려졌다. 술상에는 모두 세 가지의 상이 놓였다. 하나는 술상이고 다른 하나는 곁상이며, 별도로 신선로상이 놓였다.

술상에는 왼쪽에서부터 생실과, 정과, 죽전자, 김치, 초장, 마른안주, 잔, 진안주가 놓였다. 여기에서 죽전자는 주전자를 가리킨다. 주전자에는 술이 담겼을 것이고 잔이 하나 놓인 것으로 보아 일인용 술상이다 진안주는 젖은 안주를 말한다.

술상이 메인 상이라면 곁상은 메인 상에 곁들인 상이다. 곁상에는 왼쪽으로부터 전골, 장국, 나물, 계란, 기름종자가 놓였다. 술을 마시면서 국물이 있는 음식이 곁상에 차려졌다.

신선로상에는 신선로를 가운데 두고 왼쪽에 장국시, 오른쪽에 사시를 두었다. 여기에서 사시는 사기로 만든 숟가락인 사시(沙匙) 혹은 사시(砂匙)일 것으로 여겨진다.

마지막으로 차려진 상차림은 '닙매상' 곧 입매상이다. 보통 잔치가 열릴 때 그 잔치의 주인공 앞에 놓이는 상을 입매상이라고 부른다. 여기서는 경축의 의미로 밥 대신에 국수가 차려진다. 이 입매상에도 국수가 다른 상의 밥처럼 아래쪽 가운데 놓였다. 국수를 기준으로 왼쪽으로 수정과, 생실과, 정과, 탕평채, 장김치, 수란, 찜, 전유어, 숙육, 그리고 한가운데에 초장이 차려졌다. 그러니 12첩 반상이란 개념은 조선시대에는 존재하지 않았을 가능성도 많다.

이미 앞에서 밝혔듯이 '음식발기'는 실제로 조선왕실에서 음식이 차려진 진면목을 알 수 있는 자료이다. 향후 경상대학교 문천관 소장 상식발기가 공개된다면 이에 대한 연구는 보다 심도있게 진행될 수 있을 것이라 생각한다. 이를 통해서 조선왕실 음식문화의 실재를 밝히는 데 도움이 될 것이라 보인다.

미주

1. 오창명, 「조선시대 고유 음식 어휘–의궤(儀軌)의 차자표기(借字表記)를 중심으로–」, 『한국어문학과 제주도』, 한국언어문학회 제50차 정기학술대회발표집, 139쪽.

2. 편육에 대한 자세한 내용은 주영하, 『식탁 위의 한국사–메뉴로 본 20세기 한국 음식문화사』, 휴머니스트, 2013, 228-239쪽을 참조.

3. 이 책은 1919년에 심환진(沈晥鎭)이 경상북도 상주군수로 부임하여 그곳의 양반가에 소장되어 있던 조리서를 빌려서 필사를 해 둔 것을 그의 며느리 홍정(洪貞)에게 주었고, 그것이 이성우 교수에게도 전달되어 알려졌다. 이성우(李盛雨), 『한국식경대전(韓國食經大典)』, 향문사, 1981, 325~329쪽 참조.

부록

궁중음식을 말해주는 고문헌 자료*

주영하(한국학중앙연구원 교수)

1. 조선왕조 궁중음식의 문화적 의미

왕실은 왕이 머무는 거처이기도 하면서, 동시에 왕의 통치행위가 직접적으로 이루어지는 공간이기도 하다. 모든 권력은 왕에게 집중되었기 때문에 왕은 신하나 백성들과 다른 상징과 실제를 갖추고 있어야 한다. 왕조국가에는 왕만이 가지는 각종 제도와 의례가 있었으며, 왕만의 옷과 음식이 존재했다. 이것은 독점적인 권력과 지위를 지닌 왕과 그의 친인척이 누릴 수 있는 특혜였다.

이른바 등급사회를 근간으로 하는 국왕제도에서 등급마다 차이를 표시하는 방법은 매우 다양했다. 크게는 권력의 형태와 궁실의 규모로 나타냈으며, 작게는 관복이나 사용하는 기물 같은 데까지 등급의 차이가 표현되었다. 상류사회일수록 등급제도가 더욱 엄격하여 한 치의 오차도 용납되지 않았다. 음식생활에서의 등급제도는 무엇을 먹는가, 어떻게 먹는가 하는 내용을 포함할 뿐만 아니라, 음식을 먹는 방식과 사용하는 기물까지에도 매우 엄격한 구별 기준을 두었다. 그래서 왕실음식은 연회와 제사, 그리고 일상에서 신하와 백성들과 다른 면모를 갖추지 않으면 안 되었다.

이 점은 조선시대 왕실에서도 마찬가지로 적용되었다. 조선시대 법률서인 『경국대전(經國大典)』에서는 왕실에서 필요로 하는 식재료의 장만과 각종 식기구의 마련, 그리고 음식의 준비와 제공 등에 관한 업무를 맡은 사옹원·내시부·내명부 등의 직제를 규정해 두었다. 이를 통해서 조선시대 왕실에서 이루어졌던 음식의 생산 및 소비와 관련된 공식적 조직의 면모를 짐작할 수 있다. 아울러 내선부(內膳夫)가 하루에 다섯 번 왕의 찬선(饌膳)을 바치도록 규정하기도 했다. 특히 내의원 조직은 왕의 건강을 위한 약제 제조는 물론이고 수시로 음식의 구성도 챙겼다. 그 목표는 왕의 장수를 도모하는 데 있었다. 왜냐하면 왕의 장수는 곧 왕조의 지속을 의미하였기 때문이다.

조선왕실의 음식문화에 대한 기존의 연구는 주로 이와 관련된 문헌들에 근거하여 잔치음식에 집중된 경향을 보인다.① 주로 이성우 · 윤서석 · 이효지 · 김상보 · 한복진 등과 같이 식품학 전공자들이 주도를 하였다.②

그런데 이들이 접근한 연구의 방식은 조선왕실 자료 중 연회와 관련된 의궤(儀軌)를 대상으로 음식물의 종류를 밝히는 작업이었다. 이에 비해 윤서석과 이효지는 똑같이 문헌을 이용했지만, 주로 특정한 음식물을 대상으로 그것의 종류와 이름, 그리고 쓰임새를 정리하는 작업을 하였다.

김상보는 『한국의 음식생활문화사』③에서 조선왕실의 음식문화에 대해서 다루고 있다. 특히 비교역사적 방법을 채택하여 동아시아 왕실의 음식문화를 비교했다는 점에서 의의가 있다. 한복진의 『조선시대 궁중의 식생활문화』④는 조선시대 궁중의 식생활을 진상식품 · 일상식 · 연회식 · 제례 · 시절식 · 통과의례 등으로 구분하여 서술했다. 다만 조선왕실의 음식생활을 알 수 있는 각종 구체적인 문헌 자료를 다양하게 다루지 않고 작성된 글이라 깊이 있는 논의가 전개되지 못한 점이 아쉽다.

이에 비해 인문학자가 조선왕실의 음식문화에 대해 다룬 연구는 매우 부분적이다. 김호는 「조선 왕실의 약선(藥膳) '전약(煎藥)' 연구」⑤를 통해서 조선왕실의 내의원에서 진행했던 약선음식의 개발에 대해 살폈다. 신명호는 「조선후기 궁중음식재료의 공상방법(供上方法)과 공상시기(供上時期)」⑥에서 조선왕실의 음식문화를 이해하는

---

* 이 글은 주영하, 「조선왕조 궁중음식 관련 고문헌 자료 소개」, 『장서각』30, 2013, 423-436쪽에 실린 글을 수정한 것이다.
① 자세한 내용은 주영하, 「음식생활에 대한 연구 50년」, 이화여자대학교한국문화연구원(편), 『전통문화연구50년』, 서울:혜안, 2007을 참고하기 바란다.
② 이성우, 「조선왕조 궁중식에 대한 문헌학적 연구」, 『한국식문화학회지』vol1-1, 서울:한국식문화학회, 1986; 이효지 · 윤서석, 「조선시대 궁중음식중 찬물류의 공석적 연구」, 『한국식문화학회지』vol1-2, 서울:한국식문화학회, 1986; 김춘련, 「18세기 궁중연회음식고-원신을묘정리의궤를 중심으로-」, 『한국식문화학회지』vol1-2, 서울:한국식문화학회, 1986; 이효지 · 윤서석, 「조선시대 궁중연회음식중 과정류의 분석적 연구」, 『한국식문화학회지』vol1-3, 서울:한국식문화학회, 1986; 이효지 · 윤서석, 「조선시대 궁중연회음식중 병이류의 분석적 연구」, 『한국식문화학회지』vol1-4, 서울:한국식문화학회, 1986; 이성우, 「궁중연회식의궤에 나타나는 초출연도별의 음식명」, 『한국식문화학회지』vol3-1, 서울:한국식문화학회, 1988; 한복진 · 이성우, 「조선조 궁중 탄생상 발기의 분석적 연구」, 『한국식문화학회지』vol4-1, 서울:한국식문화학회, 1989; 김상보 · 한복진 · 이성우, 「원행을묘정리의궤 중 조리면에서 본 수자상고」, 『한국식문화학회지』vol4-2, 서울:한국식문화학회, 1989; 김상보 · 한복진 · 이성우, 「원행을묘정리의궤 중 조리면에서 본 죽상 . 미음상 및 현룡원에서의 상차림고」, 『한국식문화학회지』vol4-4, 서울:한국식문화학회, 1989; 한복진 · 이성우, 「원행을묘정리의궤에 나타나는 음식명 . 식기명 . 조리기구명」, 『한국식문화학회지』vol4-4, 서울:한국식문화학회, 1989 등.
③ 김상보, 『한국의 음식생활문화사』, 서울:광문각, 1997.
④ 한복진, 『조선시대 궁중의 식생활문화』, 서울:서울대학교출판부, 2005.
⑤ 김호, 「조선 왕실의 약선(藥膳) '전약(煎藥)' 연구」, 『진단학보』100집, 2005.
⑥ 신명호, 「조선후기 궁중음식재료의 공상방법(供上方法)과 공상시기(供上時期)」, 『인문사회과학연구』6권, 2006,

기초가 되는 음식재료의 공상 과정과 그 종류를 고찰하였다. 조선왕실의 음식문화를 살피는 작업은 식품학자에 의해서 이미 1980년대 중반부터 진행되었지만, 그 성과는 결코 많다고 볼 수 없다. 식품학자들의 노력에도 불구하고 그 전모가 아직 명확하게 드러나지 않은 이유는 조선왕실이 지니고 있었던 정치경제적 측면과 사상적 측면을 종합하여 살피지 않았기 때문이다.

따라서 2011년 12월부터 2012년 9월까지 9개월 동안 한식재단은 연구비를 지원하여 한국학중앙연구원 조선왕조 궁중음식 고문헌연구단(연구책임자 주영하)에서 '조선왕조 궁중음식 고문헌 아카이브 구축' 연구를 수행하도록 하였는데, 이는 조선왕조 궁중음식과 관련된 고문헌에 대하여 국내 학계에서 수행된 최초의 작업이라고 할 수 있다. 이 연구를 통해서 현재까지 알려진 조선왕조 궁중음식과 관련된 고문헌이 대부분 목록으로 정리되었다.(archive.hansik.org) 다음에서 대표적인 문헌에 대해서 그것의 내용과 음식 관련 사항에 대한 기록을 소개하려 한다.

2. 『조선왕조실록』과 『승정원일기』

조선왕조의 왕실에서 진행된 모든 사건은 『조선왕조실록』과 『승정원일기(承政院日記)』에 가장 많이 담겨 있다.[7] 사실 『조선왕조실록』은 한꺼번에 편찬되지 않았다. 대대로 편찬한 것이 축적되어 이루어진 기록이다. 조선시대 왕실에서는 왕이 승하하면 다음 왕 때에 임시로 실록청(實錄廳)을 설치하여 전임 왕대의 실록을 편찬하는 상례가 있었다. 실록 편찬 때 이용되는 자료는 각 부서에서 보고한 문서 등을 연월일순으로 정리하여 작성해둔 '춘추관시정기(春秋館時政記)'와 전왕 재위 때 사관(史官)들이 각각 작성해둔 '사초(史草)', 『승정원일기』와 『의정부등록』 등과 같은 주요부서의 기록, 조선시대 관보의 일종인 『조보(朝報)』, 『비변사등록』, 『일성록』, 심지어 개인 문집의 기록도 참고자료로 쓰였다.

이러한 관행으로 인해서 『고종실록』과 『순종실록』은 일제강점기에 쓰일 수밖에 없었

---

⑦ 『조선왕조실록』은 태조로부터 철종에 이르기까지 25대 472년간의 역사를 연월일 순서에 따라 편년체(編年體)로 기록한 책이다. 총 1,893권 888책으로 구성되어 있다. 1974년 1월 2일에 국보 제151호로 지정되었다. 유네스코에서는 1997년 유네스코 세계문화유산으로 『조선왕조실록』을 등재하기도 했다.

다. 특히 이 두 종의 실록은 편찬 위원에 의하여 편찬된 고서(稿書)가 감수부의 총 책임자인 경성제국대학 교수에 의하여 검수되고 손질도 가해졌다. 심지어 실록의 최종 원고는 편찬위원장인 일본인 이왕직(李王職) 장관의 결재를 얻어야만 간행될 수 있었다. 이로 인해서 엄격하게 말한다면, 『조선왕조실록』은 철종 때까지의 것만을 그 범위로 볼 수밖에 없다. 왜냐하면 『고종실록』과 『순종실록』은 일본인 관련 자료가 미화되거나 탈락되었기 때문이다. 그래도 이 두 종의 실록도 포함하여 국사편찬위원회에서 『조선왕조실록』의 원문과 번역문을 인터넷으로 서비스 하고 있다.

사실 『조선왕소실록』에서 음식과 관련된 내용 중 가장 많이 등장하는 일은 감선(減膳) 및 철선(撤膳)과 관련된 항목이다. 왕은 단지 한 마을에서 흉년이 들어 먹을거리가 걱정이라는 보고를 받더라도 자신의 반찬의 가짓수를 줄이는 감선과 아예 수라를 받지 않고 상을 물리치는 철선을 하여 본인이 성왕(聖王)임을 보여주었다. 또한 일본에서 온 사신이 바친 공물에 대한 기록도 제법 상세하게 나오는 편이다.

『조선왕조실록』 기록 중에서 조선 초기 각 지방마다 많이 나는 식재료와 공물로 바친 식재료에 관한 정보는 『세종실록』 「지리지」가 으뜸이다. 비록 조선후기의 자료이지만, 『만기요람(萬機要覽)·재용편(財用編)』에는 공상(供上)과 각공(各貢)으로 나누어 궁중의 연간 소요 경비를 기술하고 있다. 곧 공상에서는 대전(大殿)·중궁전(中宮殿)·왕대비전(王大妃殿)·혜경궁(惠慶宮)·가순궁(嘉順宮)에 진공하는 물화의 양 및 값을 규정하고 있기 때문에 조선후기의 왕실 식재료의 종류와 양, 그리고 값에 대해서 확인할 수 있는 자료이다.

『조선왕조실록』과 함께 왕의 일을 알 수 있는 자료는 『승정원일기』이다. 『승정원일기』는 1623년(인조 1)부터 1910년(융희 4)까지 승정원에서 처리한 왕명 출납, 제반 행정사무, 그리고 의례적 사항을 기록한 일기이다. 『승정원일기』는 조선왕조 초창기부터 기록되었을 것으로 여겨진다. 하지만 안타깝게도 인조대 이전의 것은 임진왜란과 이괄(李适)의 난 등으로 인해서 모두 불에 타서 없어져버렸다. 1894년 갑오경장 때 승정원이 폐지되면서 『승정원일기』란 제목의 기록은 총 3,045책으로 끝이 난다. 하지만 갑오경장 이후 그와 비슷한 '승선원(承宣院)'이 설립되었기 때문에 『승선원일기(承宣院日記)』란 제목으로 4책, 그리고 대한제국 시기에는 궁내부로 개칭되었기 때문에 『궁내부일기(宮內府日記)』 5책, 한일강제병합 이후에는 『비서감일기(秘書監日記)』 41책, 『비서원일기(秘書院日記)』 115책, 『규장각일기(奎章閣日記)』 33책 등이 모두 『승정원일기』로 포함되었다.

『조선왕조실록』에는 왕별로 재임 시기에 발생했던 중요한 사건만이 기록으로 나온다. 이에 비해서 『승정원일기』에는 매일 왕의 하루 일과, 지시와 명령, 각 부처의 보고, 각종 회의 및 상소 등이 모두 전재되어 있다. 이런 면에서 조선후기 왕실과 통치 관련 자료로 『조선왕조실록』에 비해서 훨씬 상세하다. 특히 음식 관련 자료는 『조선왕조실록』에 비해서 『승정원일기』가 훨씬 상세한 편이다. 왕과 신하, 혹은 내의원 소속 의관들이 음식과 약재에 대해 나눈 구체적인 이야기가 『승정원일기』에는 나온다. 가령 조선의 역대 왕 중에서 가장 장수한 영조대의 『승정원일기』에는 고추장에 대한 이야기가 여러 차례 나온다.[8] 이 중에서 영조 44년 7월 28일자에서는 "송이(松茸)·생전복〔生鰒〕·새끼꿩〔兒雉〕·고추장〔苦椒醬〕 이 네 가지는 각기 독특한 맛을 가지고 있다. 이것들 덕분에 잘 먹었다. 이로써 보면 내 입맛이 아직 완전히 늙지 않은 듯하다."[9]고 영조의 말이 직접 적혀 있다.

그런데 『승정원일기』는 국사편찬위원회에서 디지털 작업을 하여 원문이 인터넷으로 서비스되고 있을 뿐, 『조선왕조실록』과 달리 한글 번역이 이루어지지 않았다. 하지만 검색이 가능하며 왕대별로 매일의 일을 확인할 수 있다. 이에 비해 『조선왕조실록』은 한글로 번역되어 있지만, 원문과 대조하지 않을 경우, 식재료나 음식명, 그리고 사건 등에 얽힌 원문과 번역문의 차이가 종종 발견된다. 그 이유는 음식명이나 식재료에 대해 해박한 지식을 가지고 있지 않은 한문학자들이 번역했기 때문이다. 따라서 한문과 한글로 동시에 검색을 해야 하며, 원문을 확인하여 번역문을 이용해야 한다.

---

[8] 영조 25년(1749) 7월 24일자, 영조 27년(1751) 윤5월 18일자, 영조 28년(1752) 4월 10일자, 영조 33년(1757) 5월 7일자, 영조 34년(1758) 12월 19일자, 영조 39년(1763) 12월 24일자, 영조 42년(1766) 2월 27일자, 영조 44년(1768) 7월 28일자, 영조 46년(1770) 3월 11일자 등 무려 아홉 차례나 나온다.
[9] 松茸·生鰒·兒雉·苦椒醬, 能有四味, 以此善食, 以此觀之, 口味非永老矣

3. 의궤류

조선왕실에서 행해진 대표적인 연회로는 진연(進宴)과 진찬(進饌)을 꼽을 수 있다. 보통 이들 연회는 왕과 왕비 또는 왕대비의 생신이나 사순(四旬)·오순(五旬)·육순(六旬) 등 중요한 생신을 계기로 효(孝)를 실천하고 왕실의 위엄을 세우기 위해 마련되었다. 그 중에서도 진연은 왕실에서 제대로 격식을 갖추고 하는 연회를 가리키며, 진찬은 진연에 비해 절차와 의식이 간단한 것을 가리킨다. 진연과 진찬은 다시 내외로 나누어 행해졌다. 가령 진찬의 경우 외진찬(外進饌)과 내진찬(內進饌)으로 구분되었다. 외진찬은 대신들이 참석하여 열렸고, 내진찬은 왕실의 일가친척이 주로 참석하여 열렸다. 진찬·진연 관련 의궤류는 서울대 규장각한국학연구원과 한국학중앙연구원 장서각에 주로 소장되어 있다. 그 종류로 따지면 서울대 규장각한국학연구원이 훨씬 많은 양을 소장하고 있다.

진찬·진연 의궤류 외에도 국왕 및 왕세자의 혼례의식 절차를 적은 책인『가례도감의궤(嘉禮都監儀軌)』, 국왕 및 후비(后妃)의 상사(喪事)가 났을 때, 습(襲)·염(斂)·성복(成服)·성빈(成殯) 및 혼전(魂殿)의 설치 등과 관련된 의식을 기록한 책인『빈전혼전도감의궤(殯殿魂殿都監儀軌)』, 영녕전(永寧殿)·종묘·사직 및 각 능의 제기를 만들 때 기록한 책인『제기도감의궤(祭器都監儀軌)』 등에도 음식과 관련된 기록과 식기구와 관련된 기록이 나온다. 한국학중앙연구원 조선왕조궁중음식고문헌연구단에서 음식 관련 기록이 많은 의궤류의 목록을 조사한 결과, 총 94종의 의궤류가 선정되었다.

이 의궤류 중에서 조선왕조 궁중음식 관련 핵심자료는 진찬·진연 의궤류가 으뜸이다. 진찬·진연 의궤류의 책은 권수(卷首)·권1·권2·권3으로 구성되는 것이 상례였다. 책의 처음인 권수에는 진찬·진연을 행하는 날짜를 정하는 택일(擇日), 행사 담당 관리들의 서열과 이름을 적은 좌목(座目), 그리고 행사와 관련된 장소와 실제 행사 모습을 그린 도식(圖式) 등이 들어 있다. 이 중 '택일'에는 외진찬(外進饌)·내진찬·야진찬(夜進饌) 등으로 구분하여 일시와 장소를 지정하고, 진찬소·당상·낭청 등도 지정하였다. '도식'에는 진찬반차도(進饌班次圖)·야진찬반차도·익일회작반차도(翌日會酌班次圖)·익일야연반차도·통명전도(通明殿圖)·진찬도·야진찬도·익일회작도·익일야연도·정재도(呈才圖)·채화도(綵花圖)·기용도·의장도·정재의장도·악기도·복식도 등이 포함되었다.

권1에는 왕이 이와 관련하여 내린 명령인 전교(傳敎), 왕이 행사와 관련하여 물은 말에 대한 답인 연설(筵說), 행사에 쓰인 노래가사인 악장(樂章), 임금께 올리는 송덕(頌德)의 글인 치사(致詞), 신하가 임금에게 올린 글인 전문(箋文), 행사의 절차를 적은 의주(儀註), 행사의 운영방법을 적은 절목(節目), 행사에서 결정해야 할 일을 왕에게 올린 글인 계사(啓辭), 행사와 관련하여 부서에서 왕에게 올린 글인 계목(啓目), 행사와 관련하여 관련 부서에서 주고받은 문서인 이문(移文), 상급 관청이나 동급 관청에서 행사와 관련하여 내려 보낸 문서인 내관(來關) 등이 순서대로 실려 있다. 특히 '전교'와 '연설'에는 해당 행사를 베풀게 된 경위와 사정, 그리고 그 준비과정에서 논의되었던 이야기 등이 상세히 기록되어 있다.

권2에는 행사와 관련하여 상관(上官)에게 묻는 글인 품목(稟目), 행사와 관련하여 상급 관서에서 하급 관서로 내리는 글인 감결(甘結), 행사에 쓰인 음식과 식재료를 적은 글인 찬품(饌品), 행사에 쓰인 각종 기물을 그림과 함께 적은 기용(器用), 행사장을 만드는 방법을 적은 수리(修理), 음식을 배치하는 일을 적은 배설(排設), 행사에 쓰이는 일산이나 깃발 따위의 내용을 적은 의장(儀仗), 행사를 호위하는 호위병에 관해 적은 의위(儀衛) 등이 실렸다.

권3에는 행사에 참석한 여러 신하들의 명단을 적은 진작참연제신(進爵參宴諸臣), 왕실의 친인척 명단을 적은 내외빈(內外賓), 참석자의 복식을 기록한 공령(工伶), 행사에 사용되는 악기를 기록한 악기풍물(樂器風物), 행사를 무사히 치르는 데 공로가 있는 사람의 명단과 상의 내용을 적은 상전(賞典), 행사에 소용된 금액을 적은 재용(財用) 등이 수록되어 있다.

그러니 진찬·진연 의궤류는 왕실의 생신 잔치와 관련된 모든 내용이 포함되어 있다고 해도 과언이 아니다. 행사의 절차는 보통 주빈이 왕대비·왕·왕비에게 술이나 차와 함께 음식을 올리는 것으로 진행된다. 술이나 차를 올리는 일을 '진작(進爵)'이라 하는데 5작을 올리는 행사, 7작을 올리는 행사, 그리고 9작을 올리는 행사로 그 규모를 구분한다. 하지만 진찬·진연 의궤에는 각각의 진작에서 구체적으로 어떤 음식이 올랐는지를 상세히 기록하지 않았다. 아울러 '찬품'에서도 음식명과 소용된 식재료의 분량은 기록되어 있지만, 그것의 조리법은 적혀 있지 않다. 따라서 진찬·진연 의궤류를 통해서 왕실 생신 잔치에 마련된 음식의 구체적인 조리법을 알기는 어렵다. 하지만 생신 잔치의 전체 과정을 염두에 두고 연구를 한다면 음악과 춤, 그리고 음식이 한 데 어울려진 조선시대 왕실 잔치의 진면목을 재구성할 수 있다.

4. 음식발기류

음식발기(飮食發記)는 진찬·진연 혹은 각종 제사, 그리고 생신·길례·진지·다례 등에 차려지는 음식물의 목록이나 참석자의 직책과 그들에게 내린 음식상의 종류 등을 적은 문건이다. 한국학중앙연구원 장서각에 총 217건, 경상대학교 고문헌 도서관인 문천각에 재일교포 허영중 씨가 기증한 205점과 「효덕뎐 인명 발기」 1점 등 206점, 그리고 서울대 규장각한국학연구원과 한국궁중음식연구원과 풀무원김치박물관 등에 10여 점이 소장되어 있다. 발기는 각종 의식에 소용되는 물품의 목록과 수량을 적거나 인명을 나열한 것으로서, '불긔, 건긔'로 쓰며, 한자로는 發記, 撥記, 件記 등으로 표현한다. 궁중음식과 관련된 단자는 다례(茶禮) 때 소용된 각종 물품과 음식을 적은 다례단자(茶禮單子)와 진상물품과 인명을 수록한 진상단자(進上單子)가 있다.

음식발기에 쓰인 종이는 그 종류가 매우 다양하다. 그 중에서 「병오졍월초일일담스

다례단ᄌ(병오정월초일일 담사 다례 단자)」라는 제목이 붙은 단자의 경우 저주지(楮注紙)이다. 대한제국 탁지부(度支部)에서 물자수급과 물동계획(物動計畵) 등을 위하여 각종 물자의 자료를 수집·조사한 책인 『탁지준절(度支準折)』에 의하면, 당시 왕실에서는 교서(敎書)·계목(啓目)·계사(啓辭)·관교(官敎)·유지(有旨)·단자(單子)와 같은 문서를 작성할 때 저주지를 사용하도록 규정하고 있다.[10] 주로 궁서체로 작성된 것이 많지만, 부분적으로 한자로 작성된 것도 있다.

현재까지 알려진 '음식발기'는 그 시기에 따라 대체로 다음과 같이 나눌 수 있다. 고종연간에 행해진 각종 행사에 올린 음식의 종류를 적은 것과 참석자에게 내린 음식의 종류를 적은 것, 고종의 국장(國葬)이 이루어진 1919년 이후 만 2년 동안 왕실에서 행해진 상식(上食)에 올린 음식 물목, 그리고 식민지 시기인 이왕직 때 왕실에서 행해진 각종 행사에 오른 음식 물목이나 참석자 명단 및 제공된 음식 종류를 적은 발기 등으로 구분할 수 있다.

한국학중앙연구원 조선왕조궁중음식고문헌연구단의 이지영 교수팀이 작업한 사례를 통해 음식발기의 내용을 소개한다. 문건의 명칭은 「병오칠월이십오일억만세탄일진어상사찬음식발기」이다. 곧 1906년(丙午, 광무 10) 음력 7월 25일 당시 황제였던 고종(高宗, 생몰 1852~1919, 재위 1863~1907)의 55세 탄일에 올린 음식과 손님 및 신하에게 내린 음식을 적은 발기이다. 그것의 원문과 현대역을 도표로 제시하면 다음과 같다.

194

---

[10] 손계영, 「고문서(古文書)에 사용된 종이연구─『탁지준절(度支準折)』을 중심으로─」, 『고문서연구』25권, 2004, 24~25쪽.

표1 「병오칠월이십오일억만세탄일진어상사찬음식발기」 원문 및 현대역

연번	원문			현대역		
	진어상 두상			진어상 2상		
1	다식과	고일척삼촌		다식과	고 1척 3촌	
2	만두과	고팔촌		만두과	고 8촌	
3	홍민화 빅민화 온빅ᄌ숑ᄌ	연사과		홍매화 백매화 온백자송자	연사과	
4	홍세강반 빅세강반 말빅ᄌ	간정		홍세강반 백세강반 말백자	강정	
5	각식졀육			각색 절육		
6	농안 녀지			용안 여지		
7	사당 귤병 각식당			사당 귤병 각색 당		
8	싱니 포도			생리 포도		
9	님금 젹니			능금 적리		
10	승도 산사			승도 산사		
11	사과			사과		
12	셔과			서과		
13	각식다식			각색 다식		
14	각식슉실과			각색 숙실과		
15	각식졍과			각색 정과		
16	산사슈졍과			산사수정과		
17	임ᄌ쑬ᄎ시ᄅ편 녹두ᄎ시ᄅ편 당귀뫼시ᄅ편 빅셜고			임자꿀찰시루편 녹두찰시루편 당귀메시루편 백설고		
18	대조조악 청조악 셕이단ᄌ 밀쌈 국화엽젼			대조조악 청조악 석이단자 밀쌈 국화엽전		
19	약식			약식		
20	연계증			연계증		
21	전복쵸			전복초		
22	느름젹			누름젹		
23	싱션전유ᄋ 회젼			생선전유어 해전		

195

24	양전유ᄋ 간전유ᄋ			양전유어 간전유어	
25	편육 죡슉편			제숙편 제태	
26	뎨슉편 뎨틱			제숙편 제태	
27	각식어치			각색 어채	
28	임ᄌ슈잡탕			임자수잡탕	
29	쵸계탕			초계탕	
30	온면			온면	
31	닝면			냉면	
32	슈단			수단	
33	쳥			청	
34	초장			초장	
35	개ᄌ			개자	
	의친왕 영친왕 슌비마마			의친왕 영친왕 순비마마	고 1척
1	다식과 만두과	연사과		다식과 만두과	연사과
2	홍미화 빅미화 온빅ᄌ숑ᄌ	간졍		홍매화 백매화 온백자송자	간정
3	홍세강반 빅세강반 말빅ᄌ			홍세강반 백세강반 말백자	
4	뇽안 녀지			용안 여지	
5	사당 귤병 각싱당			사당 귤병 각색 당	
6	싱니 포도			생리 포도	
7	님금 젹니			능금 적리	
8	승도 산사			승도 산사	
9	사과			사과	
10	셔과			서과	
11	각식다식			각색 다식	
12	각식슉실과			각색 숙실과	
13	각식뎡과			각색 정과	
14	산사슈졍과			산사수정과	
15	임ᄌ쌀ᄎ시ᄅ편			임자꿀찰시루편	

	녹두ᄎ시ᄅ편 당귀외시ᄅ편 빅설고		녹두찰시루편 당귀메시루편 백설고	
16	대조조악 청조악 셕이단ᄌ 밀쌈 국화엽전		대조조악 청조악 석이단자 밀쌈 국화엽전	
17	약식뎨티		약식	
18	연계증		연계증	
19	전복쵸		전복초	
20	느름젹		누름적	
21	싱션젼유ᄋ 희젼		생선전유어 해선	
22	양젼유ᄋ 간젼유ᄋ		양전유어 간전유어	
23	편육 족숙편		편육 족숙편	
24	뎨숙편 뎨티		제숙편 제태	
25	각식어치		각색 어채	
26	임ᄌ슈잡탕		임자수탕	
27	쵸계탕		초계탕	
28	온면		온면	
29	닝면		냉면	
30	슈단		수단	
31	쳥		청	
32	초장		초장	
33	개ᄌ		개자	
	슌화ᄌ가		순화자가	
	군부인		군부인	
1	유밀과	고팔촌	유밀과	고 8촌
2	각식다식 각식숙실과		각색 다식 각색 숙실과	
3	싱니 닝금 사과 승도 젹니 포도		생리 능금 사과 승도 적리 포도	
4	각식졍과		각색 정과	
5	산사슈졍과		산사수정과	
6	당귀ᄎ시ᄅ편 녹두ᄎ시ᄅ편		당귀찰시루편 녹두찰시루편	

197

	임ㅈ뫼시ㄹ편 대조조악 쳥조악 밀쌈			임자메시루편 대조조악 쳥조악 밀쌈		
7	약식			약식		
8	연계증			연계증		
9	전복쵸 느름젹			전복초 누름적		
10	싱션젼유♀ 양젼유♀ 히젼			생선전유어 양전유어 해전		
11	편육 죡슉편			편육 족숙편		
12	각식어치			온면		
13	임ㅈ슈잡탕			임자수잡탕		
14	닝면			냉면		
15	슈단			슈단		
16	쳥			쳥		
17	쵸장			초장		
18	개ㅈ			개자		
	대신			대신		
	운현보국			운현보국		
	닉외손님기당상일빅삼십상닉			내외손님 기당상 130상 내		
	대겸상삼십상			대겸상 30상		
1	각식편			각색 편		
2	연계증 느름젹			연계증 누름적		
3	싱션젼유♀ 양젼유♀ 간젼유♀			생선전유어 양전유어 간전유어		
4	편육 뎨슉편			편육 제숙편		
5	각식싱실과			각색 생실과		
6	각식정과			각색 정과		
7	산사슈정과			산사수정과		
8	잡탕			잡탕		
9	닝면			냉면		
10	슈단			수단		
11	쳥			쳥		
12	쵸장			초장		
13	개ㅈ			개자		
	궁닉인			궁내인		
	공ㅅ텽			공사청		

1	각식편		각색 편	
2	연계증 / 느름젹		연계증 / 누름적	
3	젼유오 / 편육		전유어 / 편육	
4	각식싱실과		각색 생실과	
5	탕합		탕합	
6	닝면		냉면	
7	졍과		정과	
8	슈졍과		수정과	
9	쳥		청	
10	쵸장		초장	
11	개주		개자	
	기로소당상	외상십오상	기로소 당상	
	기로소비셔장	외상일	기로소 비서장	
	대겸상	삼십상	대겸상	
	졍원		정원	
	옥당		옥당	
	닉각		내각	
	츈방		춘방	
	계방		계방	
	의친왕부		의친왕부	
	영친왕부		영친왕부	
	좌시어	각대겸상일	좌시어	각 대겸상 1
	우시어		우시어	
	시종		시종	
	의정부		의정부	
	궁닉부		궁내부	
	시비죵부		시배종부	
	경위국		경위국	
	경무청문안관니		경무청 문안 관리	
	군딕문안쟝관	대겸상삼	군대문안장관	대겸상 3
	호위딕영위관	대겸상일	호위대 영 위관	대겸상 1
	의관	대겸상이	의관	대겸상 2
	전무과	대겸상일	전무과	대겸상 1
	월앙	대겸상이	월랑	대겸상 2
	겸장번	대겸상일	겸당번	대겸상 1
	등쵹주비 / 대뎐당방	왜반기면합	겸당번	각 왜반기면합
	수알 / 수약	각 대겸상삼	겸당번	각 중쟁반기면합
	별감	각 대징반기	등촉자비	각 대쟁반기

별감 가셜별감	각 대징반기면합	등촉자비 가설 별감	각 대쟁반기면합
일산ᄉ지	왜반기 면합	일산사지	왜반기 면합
원역	대징반기 면합	원역	대쟁반기 면합
태ᄌ궁당방	왜반기 면합	태자궁 장방	왜반기 면합
사약	왜반기 면합	사약	왜반기 면합
별감 원역	대징반기 면합	별감 원역	각 대쟁반기 면합
일산ᄉ지	왜반기	일산사지	왜반기 면합
영친왕궁승봉이하 경션궁당방 원역	각 왜반기 면합	영친왕궁 승봉 이하냉면 경선궁 장방 원역	각 왜반기 면합
각감청	대징반기 면합	각감청	대쟁반기 면합
하쇽	목판기 면이동히	하속	목판기 면 2동이
고직	왜반기	고직	왜반기
근장군ᄉ	왜반기 면합	근장군사	왜반기 면합
근장군ᄉ	왜반기	급수군	왜반기
기로쇼슈직관둘	각 외상	기로소 수직관 2	각 외상
전무관둘	각 외상	전무관 2	각 외상
약방 녹ᄉ	겸상	약방 녹사	겸상
셔리	왜반기 면합	서리	왜반기 면합
ᄉ령 군ᄉ	각 왜반기	사령 군사	각 왜반기
화쵸태장	각 왜반기 면합	화초패장	각 왜반기 면합
딕이		지기	
화동이	징반기 면합	화동이	쟁반긔 면합
쇼셜군	목판기 면이동히	소설군	목판기 면 2동이
동직이 녹직이	각 왜반기 면합	등지기 녹지기	각 왜반기 면합
통장 하인	각 왜반기 면합	통장 하인	각 왜반기 면합

	빅독	각 징반기 면합	배독	각 쟁반기 면합
	봉독		봉독	
7	뇌되령셔리	각 왜반기 면합	내대령 서리	각 왜반기 면합
8	별고고직		별고 고직	
9	별군관	되징반기이 면이동히	별군관	대쟁반기 2 면 2동이
10	경무관	징반기 면합	경무관	쟁반기 면합
11	충슌	각 대징반기 면합	총순	각 대쟁반기 면합
12	신문계충슌		신문계 총순	
13	슌검이번	각 대목판기스 번십뉵동히	순검 2번	각 대목판기 4 면 16동이
14	신문계슌검		신문계 순겁	
15	별검	징반기 면합	별검	쟁반기 면합
16	충찬위	왜반기 면합	충찬위	왜반기 면합
17	무예청	목판기이 면오동히	무예청	목판기 2 면 5동이
18	문긔슈	왜반기 면합	문기수	왜반기 면합
	뇌마구	징반기 면합	내마구	쟁반기 면합
	시비종부하ᄉ	징반기 면일동히	시배종부하사	쟁반기 면 1동이
	입직영관	면징반기 면둥합합	입직 영관	쟁반기 면중합
	대안문		대안문	
	위관	왜반기 면합	위관	왜반기 면합
	병정	대목판기이 면팔동히	병정	대목판기 2 면 8동이
	평성문		평성문	
	위관	왜반기 면합	위관	
	병정	대목판기이 면팔동히	병정	대목판기 2 면 8동이
	포덕문		포덕문	
	위관	왜반기 면합	위관	왜반기 면합
	병정	대목판기이 면팔동히	병정	대목판기 2 면 8동이
	싱양문포딕		생양문 포대	
	위관	왜반기 면합	위관	왜반기 면합

	병정	대징반기 일 면두동히
	헌병	왜반기 면합
영성문		
	위관	왜반기 면합
	병정	목판기일 면ㅅ동히
북영		
	위관	왜반기 면합
	병정	목판기일 면ㅅ동히
남영		
	위관	왜반기 면합
	병정	목판기일 면ㅅ동히
동영		
	위관	왜반기 면합
	병정	대목판기이 면팔동히
서영		
	위관	왜반기 면합
	병정	딕징반기일 면이동히
숙위쇼		
	위관	징반기 면대합
	병정	대목판기뉵 면이십일동히
환벽정		
	위관	왜반기 면합
	병정	딕징반기일 면두동히
구성헌		
	위관	왜반기 면합
	병정	딕징반기일 면두동히

	병정	대쟁반기 1 면 2동이
	헌병	왜반기 면합
영성문		
	위관	목판기 2 면
	병정	목판기 1 면 4동이
북영		
	위관	왜반기 면합
	병정	목판기 1 면 4동이
남영		
	위관	왜반기 면합
	병정	목판기 1 면 4동이
동영		
	위관	왜반기 면합
	병정	목판기 1 면 4동이
서영		
	위관	왜반기 면합
	병정	대쟁반기 1 면 2동이
숙위소		
	위관	쟁반기 면대합
	병정	대목판기 6 면 21동이
환벽정		
	위관	왜반기 면합
	병정	대쟁반기 1 면 2동이
구성헌		
	위관	왜반기 면합
	병정	대쟁반기 1 면 2동이

202

203

슈옥헌		수옥헌	
위관	왜반기 면합	위관	왜반기 면합
병정	왜반기 면즁합	병정	왜반기 면중합
호위ᄃᆡ군관	대졍반기 면합	호위대 군관	대쟁반기 면합
국출신	대목판기일 면두동히	국출신	대목판기 1 면 2동이
셔픠이하	대졍반기 면일동히	서패 이하	대쟁반기 면 1동이
근장군ᄉ	졍반기 며합	근장군사	쟁반기 면합
화원호위군관이하	졍반기 면합	화원 호위군관 이하	쟁반기 면합
구셩헌감동윤용식	왜반기 면합	구성헌 감동 윤용식	왜반기 면합
보이	졍반기 면합	보이	쟁반기 면합
문화각보이	졍반기 면합	문화각보이	쟁반기 면합
요리소화부인가보이	졍반기 면합	요리소 화부인가 보이	쟁반기 면합
졍관헌감동이하 / 뎐각슈란노긔감이하	각 왜반기 면합	정관헌 감동 이하 / 전각수란노기감 이하	각 왜반기 면합
궁ᄂᆡ인	왜반기이십	궁내인	왜반기 20
유모	왜반기십오	유모	왜반기 15
젼악 / 악ᄉ	졍반기 면대합	전악 / 악사	쟁반기 2 면대합
녀령	졍반기삼 면대합이	여령	쟁반기 3 면대합 2
악공	대목판기	악공	대목판기
녀령픠장 / 녕솔인	각 왜반기 면합	여령 패장 / 영솔인	각 왜반기 면합
ᄂᆡ취	졍반기 면듕합	내취	쟁반기 면중합
경효면뎨죠ᄉ원	각외상	경효전 제조 4원	각 외상
영일원 / ᄉ승삼원	각 외상	영 1원 / 사승 3원	각 외상
댱방 / 진셜ᄌᆞ비	각 대졍반기 면합	장방 / 진설자비	대쟁반기 면합
별감	왜반기 면합	별감	왜반기 면합

원역	징반기 면합			원역	쟁반기 면합	
슈복	대징반기 일 면두동ᄒᆞ			수복	대쟁반기 면합	
죠라적	왜반기 면합			조라적	왜반기 면합	
의효뎐향관	외상			의효전 향관	외상	
참봉이	겸상삼			참봉이	겸상 3	
충의ㅅ				충의사		
댱방	각 대징반기일 면합			장방	각 대쟁반기 1 면합	
진셜ㅈ비				진설자비		
별감	왜반기 면합			별감	왜반기 면합	
원역	징반기 면합			원역	쟁반기 면합	
슈복	징반기 면합			수복	쟁반기 면합	
죠라적	징반기 면합			조라적	왜반기 면합	
진뎐슈궁				진전 수궁		
상직	각 왜반기 면합			상직	각 왜반기 면합	
슈복				수복		
죠라적	왜반기			조라적	왜반기	
북궐				북궐		
총슌	왜반기			총순	왜반기	
슌검이번	대징반기이			순검 2번	대쟁반기 2	
곤녕합상직ᄂᆡ관	징반기일			곤령합 상직 내관	쟁반기 1	
호위ᄃᆡ군관이하	징반기일			호위대 군관 이하	쟁반기 1	
교티뎐 동산직이	왜반기일			교태전 동산지기	왜반기 1	

이와 같이 음식발기는 고종·순종 연간과 이왕직 시기에 행해진 각종 음식 행사에서 차려진 음식의 종류와 그것을 그릇에 담아 상에 올릴 때 음식의 높이, 그리고 참석 자에게 제공한 음식의 종류가 기록되어 있기 때문에 매우 흥미있는 자료라고 할 수 있다. 특히 개항기 이후 외국 외교관들이 황실을 왕래하였고, 한일강제병합 이후에는 이왕직으로 왕실이 격하되었기 때문에 그 시기에 차려진 음식의 면모를 가늠할 수 있다는 특징을 지닌다.

5. 기타류(등록기록류, 정례류, 의례진설도류, 의서류)

이외에도 조선왕조 궁중음식의 면모를 살필 수 있는 자료는 많다. 관청에서 조치하여 행한 일이나 사실 가운데 중요한 것을 주무 관서에서 그대로 기록하여 만든 책인 등록(謄錄)에도 음식 관련 자료가 간혹 나온다. 1764년(영조 40)에 영조의 후궁이자 사도세자(思悼世子)의 생모인 영빈이씨(暎嬪李氏)의 신주를 봉안한 묘사(廟祠)인 선희궁(宣禧宮)에서 행해진 별다례(別茶禮用) 때 사용된 제물품목(祭物品目)을 적은 『별다례등록(別茶禮謄錄)』이 하나의 사례다. 제물에 올라간 음식의 진설도와 음식명, 그리고 식재료가 기록되어 있다.

정례(定例)는 일정한 규례(規例)을 의미한다. '정례'라는 이름이 붙은 책도 그러하다. 가령 『탁지정례(度支定例)』는 호조에서 왕실의 각 궁(宮)과 전(殿), 그리고 중앙 각 사(司) 등에서 확보한 재정 수입과 지출의 규모를 규정한 책이다. 조선 후기 중앙 재정의 구조를 살피는 데 기본이 되는 자료이다. 이 책에 궁과 전에서 소용하는 물품들의 규정이 나오고, 그 중에 제공된 식재료의 규정도 나온다. 『탁지정례』가 궁과 전에서 소용되는 물품 규정이라면, 『공선정례(貢膳定例)』는 정조 때 지방에서 왕실에 바치는 식재료와 음식의 규정을 정리한 책이다. 구체적인 식재료의 이름과 생산 및 공물 공급처 등을 알 수 있는 자료이다.

이외에도 궁중의 각종 의례에서 음식을 차리는 그림을 그려둔 의례진설도류가 있다. 한국학중앙연구원 장서각에서 소장하고 있는 『설찬도』, 『제향홀기급진설도원고(祭享笏記及陳設圖原稿)』, 『진설도(陳設圖)』 같은 자료가 그것이다.

마지막으로 의서류가 있다. 하지만 의서류의 경우, 내의원에서 편찬한 책에 한정할 필요가 있다. 가령 『내의원식례(內醫院式例)』, 『납약증치방(臘藥症治方)』, 『약방등록(藥方謄錄)』 등이 관련 자료이다. 다만 한국한의학연구원에서 영인작업을 하고 있는 의서류는 궁중과의 관계에서 긴밀성을 별도로 살펴보아야 한다.

궁중음식에 사용된 그릇

방병선(고려대학교)

1. 머리말

조선시대 음식기명(器皿)의 핵심은 도기와 자기, 즉 도자기였다. 유사 이래 최고의 가치와 가격을 지닌 금은기를 비롯해서 유기와 칠기, 목기 등도 사용되었지만 광범위하게 사용된 그릇은 도자기였다. 그 이유는 금은기와 유기에 비해 훨씬 저렴한 제작비와 대량 생산이 가능하면서도 칠기와 목기보다 내구성이 뛰어나고 장식에 있어서 품격과 권위에 마땅하였기 때문이다. 또한 불과 물, 나무와 금속, 흙을 주로 하는 도자기는 음식기명의 가장 핵심적인 인체에 전혀 해가 없다는 점에서 더욱 그러하다.

이러한 조선 도자에는 조선 사대부와 왕실이 지향했던 완벽을 드러내지 않는 절제와 품격, 자유분방함이 살아 숨쉰다. 이것은 또한 조선의 힘이요, 조선인의 삶과 꿈, 그리고 자랑이었다. 세계 어디나 왕실 사용 그릇은 그 나라와 시대를 대표하는 최고의 그릇이다. 기술적인 완성도에서, 문양과 기형, 색상에서 풍기는 품격에서, 사용자의 미감을 드러내는 시침같은 역할을 하였다.

조선시대 왕실 사용 그릇 역시 조선 왕실의 미적 취향뿐 아니라 시대정신을 잘 보여준다. 조선백자는 순백의 바탕에 최소한의 문양 장식으로 검박함을 풍기지만 그릇 주위의 가구와 환경에 적합한 기능과 미적 완성도를 골고루 갖추고 있다. 특히 일상적으로 접하는 음식기명은 기능에 충실하면서도 음식과 함께 격조 있는 미적 분위기를 지니고 있어야 하므로 조선 왕실의 그릇다운 면모를 가장 잘 보여준다고 하겠다. 이러한 미적 취향은 시대에 따라 변해서 곧 기형이나 문양의 변화에도 영향을 미칠 수밖에 없으며 명이나 청과 같은 중국의 기명들에도 영향을 받은 것으로 보인다.

여기서는 이러한 조선시대 도자의 전체적 흐름 안에서 조선의 왕실용 음식기명의 종류와 용도, 제작, 양식적 특징 등에 대해 살펴보고자 한다.

2. 조선 왕실이 택한 그릇 - 조선 백자와 분청사기

통상적으로 그릇이란 실용적인 목적과 장식 욕구에 따라 제작되고 사용되었다. 그러나 시간이 흐르면서 그릇이 지닌 상징적 의미에 더 무게를 두게 되었다.

특히 신분제 사회의 경우 그릇의 재질과 장식, 형태가 바로 신분을 드러내는 중요한 요소가 되었다.

고려시대 왕실의 그릇은 청자였다. 중국에서 기술을 도입하여 제작되었지만 세계에 유례없는 비색과 상감 기법, 다양한 문양과 상형청자 등은 고려 왕실과 귀족들의 총애를 한 몸에 받으며 일세를 풍미하였다. 특히 차문화가 발달했던 고려시대에는 청자다완을 비롯해서 청자잔과 접시, 주병과 주자, 합과 발 등 다양한 음식기명이 제작되었다. 음식의 가짓수에서 조선시대에 비해 적고 기종도 다양하지 않지만 비색과 상감, 다양한 음양각과 철화, 동화 기법 등이 적용된 다양한 음식기명등이 청자로 제작되었다. 숟가락과 발우 같은 일부 은기와 금속기를 제외하고 대부분 음식기명은 청자가 주를 이루었다. 도기 역시 음식 저장용기로 왕공 귀족이 아닌 중서인들이 즐겨 사용하였다.

그러나 해가 차면 기울듯 고려 왕실은 사치와 향락에 젖으면서 민중과 유리되었고 불교 사상도 더 이상 고려의 사상계를 이끌고 나가기에는 역부족이었다. 여기에 남으로 왜구의 발호와 북으로 원·명 교체기의 중국 사정과 맞물리면서 고려는 신진 사대부들이 주축이 된 조선에 그 500년 자리를 넘겨주었다.

조선이 개국하자마자 그릇이 바뀐 것은 아니었다. 일단 관공서와 왕실에서는 고려청자에 뿌리를 둔 분청사기를 사용하였다. 여러 관공서와 왕실용 그릇으로 분청사기가 사용되었는데 완과 발, 잔, 주병, 장군, 접시 등이 음식기명의 주를 이루었다. 장흥고,

207

예빈시, 내섬시와 같은 관청과 인수부, 공안부 등의 왕실 기구의 명문이 적힌 분청사기 등이 전국적으로 제작되었다.

그러나 이는 일시적인 것이었고 조선은 여러 제례와 실생활에서 고려와는 다른 그릇을 사용할 필요를 느꼈다. 화려한 장식과 색상을 자랑하는 청자보다는 사대부들의 검소함을 드러낼 그릇이 필요했던 것이다. 여기에 당시 조선의 문물 제도에 영향을 미쳤던 명이 경덕진(景德鎭)에 어기창(御器廠)을 설치하고 황실 전용 백자를 생산한 것은 세계 도자의 흐름이 청자에서 백자로, 조각칼에 의한 장식보다는 붓을 사용하는 회화 세계로 바뀌고 있음을 예고하는 것이었다. 조선의 왕실과 사대부들은 명의 백자를 받아들여 새로운 백자에 대한 호기심과 동경을 현실로 옮기고자 노력하였던 것으로 보인다. 또한 고려 백자보다 강도가 높아 실용적인 면에서 강점을 지닌 백자에 눈길을 두지 않을 수 없었을 것이다.

2.1. 고려 백자에서 조선 백자로

고려시대에도 백자는 제작되었다. 고려시대가 청자의 전성기이긴 해도 초기 요지인 용인을 비롯한 부안이나 강진 등에서 백자를 꾸준히 만들었다. 아무 문양이 없는 소문백자에서 음각 및 상형백자를 비롯해 상감청자 전성기에는 상감백자도 제작하였다.

조선이 개국 직후에 사용한 그릇들은 주로 분청사기였다. 따라서 태조 이후로 일정 기간 동안 분청사기가 대전(大殿)을 비롯한 각 관서에서 공사용(公私用)의 그릇으로 사용된 것으로 보인다. 『태종실록(太宗實錄)』을 보면 태종 7년(1407) 성석린(成石璘)의 상소에 사치와 향락을 사대부와 왕실의 표본이라 생각지 않았던 조선 사대부답게 금은기(金銀器) 대신 사기와 칠기를 사용할 것을 건의하고 있다. 이는 건국 초 나라의 기틀을 올곧게 다져가기 위한 사대부의 표본을 그릇에서부터 찾으려는 것으로 당연한 것으로 여겨진다. 이후의 사료에도 금은기 대신 사기나 목기, 칠기를 사용해야 한다는 건의가 왕왕 보이며 사기 사용의 중요성은 계속 강조된 것으로 여겨진다. 물론 이런 건의가 나오게 된 배경에는 당시 명나라가 조선에 요구했던 과도한 금은 상납과 제작비용의 차이 등 정치경제적 요인도 작용했을 것으로 보인다.

조선 개국 초기에는 각 사에서 사용하는 자기의 공납과 수납 과정에서 적지 않은 폐해가 발생하였다. 또한 관용 자기의 수납을 호조(戶曹)에서 관장하였으며, 아직 자기에 대한 관영 수공업 체제가 뿌리내리지 못하고 있었다.

태종 17년에는 화기(花器)의 진공이 불편하여 상납에 대한 특별한 교지가 없는 한 진상을 폐지토록 하였다는 기록이 보이는데, 여기서 화기는 단단하고 치밀한 인화문(印花紋) 분청사기로 추정되어 아직은 백자가 진상품으로 자리잡지 못했던 것으로 보인다. 자기 수납상의 문제점과 더불어 『세종실록(世宗實錄)』을 보면 세종 3년(1421)에는 견고하고 치밀한 그릇을 제대로 만들어내지 못한 장인에 대한 관리와 그릇의 품질 향상을 위해 기명(器皿)에 장인의 이름을 써넣도록 조치하였다. 이러한 일련의 기록들은 아직 조선의 자기 수공업이 본격적인 관영 수공업으로 자리잡지 못했음을 의미하며, 그 과정에서 발생하는 여러 문제점들을 해결하기 위해 다방면의 노력을 기울였음을 알 수 있다.

그런데 위의 기록들과 남아 있는 유물이나 가마터의 상황으로 볼 때 경기도 광주 일대를 비롯해서 충청도와 전라도, 경상도 등지에서 다양한 기법을 사용한 분청사기 음식기들이 제작되었다. 상감기법이나 박지기법뿐 아니라 백토 분장 후에 국화문양 도장을 찍은 후 백토를 긁어내는 인화문 기법과 백토 분장 후에 철화 안료로 그림을 그리는 철화기법, 백토 분장만을 커다란 붓으로 하는 귀얄기법, 백토에 그대로 담 갔다 빼는 덤벙 기법이 완과 사발, 종자, 접시, 주자, 잔 등에 다양하게 장식되었다. 국화문과 당초문, 기하문, 연화문, 모란문, 어문 등이 파격적인 구도와 배치로 자리하였다. 이들 분청사기 음식기는 조선 초기 왕실과 사대부가뿐 아니라 전국적인 수요 계층을 지니고 있었던 것으로 보인다.

2.2 조선백자의 탄생

조선시대 그릇이 조선다워진 데에는 무엇보다 세종대왕의 공헌을 빼놓을 수 없다. 세종은 부왕인 태종의 강력한 왕권 구축에 힘입어 명의 제도와 문물을 수용하면서도 조선의 풍토와 조선 사람에게 어울리는 것이 무엇인가를 찾기 위해 전심전력을 기울였다. 이는 그릇에 있어서도 마찬가지였는데, 국초부터 명에서는 청화백자를 비롯한 많은 백자가 유입되었지만 조선에서 생산할 수 있는 새로운 그릇을 어기(御器)로 삼기 위해서는 많은 자료가 필요했다. 이를 위해서는 전국적인 도자기의 '데이터베이스' 구축이 선결 과제로 떠올랐음은 쉽게 예측할 수 있다. 여기서 『세종실록(世宗實錄)』「지리지」의 기록이 오늘날 전해오고 있음은 큰 다행이라 할 수 있다. 세종 6년(1424)부터 자료를 모아 세종 14년(1432)에 완성된 「지리지」는 이후 단종 2년(1454)에 간행되어 그 빛을 보았다.

『세종실록』「지리지」의 도자기 부분을 살펴보면, 우선 자기소(磁器所)와 도기소(陶器所)가 등장한다. 전국을 8도로 나누고 자기소와 도기소로 구분한 후 도자기의 품질에 따라 상·중·하로 구분하였다. 상·중·하의 분별 기준은 품질과 생산량, 생산 시설 등을 고려해서 정한 것으로 여겨진다. 자기와 도기 중 백자와 분청사기는 물론 자기이지만 품질이 떨어지는 분청사기는 간혹 도기로 분류되었으며, 옹기와 질그릇 등도 도기로 분류되지 않았나 추정된다.

지역별로 살펴보면 경기도가 자기소 14곳, 도기소 20곳이며, 충청도가 자기소 23곳, 도기소 38곳, 경상도가 자기소가 37곳으로 가장 많은 수를 차지하며 도기소가 34곳에 이른다. 전라도는 자기소 31곳에 도기소는 가장 많은 39곳에 이른다. 그 밖에 강원, 황해, 평안, 함길도에도 자기소와 도기소가 존재하나 그 수는 미미하다. 그런데 이 중에서도 우리의 관심을 끄는 것은 상품 자기소다. 상품 자기소는 경기도 광주가 1곳, 경상도 고령 1곳, 상주 2곳으로 전국에 걸쳐 4곳에 불과하다. 이들 지역에서는 백자는 물론이고 견고한 분청사기도 채집되고 있어서 당시 상품은 백자와 정제가 잘된 분청사기를 총칭했던 것으로 보인다. 특히 이들 지역은 일단 왕실의 음식기명을 생산하는 사옹원 분원의 후보지로 떠올랐을 가능성이 크다. 그 중에서도 사옹원 본원에서 가깝고 우수한 백토가 산출되며 수운(水運)이 편리한 곳은 경기도 광주였다. 이곳은 훗날 분원(分院)의 땔감처로 지정되어 매 10년에 한 번씩 분원 이동의 본거지가 되었다.

위와 같은 전국적인 자기와 도기 생산 여건에 대한 조사가 진행된 후 세종은 왕실 그릇으로 백자를 선택하였고 품격에 맞는 고질의 정제가 잘 된 백자 생산을 요구했던 것이다. 후대 기록인 성현(成俔)(1439-1504)의 『용재총화(慵齋叢話)』에 의하면 세종 연간에 어기를 백자로 바꾸었다. 덧붙여 이러한 결정에는 그간 조선 조정에 유입된 중국 백자도 영향을 미쳤을 것으로 보인다. 여기에는 명 사신에 의한 경우도 있었지만 지금의 오끼나와인 유구(琉球)와 일본을 통한 중국자기의 조선전래도 있었다.

위와 같은 점을 고려하면 결국 세종 연간은 조선백자의 기틀이 마련된 중요한 시기였다. 이후 음식기명 역시 백자와 청화백자가 주를 이루며 조선 전 시기를 풍미하게 되었다.

211

3. 조선 음식기명의 변천

3.1 조선 전기: 백자와 청자, 그리고 분청사기

3.1.1 15세기

조선은 세종과 세조 연간을 거치면서 왕실에서 사용할 그릇으로 백자를 선택하고 이를 생산할 방안을 강구하게 되었다. 우선 왕실의 음식을 담당했던 사옹원 관할의 관영수공업 체제로 남겨두되 생산 가마를 어떻게 할 것인지가 논의 대상이 되었다. 고려시대와 달리 금은동기보다는 자기를 주 그릇으로 사용함에 따라 자기 그릇의 사용량은 이전에 비해 증대되었고 중국으로부터 유입되던 청화백자의 원활한 생산을 위해서도 국가에서 직접 관할하는 자기 공장이 필요하게 된 것이다. 이런 배경하에 사옹원에 분원이 설치되고 종친들을 중심으로 운영에 간여하게 되었다.

15세기는 아직 분원의 생산체제가 자리잡지 못하고 그 생산량도 많지 않았던 것으로 보인다. 더욱이 청화백자는 생산량이 미미해서 본격적인 청화백자의 생산은 16세기에 접어들면서 더욱 활발하게 진행되었다. 아무 문양이 없는 백자와 음각이나 양각백자, 고려시대 상감기법을 사용한 상감백자, 분청사기 등이 왕실용 음식기명의 주를 이루었다. 기형으로는 옥호춘(玉壺春)이라 불리는, 구연부가 밖으로 벌어지고 목이 짧으며 배가 통통한 형태의 백자 주병과 구연부가 밖으로 벌어진 완과 발, 잔 등이 남아 있으며 접시는 높이가 낮고 테두리가 밖으로 넓게 벌어진 형태가 남아 있다. 청화백자로는 주병과 잔, 완 정도만이 남아 있다. 문양은 연당초문과 매화문, 당초문, 죽문 등이 장식되었다.

한편 세조 13년(1467) 이후 성립된 사옹원 분원은 음식기명의 생산을 맡았다. 당시 사옹원을 운영하는 도제조(都提調)와 제조(提調), 제거(提擧) 등의 중요 직책은 조정 대신과 종친들이 도맡았다. 그런데 그 안을 찬찬히 들여다보면 사실상 종친들의 입김이 상대적으로 크게 작용한 것을 알 수 있다. 즉 최고 책임자인 도제조는 영의정이 겸임하였으나 왕자와 대군도 그 역을 맡을 수 있었다. 다음 직급인 제조는 4인인데 문관이 겸임하고 나머지 3인은 종친이었다. 여기에 부제조 5인은 도승지가 겸임하고 역시 나머지는 종친이 맡도록 되어 있으니 이는 누가 봐도 사옹원 경영에 종친들의 입김이 강하게 작용하도록 한 체제로 볼 수밖에 없다.

이러한 이유로 관영수공업 체제 아래서 생산된 분원백자는 당연히 왕실의 미적 취향이 반영될 뿐 아니라 경제적 이권의 한 대상으로 여겨졌던 것이다. 따라서 사옹원 도제조와 제조를 왕실 측근 중의 측근들이 차지했던 것은 당연한 일이다.[1]

이는 환관이나 내무부 관료가 책임을 도맡았던 중국 경덕진 어기창과도 구별되는 것으로 조선 왕실이 왕실식기 제조를 얼마나 소중하게 생각했었는가를 알게 해 주는 것이다.

212

---

[1] 송수환, 「조선전기의 사옹원(司饔院)」 『한국사학보(韓國史學報)』 3·4호 (고려사학회, 1998.3), p.133.

분원은 본원인 사옹원의 관리와 분원의 실무 책임자, 장인 등으로 구성되어 있다. 사옹원의 관리는 최고 책임자인 도제조와 제조, 부제조, 제거, 부제거 등이 있으며 사실상 실무 책임은 종 8품인 봉사(낭청, 혹은 번조관으로도 불림)가 맡았다. 낭청인 봉사는 매년 2월이면 분원으로 내려가 작업 시작을 명하고 원료를 굴취할 때 해당 지역으로 파견되어 그 원료의 품질을 확인하며 굴취를 감독하기도 한다. 또한 분원 가마에서 최종적으로 불을 땔 때 잘 구워졌는지 확인하여 그릇을 선별해서 서울 사옹원 본원으로 운송하는 일을 감독하게 된다. 조선시대에는 고려시대 향, 소, 부곡이라는 특수한 생산단지를 통한 수공업 제품의 수급 대신에 중앙의 관청과 각 군현에서 이를 담당하였다. 업종에 있어서도 조선시대 수공업은 고려시대와 비교하면 훨씬 분업화되었고 인력과 생산 규모에서도 엄청나게 확대되었다. 1485년 완성된 『경국대전(經國大典)』에 의하면 사옹원 사기장(沙器匠)은 380명으로 가장 많은 수를 차지하고 있었다. 또한 이들 직종은 대개 당시 민간수공업의 직종과 유사하였으며 그 수가 고려시대에 비해 증가한 것은 분업화된 민간수공업의 업종들을 관청수공업에서 흡수하였기 때문이다. 장인 중에는 각 공정을 종합 감독하고 제작하는 우두머리인 변수(邊首)가 있으며 그 아래 각 공정별로 장인들이 배치되었다.

음식기명 역시 위와 같은 생산체제하에서 제작되었으며 수요층들의 미감을 반영한 형태와 문양이 장식되었다. 그러나 조선 후기만큼 반상기를 이룰 정도로 다양하지는 않았으며 완과 발, 잔 등이 대부분을 이루었다.

3.1.2 16세기

16세기에는 다양한 문양의 청화백자와 음·양각 백자들이 생산되었다. 반면 분청사기는 점차 생산량도 감소하고 왕실에서 더 이상 음식기명으로 사용되지는 않았던 것으로 보인다. 반면 중국에서 수입한 코발트 안료, 즉 회회청(回回靑)을 사용하는 청화백자는 매우 귀한 것이었지만 이전보다 생산이 증가하였다. 특히 운룡문과 화조문이 그려진 몇몇 주병들은 왕실용으로 사용되었을 가능성이 크며 기형은 옥호춘 형태를 유지하고 있었다. 청화백자에는 위 문양뿐 아니라 당초문과 매화문, 매죽문 등이 시문되었다. 또한 명종 10년(1555)에 편찬된 『경국대전주해(經國大典註解)』에 나오듯이 당시 왕과 왕세자의 그릇은 각기 백자와 청자로 그 재질이 달라서 청자 음식기명이 제작되었음을 알 수 있다. 조선청자는 조선시대 제작된 청자로 고려청자와 유사한 것도 있지만 이와 달리 백자용 태토에 유약은 청자용 유약을 사용한 것을 지칭한 것으로 여겨진다. 기종은 완과 발, 접시, 잔, 주병 등이 대종을 이루었다.

한편 연산군대(1494-1506)에 이르면 연산군의 실정과 사치 풍조 등에 따라 분원을 비롯한 관영 수공업 체제에 약간 혼돈이 생긴다. 연산군은 여러 사화(士禍)를 거치면서 초기의 영민함은 사라지고 점차 개인적인 사치와 향락에 빠져들었다. 빈번한 연회와 여기에 필요한 호화스런 의복 등 왕실 공예품의 주문 물량이 늘어나면서 관청 장인들의 힘만으로 이를 충족시키기에 부족하게 되어 사영 수공업자들의 힘을 빌리지 않으면 안 되었다. 궁중에서 사용하는 물품 생산을 위해 민간 수공업에 종사하는 장인들인 사장(私匠)까지 동원되었으며, 과다한 생산 주문에 따라 관영 장인들의 이탈 현상도 나타났다.

214

『중종실록(中宗實錄)』을 비롯한 16세기 중반의 중종 연간 기록들을 보면 사기장의 이탈을 방지하기 위해 사기장의 세습을 법제화하였다.[2]

이는 아마도 연산군대부터 비롯된 관영 수공업 체제의 일시적인 붕괴와 연관지을 수 있을 것이다. 그러나 한편으로는 사치 풍조의 만연과 중국 자기의 수입 급증에 힘입어 전대에 비해 백자의 수요층이 증가하였고 수요 분포가 확대되었다. 이는 단순히 왕실이나 서울의 사대부가뿐만 아니라 지방까지 분원 백자를 향유하고자 하는 사람들이 확산되었음을 입증하는 것이다.

조선 전기에 제작된 분원 자기의 굽에는 '내용'(內用), '견양'(見樣)이나 '천'(天), '지'(地), '현'(玄), '황'(黃)의 글자를 한 자씩 음각한 것이 발견된다. 궁중에서 사용한다

② 『대전후속록』 권6 「공전」 공장조: "司甕院沙器匠子枝 毋定他役 世傳其業."

는 뜻인 '내용'과 왕실 공예품의 견본이라는 '견양'은 각각 대전(大殿)에서 사용하던 것임을 의미하며 특히 '天', '地', '鉉', '黃'은 경복궁 내 창고를 지칭하는 것으로 여겨진다. 이보다 늦은 시기에는 '별'(別), '좌'(左), '우'(右) 명도 발견되는데 '別'은 별번(別燔), 즉 원래 진상할 기명 이외에 왕실의 행사 때 별도로 제작하는 그릇에 표기된 것으로 보이며 '左'와 '右' 명은 좌우로 나누어 분원을 관리했다는 성현(成俔)의 『용재총화(慵齋叢話)』의 기록으로 보아 분원 가마를 좌우 두 부류로 나눈 것을 의미한다고 봐야 할 것 같다.

또한 조선시대 문헌 기록에는 갑번(匣燔)과 상번(常燔), 예번(例燔), 갑기(甲器)와 상기(常器) 등이 등장한다. 연례적으로 진상할 기명을 굽는 것은 예번에 속하는데 예번 중에도 갑발 안에 넣고 굽는 갑번과 그렇지 않은 상번이 있다. 대개 시대에 따라 갑번과 상번의 비율이 다르므로 일률적으로 예번이 어떠한 그릇이라고 이야기하기는 어렵다. 이에 비해 별번(別燔)은 예번 그릇 이외에 추가로 제작하는 것으로 대개 왕실의 가례나 연회에 사용하는 경우가 많기 때문에 갑발에 넣어 굽는 갑번이 주를 이루었다. 또한 그릇의 품질에 따라 갑기와 상기로 나뉘는데 이는 상품과 하품의 의미로 사용되었다. 조선 전기의 대표적인 가마터로는 경기도 광주의 번천리, 우산리, 도수리, 도마리, 무갑리, 곤지암리, 관음리, 정지리 등이 있다.

3.2. 조선 후기: 청화백자 전성시대

다른 수공업들이 대부분 양란을 전후로 관영 수공업의 형태에서 벗어나 민영화의 길에 들어선 것과 달리, 분원은 왕실식기 제조라는 임무 때문인지 겉으로는 관영의 형태를 그대로 유지하였다. 그러나 내부적으로는 많은 변화를 겪었다. 신분제의 변화에 따라 장인의 모집은 부역제에서 사실상 전속 고용제로 바뀌었고, 특히 숙종대에 원료를 확보하기 위한 노력이 강화되어 영조와 정조대에 우수한 백자를 생산하는 밑거름이 되었다. 연료 공급의 문제는 광주와 양근 분원의 땔감처에 화전민이 들어서

면서 이들에게 세금을 거두어 땔감을 사는 방식으로 전환되었다. 또한 숙종대에는 10년에 한 번씩 관요(官窯)를 이전하는 데 소용되는 막대한 물력(物力)을 절감하기 위해 땔감과 원료 운송에 편리한 한강의 지류인 우천(牛川) 강변으로 분원을 고정하자는 분원 고정론이 대두되었다.

음식문화와 관련하여 살펴보면, 조선 후기에는 외래에서 들여온 갖가지 양념이 식탁 위에 올라오게 되면서 그릇의 형태가 더욱 다양화되었다. 기본적인 완과 발, 접시, 합, 종지, 보아, 다완, 병, 주자는 물론 양념기와 찬합 등이 19세기에 추가되었다. 또한 18세기 후반에는 오늘날 익숙한 반상기가 기록에 등장하였다.

3.2.1 17세기

임진왜란의 상처가 채 아물기도 전에 병자호란을 맞이했던 17세기는 조선 경제와 사회뿐 아니라 왕실 기명 생산지인 분원 역시 경영상 심각한 위기에 직면하였다. 전란으로 많은 금은기와 유기가 유실되고 경제적 어려움으로 금속기 제작이 어렵게 되었고 이를 대신할 자기의 생산은 증가하였다. 분원 경영의 어려움으로 원료의 수비, 정제가 제대로 이루어지지 않아 백자의 색상은 회백색이 대부분이었다.

17세기는 경제사정의 악화와 청과의 관계로 인해 청화백자의 생산이 거의 중단된 반면 철화백자가 이를 대신하였다. 음식기명 역시 청화백자는 자취를 감추고 대부분이 회백색의 백자가 주를 이루었다. 철화백자의 경우 완과 발, 접시 등에 간략하게 당초문 등을 시문하거나 주병과 편병 등에 운룡문 등을 다채롭게 그렸다. 이전에 보이지 않던 종지가 등장하고 완과 발의 굽도 이전과 달리 다양한 형태를 보였다. 문양은 대표적으로 시문된 당초문을 비롯해서 국화문, 운룡문, 매죽문, 초문 등이 나타났다. 또한 아직은 동 시기 중국이나 일본과 달리 산수문은 백자에 시문되지 않았으며 길상문도 그 종류가 적은 편이다.

한편 이러한 분원 경영의 위기를 극복하기 위해 제작상의 문제점을 점검하고 이를 제도적으로 보완하는 데 총력을 기울였던 것으로 보인다. 먼저 장인 제도의 경우, 예전에는 장인들이 셋으로 나뉘어 교대로 부역을 하였기 때문에 일시적인 기거를 위해 분원에 머물렀는데, 이제는 분원 주위에 마을을 형성하여 아예 분원에 전속된 장인이 등장하였다. 이러한 전속 장인이 구체적으로 등장하는 시기는 숙종 후반인 1700년대 전후로 여겨진다.③

장인들에 대한 관리와 더불어 중간 관리의 사취를 방지하는 것 또한 중요한 일이었다. 『승정원일기(承政院日記)』를 보면 영조는 보위에 오르기 전에 분원 관리들의 사취를 방지하기 위해 철화백자의 안료인 석간주(石間朱)로 '진상다병'(進上茶甁)이라 써서 진상하게 하였다. 이 기록은 분원 중간 관리들의 농간이 어느 정도였는지 짐작하게 하는 동시에 도자기에 대한 영조의 관심을 드러내는 대목이다. 결국 장인들에 대한 안정적인 대우와 중간 사취의 방지는 분원 자기를 반석 위에 올려놓는 계기를 마련한 것이었음에 틀림없다.

17세기 말 숙종대에 들어 상품 경제가 활기를 띠면서 장인들이 생계를 위해 상품 자기를 제조, 판매할 수 있는 사번(私燔)을 공식적으로 허용하였다.④ 사번은 주로 갑발에 넣어 굽는 청화백자 같은 갑기(匣器)가 주류를 이루었는데⑤ 점차 묘지석뿐 아니라 다양한 기명의 청화백자로 확대되었다. 이러한 사번은 분원 경영이 악화될수록 성행하면서 점차 증가하여 수요층의 취향을 그대로 반영하였다. 따라서 분원 장인들은 새로운 수요층으로 등장한 문인 취향의 자기 제작에 점차 박차를 가하였다.

3.2.2 18세기

18세기 들어 전란의 위기를 슬기롭게 극복하면서 음식기명에도 이전과 다른 변화가 발생하였다. 청화백자가 다시 생산되었고 기형과 문양이 훨씬 다양해졌다. 상품경제의 발달과 수입 양념과 문화 등의 영향으로 음식문화 역시 크게 발달하였다. 이 시기에 제작된 많은 백자들 역시 단아한 색상과 다양한 기형, 문양 등 독특한 조형미를

③ 『승정원일기』 370책, 숙종 23년 윤3월 2일조.
④ 『승정원일기』 370책, 숙종 23년 윤3월 2일조.
⑤ 『승정원일기』 406책, 숙종 28년 8월 10일조.

지니고 있었다. 17세기 생산이 부진했던 청화백자가 다시 제작되어 크게 유행하였고 사번의 허용과 양반 수의 증가 등으로 왕실 취향 뿐 아니라 문인 사대부 취향의 그릇들이 제작되었다. 이에 따라 청화백자에 새롭게 산수문이 등장하고 조선 고유의 달항아리와 떡메병이 출현하였다. 전대의 매죽이나 송죽문에다 초화문으로 이루어진 사군자 문양도 새롭게 등장하였다. 또한 자기 위에 시서화(詩書畵)를 함께 묘사하는 새로운 방식과 각종 길상문도 등장하였다. 백자의 색상은 우윳빛의 맑은 유백색이 주를 이루었고 조선 고유양식이든 중국에서 유래된 외래 양식이든 조선 후기 최고 품질의 백자가 이 시기에 집중적으로 제작되었다. 이는 영조와 정조 같은 든든한 후원자와 사대부 문인 등 새롭게 등장한 수요층의 미적 취향이 그릇에 그대로 반영되었기 때문이다.

영조대 들어 각 사에서 사용하는 자기들은 분원을 통하지 않고도 진상되었다. 공인(貢人)들이 사기전(沙器廛)을 통해 각 사에 자기를 납품하였던 것이다.[6] 음식기 역시 마찬가지로 궁궐의 각종 행사에 사용되는 기명들은 분원 장인들이 진상하는 것 이외에도 사기전을 통해 들여올 정도로 많은 수의 자기가 소용되었다. 그러나 당시 장인들이 사기전을 열거나 매매 행위에 직접 나서는 것은 여러 견제로 인해 현실적으로는 불가능했을 것이다.

영조 후반 이후 청조문물과 학술, 문예의 수용을 주장하는 북학이 대두되었고, 이후 고증학이 성행하면서 정통 주자학보다는 중국이나 서양의 선진적인 문물에 관심을 표명하고 적극적으로 수용하고자 하는 움직임이 대두하였다. 이러한 분위기는 도자 부분에도 전이되어 중국 도자의 유입과 곧이어 일본 자기의 우수성에 대한 인식과 유입으로 이어졌다. 구체적으로는 북학파와 이용후생학파 등의 조선백자에 대한 관심 표명과 제작 기술의 문제점, 소비 관습 등에 대한 통렬한 비판과 반성이 제기되었다. 이는 그만큼 조선백자의 제작기술 향상과 적극적인 실용화에 대한 염원이 있었기 때문이다. 예를 들면 음식기명이 크기나 용도에 따라 다양해지는 것뿐 아니라 상

---

⑥ 『비변사등록』 109책, 영조 17년 11월 18일조.

품으로서의 가치 제고를 위해 문양 시문이나 시유와 마무리 등에서 중국이나 일본 음식기에 버금가는 제작을 요구하게 된 것이다.

대표적인 북학파인 박제가(1750-1805)는 연경사행을 통해 중국의 자기 실용과 제작 기술의 발전을 직접 보았고, 간접적이긴 하나 서책과 통신사행을 통해 전해들은 일본의 사정은 일본에 대한 인식을 바꾸게 하였다.[7]

박제가는 중국과 일본자기와 비교하여 조선 그릇의 제작 기술의 문제점을 지적하고 도자 정책과 제도에 대해 신랄한 비판을 가하였다. 또한 중국과 일본의 선진기술과 정책을 소개하면서 조선도 이를 본받을 것을 주장하였다. 대접과 사발, 접시 등의 굽 처리와 청화 시문 하나하나에도 신경을 쓸 것을 촉구하였다.

반면 정조에게는 당시 서울 장안을 휩쓸던 화려한 그릇들은 천박한 상업 문화의 일단일 뿐 절제와 검박함을 숭상하는 유교적 생활에는 맞지 않는 것이었다. 질박하고 소박한 아름다움을 그릇의 기본으로 여긴 정조는 분원백자 역시 난만한 장식화의 경향으로 흐르는 것을 경계하였다. 또한 그릇의 소유가 계급 분화와 마찬가지로 재화의 많고 적음에 결정되는 것을 우려하여 고급 갑번(甲燔)과 청화백자 제작을 수차례에 걸쳐 금지시키기에 이르렀다.

이러한 청화백자 금지 조처는 이미 영조 30년 사치 분위기를 막으려는 영조의 엄명에 의해 청화백자 제작 금지령으로 나타나기도 하였다.[8] 정조 승하 후 남공철(南公轍)의 회고에서 보이듯이 정조는 당시 사대부와 유산층들이 선호하던 채화갑번보다는 검소한 그릇 사용을 주창하였고[9] 스스로 수라를 드실 때 수수한 음식기명 사용을 신하들에게 보여주면서 검박함을 실천하려 하였다.[10] 그러나 당시 왕실에서는 갖가지 화려한 채화갑번(彩畵匣燔)들이 연회에 사용되어[11] 왕실의 권위 유지와 유교이념의 실천 사이에 현실적인 벽이 존재하였음을 알 수 있다. 정조 연간에는 더욱 장식적이고 화려한 도자기가 제작되었다. 안정적인 경제 번영 위에 상품 생산을 더욱 확대하였고, 지방 시장의 발달로 전국적인 상품 유통에 힘입어 도자기 또한 좀 더 폭넓

---

⑦ 박제가는 1778년, 1780년 5월과 9월, 1801년 네 차례에 걸쳐 중국을 다녀왔다.
⑧ 『영조실록(英祖實錄)』 권82 영조 30년 7월 17일 갑오조(甲午條).
⑨ 『순조실록(純祖實錄)』 권32, 32년 9월 15일 무오조(戊午條). "次對領議政南公轍啓言 (중략) 先大王儉德前後一揆 而庚戌以後 尤致意於此 一日召諸臣賜饌下敎若曰 予素性不喜奢華 而顧今元子衣尺漸長 一動一靜皆視予爲法 故綿布爲衣袴 飮食極其薄陋 而器皿不用彩花甲燔用分院常器 以爲隨事惜福 之道"
⑩ 『홍재전서(弘齋全書)』 권169, 일득록(日得錄) 9. "司饔院設分司于廣州 燔造磁器 其巧者瑩潔如脂玉 謂之甲燔 閭井中稍有貲産者 非甲燔不用 上以其糜財妨工 命有司之臣 設條科禁斷之 旣而召接閣臣 適進御膳 膳不過二三器 器皆用苦窳 上指示筵臣曰 徒法不能自行 言敎不如身敎 予所以爲此 蓋亦無諸已 而後非諸人之義 檢校待敎臣徐有榘 丙辰錄".
⑪ 『승정원일기(承政院日記)』 1746책, 정조 19년 6월 18일 정유조(丁酉條).

은 소비 시장을 구축할 수 있었다. 따라서 음식기명 역시 화려하고 장식적인 양상을 띠게 되었다.

한편 자기의 장식뿐 아니라 기명의 종류도 더욱 다양해져서, 다양한 크기의 사발과 대접을 비롯하여 접시 · 종지 등이 하나의 반상(盤床)을 이루어 각 사에 진상되었다.[12] 이러한 반상 풍조는 경제적인 여유와 다양해진 식생활을 반영하는 것이었다. 음식의 종류가 증가함에 따라 대접과 사발, 접시 등이 대중소의 크기에 따라 세분화되고 간장 종지와 죽탕기와 회접시 등이 새롭게 등장하였다.

정조 말기인 1795년의 『승정원일기(承政院日記)』에는 정조가 어머니인 혜경궁 홍씨의 회갑 잔치에 분원의 각종 갑번 자기뿐 아니라 화당(畵唐)대접 · 화당사발 · 화당접시 등과 채화동사기(彩花銅沙器)를 사용하였다고 적혀 있다. 여기서 화당대접과 채화동사기는 중국에서 수입한 청화백자와 법랑채(琺瑯彩)자기로 추정된다. 결국 청화백자나 갑번 자기의 일반 소비를 극히 제한하여 사치 풍조를 바로잡으려는 노력도 있었지만, 조정의 잔치에 사용된 다종다양한 갑번 자기와 수입 자기는 이 시대 수요층의 양면성을 보여주는 좋은 예로 여겨진다.

220

3.3.3 19세기

18세기 후반부터 등장한 백자 반상기(盤牀器)가 널리 사용되면서 분원에서는 많은 양의 자기가 제작되었다. 이는 이 시기에 들어 음식기명의 수요가 매우 증가하였음을 의미한다.[13] 즉 경제적인 여유로 식생활이 다양해짐에 따라 상차림에 있어서도 많은 수의 그릇들이 필요하였고, 이것이 반상 차림으로 정착되어 유행하였다. 식생활의 변화가 자기의 종류와 수요에 영향을 미친 좋은 예라 할 수 있다.

한편 19세기 들어서는 정조 연간 일시 금지되었던 청화 자기와 갑발 자기를 다시 활발히 제작하였다. 당시 궁중에서 사용하는 자기는 분원에서 직접 조달했지만, 각 아전이나 신하들의 성적을 고사하여 우열을 매길 때 사용하는 자기는 일부 민간 제조

---

[12] 『승정원일기』 1737책, 정조 18년 10월 8일조.
[13] 서유구, 『임원경제지』 「섬용지(贍用志)」 권2: "瓷器 東俗謂 朝夕飯饌之器曰盤牀."

의 자기나 분원에서 장인들이 사사로이 구워 흘러들어온 자기들이 사기전을 통해 유통되었던 것으로 보인다. 이때에는 궁중과 관청에 사기전을 통해 자기를 납입하고 이를 사기계 공인이 담당할 만큼 유통의 규모가 크게 성장하였다.⑭ 1874년, 분원 변수의 폐해가 심해서 이를 혁파했다가 다시 복설한 내용을 담은 『분원변수복설절목』(分院邊首復設節目)을 보면 당시의 분원 운영을 사실상 몇몇 상인 물주와 기술자들이 좌우하였음을 추정할 수 있다. 당시 분원은 하급 관리와 상인, 기술자들이 한데 얽혀 관요가 아닌 사상(私商)으로서의 업이 주가 될 정도로 전락하였던 것 같다. 상인 물주들이 스스로 최고 제작 책임자인 변수가 되어 좋은 기술자와 원료를 빼돌려 자신의 이익을 위한 생산에만 몰두했으므로, 분원은 사실상 조정에서 요구하는 관요의 역할을 거의 수행하지 못했을 것이다.

이 절목의 내용은 호조가 모든 재정을 관할함으로써 재정의 효율성을 기하고자 한 것으로, 왕실 관할이었던 사옹원 분원의 경영을 사실상 포기하는 것이었다. 이를 계기로 분원은 급기야 민영화의 길을 걷게 되는데, 실질적으로는 이미 그 이전에 관영 수공업 체제에서 벗어나 몇몇 상인들에 의해 분원 경영이 좌우되었던 것으로 보인다. 『분원자기공소절목(分院磁器貢所節目)』을 살펴보면, 이미 분원을 장악하고 있던 일부 상인들의 권리를 인정하면서 과외 침징과 인정 잡비의 증가로 어렵게 된 진상을 바로잡는 한편 국가의 재정 부담을 줄이는 데 그 의도가 있었음을 알 수 있다.⑮ 즉 사기 제작에 소용되는 원료 및 연료의 수급과 일부 경비를 제외한 모든 제작 경비를 이들에게 떠맡긴 것이다. 대신 그릇의 가격을 보통 그릇인 경우 원납가(元納價)를 적용하고 고급품인 별번품은 별번가(別燔價)로 나누어 시가보다 터무니없이 낮았던 가격을 어느 정도 현실화하였다. 또한 이를 보충하기 위해 진상품을 제외한 사상 매매를 더욱 자유롭게 하고 공인들의 생산 참여도 인정하였다.

그릇 자체에서 청 문물에 대한 선호는 18세기 정조 이후부터 심화되어 19세기에는 청 자기의 장식기법을 그대로 조선백자에 응용하고자 하는 성향이 그대로 양식에

---

⑭ 『순조기축진찬의궤』(1829, 규14369) 권2, 기용(器用), 영인본, 보경문화사, 110쪽; 『비변사등록』 231책, 헌종 10년 2월 13일조.
⑮ 고종 31년(1894) 분원자기공소절목(分院磁器貢所節目) (규장각 古 4256-11).

드러났다. 그릇 전면을 청화나 철화, 동화 안료로 채색하여 중국의 단색유 자기를 모방한 그릇을 비롯해서 중국의 기형이나 문양을 그대로 모사하는 경우도 있었다. 중국의 복고풍 자기 제작에 영향을 받아 중국 명대 연호를 새긴 대명선덕년제(大明宣德年製)명의 청화백자들이 등장하였다. 중국 문물에 대한 경도는 왕실에서도 예외가 아니었는데, 이는 당시 궁중에서 쓰이던 그릇에 대한 수량과 명칭을 언급해 놓은 왕실 행사용 의궤를 통해서도 알 수 있다. 1828년⑯과 1829년『진찬의궤』찬품조에 기록된 대전과 중궁전, 세자궁, 세자빈궁의 찬안에 사용된 그릇은 주로 갑번자기와 유기였다. 또한 시대를 반영하듯 중국자기인 당화기는 일부 대전·중궁전에서 거행된 행사에 사용되었다. 진찬에 놓이는 다양한 그릇들은 중요도에 따라서 기입되고 있는 것으로 볼 때, 중국 청화백자가 최고였고 다음이 유기, 갑번자기(甲燔磁器), 당사기(唐砂器), 백자기의 순서임을 알 수 있다. 당화기·갑번자기와 같이 최고 상품(上品) 그릇은 왕실에서 쓰던 것을 내어오는 내하(內下)의 방법으로 조달되었고, 당사기·백자기·고족자기는 호조에서, 유기는 공조에서 수급을 맡고 있다. 진찬에 사용된 기용 중에 사용원 본소(本所)에서 새로 준비하는 물력은 사오거나 가져다 쓴 후에 실수효를 헤아려서 호조가 정한 가격으로 지급한다고 하였다.⑰

한편 19세기 음식기명의 종류는 고종 21년(1884) 공표된 『분원자기공소절목(分院磁器貢所節目)』을 통해 대략을 짐작할 수 있다. 절목에 명기된 그릇들을 보면 완과 사발, 보아(甫兒), 접시, 종자(宗子), 장본(獐本), 항아리, 제호탕항(醍醐湯缸), 병, 합, 수라기(水剌器), 규화잔(葵花盞)과 받침, 다종, 경옥고항(瓊玉膏缸), 입잔(立盞), 백자칠접반상, 청화칠접반상, 양각칠접반상, 청화오접반상, 백자오접반상, 양각오접반상, 청채전자대사발, 대접, 청채화문기대사발, 대탕기, 대조치(大助治), 대종자(大鍾子), 청채화대대합(靑彩畫大大盒), 다관, 다종, 주전자, 쟁반, 수저, 반주병(飯酒瓶), 통합, 대식소라(大食所羅), 오층찬합, 삼층찬합, 주합병(酒盒瓶), 점다기(點茶器), 점다종(點茶鍾), 입찬항(立饌缸), 백제탕기, 식해접시, 면(麵)대접, 고기접시, 떡접시, 주병, 주잔 등

---

⑯『무자진작의궤(戊子進爵儀軌)』는 순조가 1828년에 純元王后 金氏의 40세 생신을 축하하기 위해 베푼 의식이다.
⑰『진찬의궤(進饌儀軌)』기용조(器用條)"本所新備 造成各種所入物力或自本所貿用或捧甘取用並計實入數爻及匠料依戶曹準折折價"

으로 대중소로 크게 구분하고 이를 다시 대중소로 나누어 전부 9등분으로 나누어 조선 전 시기에 걸쳐 가장 다양하다. 이 중 상당 부분은 18세기부터 사용되었을 것으로 여겨진다.

또한 각접시, 떡접시, 찬합, 규화잔대, 우유를 담아 마시던 제호탕항, 경옥고항아리, 주합병, 기름병 등은 실생활이 윤택해짐과 동시에 그릇도 이전에 비해 얼마나 다양하게 전개되었는가를 보여준다. 청화백자 반상기와 청화로 수복 등의 글자를 전자(篆字)로 그려 넣은 대사발 등도 19세기에 이르러 유행하는 기명들이다. 특히 양각 반상기 세트가 청화반상기 세트보다 비쌀 정도로 인기를 누렸고 반면 청화백자가 이전 시기에 비해 만연되었음을 알 수 있다. 이와 함께 시대적 흐름이었던 중국 자기의 선호에 따라 중국의 기형이나 문양을 모방한 청화와 철화, 동화의 사용이 상대적으로 빈번해졌고 이들을 혼용하거나 그릇 전체를 채색한 음식기명도 발견되었다. 반면 청화백자 등에 나타난 문양의 필치는 떨어지는데 이는 화원이 아닌 장인들에 의한 문양 시문이 주를 이루기 때문인 것으로 보인다. 산수문이나 사군자, 십장생 등도 간략하게 윤곽선 위주의 거친 필치만이 보이며 공필(工筆)의 기하문이 그 자리를 메웠다.

223

이 밖에 수요층의 요구에 따라 아예 수요처를 명문으로 그리거나 새긴 경우도 있다. 간송미술관 소장 '낙동김셔방댁ᄃ릐항'명 항아리는 당시 서울 사대부 집안에서 과실주나 게장 등을 담을 때 사용했던 것으로 보인다. 항아리의 바닥에 철화로 써진 명문은 "駱洞 金書房宅 茶禮缸(낙동 김서방댁 다례항)" 정도로 추정된다. 여기서 낙동은 지금의 서울 소공동 맞은편 일대인 중앙우체국 부근으로 19세기 당시 이 일대에 안동 김씨들이 모여 살았던 것을 생각하면 김씨는 당시 최고 실세였던 안동 김씨 중 누군가를 지칭할 수도 있을 것이다. 다래는 머루, 다래와 같은 과실로 다래항은 바로 다래로 술을 담근 항아리로 여겨진다. 구연부와 몸체가 모두 직립해 있고 크기도 아담해서 양반집 사랑방에는 제격이다.

또한 일련의 '운현(雲峴)'명 그릇들은 운현궁에서 사용된 것을 의미하는 것이다. 운현궁은 고종의 사가로 아버지인 흥선대원군이 거처하던 곳으로 19세기 후반으로 편년이 가능하다. 운현명 접시는 청백색의 19세기 특유의 유색에 화면을 구획하고 그 안에 간략한 초화문을 시문하였다. 구연부가 살짝 외반되어 있고 내저면이 편평해서 아마도 떡 같은 것을 담은 접시로 추정된다. 운현명은 접시 이외에도 항아리와 대접 등 일상생활 용기에도 명문이 시문되었다. 운현명 청화백자모란문항아리는 구연부가 외경되어 있고 몸체는 원통을 살짝 눌러놓은 듯한 이 시기 특유의 항아리 형태를 하고 있다. 절지 형태의 커다란 왕모란 역시 부귀길상을 상징하는 것으로 19세기 크게 유행했던 문양으로 주전자와 병, 접시와 발 등에 두루 시문되었다. 이러한 19세기 전반의 상황을 종합해보면 결국 이 시기는 기형과 문양에 있어 18세기보다는 중국풍에 훨씬 가까운 그릇들이 제작되었던 것이다. 이와 함께 한글로 간지(干支)와 그릇의 사용 목적, 사용처, 수량 등을 끌로 새겨 넣어 당시 대전(大殿) 등에 납품되던 양상을 보여주는 그릇도 제작하였다. 이와 같이 한글로 명문을 새긴 그릇들은 자기뿐 아니라 당시 궁중 공예품에 전반적으로 나타나는 현상이었다.

4. 맺음말

조선시대 왕실용 음식기명은 유기, 은기, 칠기 등 종류가 다양하였지만 자기가 제일 많은 비중을 차지하고 있었다. 왕실 전용 도자기 공장이었던 사옹원 분원에서 생산된 음식기명은 분청사기와 백자, 청화백자, 철화백자, 동화백자, 청자 등이 있었고 품질에 따라서 갑번자기, 예번자기, 상번자기, 별번자기 등이 있었다.

조선 초기에는 고려말 분청사기의 맥을 이어 전국의 가마터에서 제작되었던 분청사기와 경기도 광주, 경상도 고령 및 상주에서 제작된 양질의 백자가 궁중에서 병존하였다. 그러나 이후 경기도 광주에 사옹원 소속의 분원이 설치되면서 왕실식기가 백자로 지정되었으며 전체적인 조선 도자의 흐름 역시 백자를 중심으로 흘러가게 되었다. 16세기에는 명 경덕진의 영향을 받아 청화백자의 제작이 시작되었으며 매화, 소나무, 대나무, 새 등 여러 회화적인 소재가 채택되어 도자의 문양으로서도 그려졌다. 하지만 17세기에 이르러 중국의 대내외적 상황이 어려워짐에 따라 국내로 수입해오던 청화안료의 수급 역시도 어려워졌는데, 이에 따른 반작용으로 철화백자의 생산이 전성기를 맞이하게 되었다. 정치하고 세밀한 문양이 우선되던 청화백자의 제작과 달리, 철화백자에서는 조선 특유의 해학미와 조소가 잘 표현되었다. 회백색의 백자에 완과 발, 접시 등의 기형이 전기와 변화를 보여주었다. 이후 숙종 연간을 지나 영정조로 대표되는 18세기에는 정치·경제적인 안정에 힘입어 다양한 기형과 문양과 단아한 색상을 이루어냈다. 다시 제작의 활황을 맞이한 청화백자에는 기존의 용, 소나무, 대나무, 매화, 초화문 등과 함께 새로이 산수문이 등장하였으며 조선 고유의 기형인 달항아리와 떡메병이 출현하였다. 또 자기 위에 시서화(詩書畵)를 함께 써 넣어 문기어린 백자를 완성하였다. 이 시기는 조선 고유의 백자를 확립한 시기이면서도 중국의 여러 그릇을 다량으로 수입한 시기이기도 하다. 각형의 기형이나 양각·첩화와 같은 장식기법은 이러한 중국의 요소들을 받아들인 것으로, 충분한 문화적 역량 위에 뿌리내린 외래요소와의 결합을 잘 보여준다고 할 수 있겠다.

경제적 여유와 수요층의 증가로 음식기명도 다양화되었으며 새로운 음식을 담는 그릇의 변화도 발생하였다. 대중소 크기의 다양화와 각형과 원형 등의 형태의 변화, 청화와 철화, 동화의 혼용으로 장식도 다채롭게 되었다. 이는 각종 궁중 의례에 사용된 그릇의 종류와 수량에서 확인되었다. 또한 반찬 가짓수의 증가로 반상기가 등장하고 중국 음식 그릇이 왕실 연회에 사용되기 시작하였다.

마지막으로 19세기에는 이전시기부터 유행하던 중국풍이 훨씬 심화되어 보다 사치스럽고 장식적인 경향의 그릇들이 유행하게 되었다. 상품경제의 발달과 국경 무역 등은 시장의 확대와 중인계층의 성장으로 이어졌으며 자연히 시대적인 미감과 기호의 변화에 따라 청자기와 같은 화려한 자기가 성행하였다. 이러한 경향은 궁중에서도 마찬가지여서, 왕실 주최의 여러 연회와 행사에서 중국산 청화·색유자기가 일본산 왜사기와 함께 사용되었다. 또한 청화백자가 크게 유행하였고 당시 제작된 백자에는 바닥에 한글 전각이 새겨지거나 청화로 명문을 남기기도 하였다.

음식기명의 종류는 고종 21년(1884) 공표된 『분원자기공소절목(分院磁器貢所節目)』에 기록된 것처럼 요즘의 한식 반상기에 오르는 기명 대부분과 실생활 용기들이 이 시기에 자주 사용되었다. 그릇의 명칭이 다양한 만큼 형태도 다양화되었고 장식도 음각, 양각, 청화, 철화, 동화 등 다채로워 비록 유색과 문양 필치는 전 시기에 비해 떨어지지만 수요층의 욕구를 반영하려는 노력이 그대로 나타난 것으로 보인다.

결국 조선시대 음식기명은 그릇의 제작기술과 장식뿐 아니라 음식 자체의 변화와 수요층의 미감, 대외교류, 상차림의 변화 등과 맞물려 각 시기별로 특색을 드러내며 변화된 것을 알 수 있다.

용어설명

가감시령탕(加減柴苓湯)	습열로 인한 증상들을 치료하는 약
가감청비탕(加減淸脾湯)	학질과 관련 한 증상들을 치료하는 약
가리구이	갈비구이
가리찜	갈비찜
가사리(加士里)	우뭇가사리
가자(茄子)	가지
각색단자병(各色團子餠)	갖은 단자
각색사증병(各色沙蒸餠)	갖은 시루떡
각색절병(各色切餠)	갖은 절편
각색조악(各色助岳)	갖은 조악
각색화양적(各色花陽炙)	갖은 화양적
간택(揀擇)	왕비 후보의 선택
감사과(甘絲果)	산자와 같은 방법으로 만든 유과의 일종이지만, 산자에 비해 단맛이 강함
감선(減膳)	국가적으로 좋지 않은 일이 발생하거나 예상될 때 임금이 스스로 근신함을 나타내기 위해 반찬의 가짓수를 줄이는 것
감선(監膳)	식재료의 품질과 조리한 음식의 정결을 검사하는 일
감자(柑子)	홍귤나무의 열매
감태(甘苔)	김
갑발(匣鉢)	도자기를 구울 때 도자기를 담는 큰그릇으로 가마 안의 이물질이나 재가 떨어지는 것을 막고 일정한 온도를 유지해주도록 고온을 잘 견디는 점토로 만듦. 갑(匣)이라고도 함
갑번(匣燔)	조선시대 경기도 광주 관요에서 갑발에 넣어 만든 고급 사기그릇을 만드는 일
갑회(甲膾)	소의 내장으로 만든 회
개자(芥子)	겨자
갱(羹)	탕(湯) 혹은 국을 가리키는 한자어
갱미(粳米)	멥쌀
거린석수어(去鱗石首魚)	비늘을 제거한 조기
건가올어(乾加兀魚)	말린 가오리

건갈(乾葛)	칡뿌리에서 껍질을 제거한 것
건과어(乾瓜魚)	말린 빙어
건광어(乾廣魚)	말린 광어
건문어(乾文魚)	말린 문어
건수어(乾秀魚)	말린 숭어
건시자(乾柿子)	곶감
건여항어(乾餘項魚)	말린 열목어
건엽어(乾鰈魚)	말린 가자미
건오적어(乾烏 賊魚)	말린 오징어
건치절(乾雉切)	말린 꿩을 채썬 것으로 여겨짐
건홍합(乾紅蛤)	말린 홍합
검상(檢詳)	조선시대 의정부의 정 5품 관직
견전(遣奠)	발인에 앞서 문 앞에서 지내는 제의
경덕진(景德鎭)	중국 쟝시성[江西省] 북동부에 위치한 도시. 남북조(南北朝)시대부터 도자기를 생산하기 시작하여 송대(宋代)에 도자기생산이 활발해졌고 명대(明代)에 들어서는 어요(御窯)가 만들어져 더욱 유명해짐. 현재에도 중국 제1의 요업(窯業)도시
경옥고(瓊玉膏)	생지황(生地黃), 인삼, 백봉령(白茯苓), 백밀(白蜜) 따위를 넣어 달여 만든 보약.
계사(啓辭)	공적인 일에 관하여 왕에게 아뢴 말이나 글
고기(告期)	혼인의 날짜를 잡는 일
고도어복장(古刀魚腹臟)	고등어 내장
고동가제(告動駕祭)	3년상이 끝난 뒤 신주를 종묘에 모시기 위해 신주의 수레를 옮길 때 사유를 알리는 제사.
고부사(告訃使)	조선시대 왕이 죽으면 이를 중국에 알리기 위해 보낸 사신
과제탕(苽制湯)	박을 주재료로 이용해 끓인 탕으로 여겨짐
곤자손	곤자소니라고도 함. 소 대장의 골반 안에 있는 창자의 끝부분으로 기름기가 많이 달린 부분. 곰탕을 끓일 때 이용
곤포(昆布)	다시마. 한자로 多士麻, 塔士麻라고 표기되기도 함
골동면(骨董麪)	여러가지 채소, 밤, 채썬 고기, 참기름, 간장 등을 양념으로 비빈 국수
골탕(骨湯)	숟가락으로 떠낸 쇠골에 계란을 씌워 참기름으로 지져낸 후 생강즙, 간장으로 양념한 육수에 담아 끓인 탕

공제(攻劑)	질병을 직접적으로 공격하는 약제처방법
공진단(拱辰丹)	녹용, 당귀, 산수유, 사향 등으로 만든 약
관계(官桂)	품질이 가장 좋은 계수나무의 두꺼운 껍질
관목청어(貫目靑魚)	눈을 꼬챙이에 꿰어 말린 청어
광석수어(廣石水魚)	큰 조기로 여겨짐
광어절(廣魚折)	말린 광어를 채썬 것으로 여겨짐
교명(敎命)	조선시대 왕비나 빈(嬪), 세자, 왕세자빈, 세손(世孫)을 책봉하는 국왕의 명령서
구비석수어(仇非石首魚)	죠기구이로 여겨짐
국구(國舅)	조선시대 왕후의 아버지. 왕의 장인을 일컫는 말
국장도감(國葬都監)	고려, 조선시대 왕이나 왕비의 죽음 이후 상장례 때 필요한 관, 상여, 도장, 제기, 길흉의장 등을 준비하는 임시기관
국화엽전	국화꽃을 이용해 만든 화전(花煎)
군례(軍禮)	오례(五禮)의 하나로 군대와 관계 된 의식
궐내각차비(闕內各差備)	문소전, 대전, 왕비전, 세장궁의 수라간에 입역하는 각사노(各司奴)를 지칭
궐채(蕨菜)	고사리
규아상	미만두라고도 함. 육류와 채소로 된 소를 넣고 해삼모양으로 빚은 만두
규채(葵菜)	아욱
귤병	설탕이나 꿀에 졸인 귤
금중탕(錦中湯)	닭고기, 소고기, 소 양, 전복, 해삼 등을 넣고 끓인 탕
기로소(耆老所)	조선시대 연로한 고위 문신들의 친목 및 예우를 위해 설치한 관서 왕의 경우에도 51~60세 사이에 기로소에 들어감
길례(吉禮)	오례(五禮)의 하나로 흉례(凶禮)인 상장례(喪葬禮)를 제외한 모든 제사의식을 뜻함 국가 단위에서의 길례란 사직(社稷), 종묘(宗廟), 궁전(宮殿), 능침(陵寢), 묘(廟) 등을 대상으로 한 제사를 말함
깨국탕	닭육수에 깨를 갈아넣고 닭고기와 채소 등을 넣고 끓인 국
나복경(蘿蔔莖)	무줄기
나전중함(螺鈿中函)	조개껍질을 붙여 장식한 중간 크기의 함(函)
낙제화양적(絡蹄花陽炙)	낙지가 재료로 쓰인 화양적
낙죽(酪粥)	우유가 들어간 죽

난해(卵醢)	알로 젓갈처럼 담근 것
남과(南瓜)	호박
남염침장침저(藍染浸藏浸菹)	옷감을 물들이는 데 필요한 물감과 김장에 필요한 소금 및 채소를 공상하는 것
납약(臘藥)	조선시대 동지 뒤의 세번째 미일(未日)을 가리키는 납일(臘日)에 왕이 신하들에게 하사하는 약
납징(納徵)	납폐라고도 함. 결혼 예물 보내기
납채(納采)	청혼서를 보내는 것
내섬시(內贍寺)	조선시대 일본인, 여진인에게 주던 음식과 필목 등을 맡아보던 기관.
내수사(內需司)	조선시대 궁중에서 쓰는 미곡(米穀), 포목, 잡화, 노비 등에 관한 일과 왕실의 재산 등을 관리하는 업무를 맡았던 기관
내시부(內侍府)	조선시대 내시의 일을 관장하기 위해 설치되었던 관청으로 궁중음식을 감독하는 일을 맡았던 기관
내자시(內資寺)	조선시대 왕실에서 소용되던 쌀, 국수, 술, 간장, 기름, 꿀, 채소, 과일 및 내연직조 등을 관장하던 기관
녹이(綠李)	푸른 자두로 여겨짐
누름적	채소, 고기 등을 길고 가늘게 썰어 꼬치에 꿰고 밀가루와 달걀을 입혀 부친 음식.
니금(泥金)	아교에 개어 만든 금박가루
다식(茶食)	밤가루, 송화가루, 콩가루, 녹말가루, 참깨가루 등을 이용해 꿀과 반죽하여 무늬가 새겨진 다식판에 박아 만든 음식
다회장(多繪匠)	여러 겹으로 합사한 명주실로 짜는 끈이나 띠를 만드는 장인
담복(禫服)	상중에 있는 사람이 담제 뒤 길제 전에 입는 옷
담사(禫祀)	장사를 지낸 후 만 2년 후 제사인 대상을 지낸 다음 다음달인 27개월째 되는 달의 정일(丁日), 해일(亥日)에 지내는 제사
담제(禫祭)	연제를 치를 경우 대상을 13개월이 될 때 대상의 형식을 갖추고 15개월에 지내는 제사
당사기(唐沙器)	중국에서 만든 사기(沙器)
당유자(唐柚子)	당유자나무의 열매로 신맛이 강한 귤
당초문(唐草紋)	덩굴풀 무늬
대구건어(大口乾魚)	말린 대구
대구고지염(大口古之鹽)	소금에 절인 대구로 여겨짐

대구란해(大口卵醢)	대구알젓
대구어절(大口魚折)	말린 대구를 채 썬 것으로 여겨짐
대렴(大殮)	소렴 이후에 시신을 입관하는 절차
대맥미(大麥米)	보리쌀
대행왕(大行王)	왕이 죽은 뒤 시호를 올리기 전에 높여 이르는 말
대호군(大護軍)	조선시대 오위(五偉)에 두었던 종3품 무관직
대홍토주	샛빨간색의 바탕이 두꺼운 명주
도인승기탕(桃仁承氣湯)	복숭아씨, 대황, 감초, 육계 등을 달인 한약
도제조(都提調)	조선시대 육조의 소속기관으로 군영 등 중요기관에 설치한 정일품(正一品) 관직
	의정(議政)이나 의정을 지낸 사람을 임명하지만 실무에는 종사하지 않음
돈녕부(敦寧府)	조선시대 종친부에 속하지 않는 종친과 외척에 대한 사무를 처리하던 관청
동뢰연(同牢宴)	혼인 후의 궁중잔치
동백어(冬白魚)	겨울에 잡은 뱅어
동수어(冬秀魚)	겨울에 잡은 숭어
동아만두	껍질을 벗긴 동아살로 만두피를 만들어 각종 소를 넣은 만두
동정귤(洞庭橘)	동정귤나무의 열매로 공상 때 상품에 속하였던 귤
두골전	쇠골을 이용하여 부친 전
두석장(豆錫匠)	조선시대 공조와 상의원에 딸려 놋쇠로 문고리, 자물쇠 등을 만들었던 장인
등촉색(燈燭色)	등불과 촛불을 관리하는 궁중 남자노비
만증탕	각종 고기와 채소, 소내장, 돼지아기집 등을 이용해 끓인 탕
만청아(蔓菁芽)	재래종 순무의 싹
망진(望診)	안색(顔色)을 비롯하여 눈, 입, 코, 귀, 혀, 대소변 등을 살펴서 환자의 상태 및 질병을
	진단하는 방법
면복(冕服)	고려~조선 말까지 왕이 제례(祭禮) 때 착용한 관복
명목(幎目)	시신의 얼굴을 덮는 천
명부(命婦)	작위를 받은 부인들을 통칭
목두채(木頭菜)	두릅나물
목맥말(木麥末)	메밀가루
목면(木麪)	메밀국수

묘사(廟祠)	신주(神主)를 모셔놓고 제사 지내는 곳
무실국혼(無失國婚)	인조반정 이후 서인의 정치적 강령 중 하나로 왕실과 혼인관계를 잃지 말라는 뜻
문동당(門冬糖)	맥문동이라는 약재에 설탕을 절인 것
문안(問安)	현재에는 웃어른에게 안부를 여쭙는다는 뜻으로 쓰이지만 조선시대 궁중에서는 병환(病患)을 가리킴
문어절(文魚切)	말린 문어를 오린 것으로 여겨짐
문진(問診)	환자나 보호자에게 주요증상이나 발병동기, 자각증상, 생활습관 등을 질문하여 환자의 상태 및 질병을 진단하는 방법
문진(聞診)	음성과 냄새를 통해 환자의 상태 및 질병을 진단하는 방법. 음성은 환자의 말, 호흡, 신음 등을 통해서 파악하고 냄새는 구취, 체취, 배설물 냄새 등을 통해 파악하는 것을 뜻함.
미후도(獼猴萄)	다래
밀쌈	밀전병에 여러가지 소를 넣고 말은 음식
반감(飯監)	조리를 지휘하는 숙수
반건대구어(半乾大口魚)	반건조 대구
반건문어(半乾文魚)	반건조 문어
반공(飯工)	밥과 죽을 담당한 왕실의 남자노비
반과상(飯果床)	국수를 위주로 한 다과상차림으로 시간이나 상차림의 규모에 따라 조다소반과, 주다소반과, 주다별반과, 만다소반과, 야다소반과 등으로 나뉜다
반상기(飯床器)	격식을 갖춘 밥상 하나를 차리는 데 필요한 주발, 대접, 쟁반, 탕기 등을 가리킴
반우(返虞)	시체를 매장하고 나서 제작한 신주를 되가지고 오는 의식
백능(白綾)	아롱거리는 무늬가 있는 흰색 비단
백당(白糖)	백설탕으로 여겨짐
백미자(白味子)	백미자아(白味子兒)라고도 부르는 데 유밀과의 일종으로 여겨짐
백봉령(白茯笭)	버섯의 일종으로 흰색인 것을 백봉령, 붉은 것은 적봉령이라고 함
백세한과	한과의 일종으로 여겨짐
백요화(白蓼花)	유밀과의 일종으로 여겨짐
백은정과(白銀正果)	백색 정과의 일종으로 여겨짐
백자(柏子)	잣
백하해(白蝦醢)	쌀새우젓갈

백호해독탕(白虎解毒湯)	소변이 막히거나 헛소리를 하는 자를 치료하는 처방임
번조(燔造)	질그릇, 사기그릇, 도자기 등을 구워서 만드는 일
번침(燔針)	침을 뜨겁게 하여 놓는 방식
변(籩)	제기 중 하나
별사옹(別司饔)	육류 담당 궁중 숙수
별진헌(別進獻)	조선시대 정기적으로 물품을 바치던 것 이외에 따로 물품을 바칠 때 쓰는 용어
병공(餠工)	떡을 담당한 궁중 남자노비
보원탕(補元湯)	보원탕(保元湯)이라고도 함. 몸이 무거운 증상이나 설사를 치료하는 약
보제(補劑)	보익(補益)하는 효능을 가진 약물로 조성하는 역할을 하는 약제 처방법
복완(服玩)	의복과 몸속에 지니고 다니는 물건으로 주로 가락지, 노리개 등을 가리킴
부묘례(祔廟禮)	신주를 혼전에서 종묘로 옮기는 의례
부어증(鮒魚蒸)	붕어를 주재료로 하여 만든 찜
분곽(粉藿)	품질이 좋은 미역
분청사기(粉靑沙器)	회색 또는 회흑색의 바탕흙 위에 백토로 표면을 분장한 조선초기의 도자기
분황(焚黃)	조선시대 사후의식으로 죽은 사람에게 벼슬이 추증되면 조정에서 추증된 관직과 사령장과 황색종이에 쓴 부본(副本)을 무덤에 가서 고하고 황색종이의 부본을 태우는 의식
빈례(賓禮)	오례(五禮)의 하나로 외국 사신을 접대하는 의식
빈전도감(殯殿都監)	조선시대 왕이나 왕비의 죽음 이후 상장례를 준비할 때 필요한 옷, 시신처리 등에 관한 업무를 수행하기 위해 설치하는 임시기구
빙당(氷糖)	설탕을 정제하여 바위 모양으로 굳힌 것
빙사과(氷絲果)	유과의 일종
빙재(聘財)	혼사에서 신랑이 신부에게 보내는 물품
사도시(司䆃寺)	조선시대 궁중의 미곡과 궁내로 공급되던 장(醬) 등의 물품을 관장하던 기관
사물탕(四物湯)	당귀, 천궁, 백작약, 숙지황 등을 이용해 끓인 탕약
사삭일개(四朔一改)	4개월에 한 차례 공상된 후 바뀌는 물품
사시(賜諡)	시호를 내리는 것
사옹원(司饔院)	조선시대 왕의 식사와 대궐 안의 식사를 공급하는 일을 맡았던 관청
사왕(嗣王)	왕위를 이어 받는 왕
사위(嗣位)	왕위를 이어 받음

사인(舍人)	조선시대 의정부 정 4품의 관직
사재감(司宰監)	조선시대 궁중의 어류, 육류, 소금, 땔나무 등의 일을 관장하던 기관
사전(祀典)	공식적으로 국가에서 행하는 각종 제사에 관한 규범이나 규정
사찬(賜饌)	왕이 내려주는 음식물
사축서(司畜署)	조선시대 여러가지 가축을 기르는 일을 맡았던 관청
사포서(司圃署)	조선시대 채소를 기르는 원포(園圃)를 관장하던 기관
삭병(槊餠)	타래과[一菓]의 일종
산귤(山橘)	산귤나무의 열매
산릉도감(山陵都監)	조선시대 왕이나 왕비의 죽음 이후 왕릉이나 왕비릉을 조성하기 위해 존속하였던 임시기구
산삼병(山蔘餠)	찹쌀밥과 산삼을 반죽하여 손가락 크기로 만들어 참기름에 지져낸 음식
산실청(産室廳)	조선시대 왕비나 세자빈의 출산을 위해 임시로 설치하는 관청
산약(山藥)	마
산제(散劑)	한약제조 방식 중 하나로 주로 한약재를 고운가루로 만든 것을 뜻함
삼귤차(蔘橘茶)	인삼과 귤을 주재료로 끓인 차
삼령차(蔘苓茶)	인삼과 복령을 주재료로 끓인 차
삼록(三碌)	백록색(白綠色)의 염료
삼색갑회(三色甲膾)	세 가지 종류의 소 내장으로 만든 회
삼소음(參蘇飮)	두통, 발열, 구토 등을 치료하는 데 쓰이는 처방. 인삼, 건갈 등을 달인 것
삽(翣)	발인 때 상여의 앞뒤에 세우고 가는 제구
상배색(床排色)	임금의 수라상을 차리는 일을 맡아 하던 구실아치
상선(尙膳)	조선시대 내시부의 종2품벼슬. 궁중에서 식사에 관한 일을 관장
상선(常膳)	평상시의 식사
상약(尙藥)	조선시대 내시부의 종3품벼슬. 궁중에서 쓰는 약에 관한 일을 관장
상약국(尙藥局)	고려시대 왕의 건강과 병을 담당하던 관청
상온(尙醞)	조선시대 내시부의 종3품벼슬. 왕실 사람들의 시중과 술 빚는 일을 관장
상제(祥祭)	사망한 날로 만 2년이 되는 두번째 기일인 대상(大祥)에 지내는 제사
상차(尙茶)	조선시대 내시부의 정3품벼슬. 왕실사람들의 시중과 다과를 준비하는 일을 관장하던 벼슬

상호군(上護軍)	조선시대 오위(五衛)에 두었던 정삼품 무관직
색장(色掌)	궁중잔치 때 술, 차, 찌는 음식 등을 만드는 일을 맡고 있으면서 보통 때는 각 궁전의 음식을 담당하던 관리의 총칭
생금린어(生錦鱗魚)	쏘가리 날것
생대구어(生大口魚)	대구 날것
생선간(生鮮干)	조선시대 궁중에 어물을 잡아서 올리던 역(役)을 부담하던 집단
생송어(生松魚)	송어 날것.
생송용(生松茸)	송이버섯 날것.
생오적어(生烏賊魚)	오징어 날것
생은구어(生銀口魚)	은어 날것
생자하염(生紫蝦醢)	곤쟁이 날것으로 담근 젓갈
생죽이(生竹伊)	죽순 날것
생죽합(生竹蛤)	맛조개 날것
생진자(生榛子)	개암나무 열매 날것
생청어(生靑魚)	청어 날것
생치자기(生雉煮只)	날 꿩고기에 각종 양념을 넣고 볶은 음식
생치적(生雉炙)	날 꿩고기에 각종 양념을 넣고 구운 음식
생치전체소(生雉全體燒)	날 꿩고기를 통으로 구워낸 음식
생치초(生雉炒)	날 꿩고기에 양념을 넣고 지진 음식
생합(生蛤)	조개 날것
생합회(生蛤膾)	조개회
생해삼(生海蔘)	해삼 날것
생홍합(生紅蛤)	홍합 날것
생훈어(生薰魚)	초어(草魚) 날것으로 여겨짐
서과(西瓜)	수박
서여(薯蕷)	마
석간주(石間硃)	초록빛깔의 바탕이 두꺼운 명주
석수어(石首魚)	조기
석이(石茸)	석이버섯

석이병(石耳餅)	백미, 찹쌀, 꿀, 잣, 말린 감으로 만든 떡
선온상(宣醞床)	왕이 내리는 술인 선온(宣醞)을 차린 상
설리(薛里)	어선을 맡아보던 내시부의 한 벼슬
설야적(雪夜炙)	설야멱이라고도 함. 소갈비 혹은 염통을 조미한 후 구운 음식
성복(成服)	상을 당한 이후 상복을 갈아 입는 절차
성빈(成殯)	빈소를 차림
성상(城上)	그릇을 간수하는 궁중 남자노비
성호탕(醒醐湯)	제호탕으로 여겨짐
세린석수어(洗鱗石首魚)	비늘을 씻어낸 조기로 여겨짐
세면(細麵)	실처럼 가는 국수
세악(細樂)	소규모로 편성된 악기편성
소렴(小斂)	죽은 뒤 습(襲)을 마치고 나서 뼈가 굳어 입관하는데 지장이 생기지 않도록 손과 발을 거두고 옷을 입혀 이불로 싸는 절차
소서패독산(消暑敗毒散)	인삼패독산에 향유와 황련을 더한 가루약
소선(素膳)	생선이나 육류를 뺀 음식
소시호탕(小柴胡湯)	시호, 황금, 인삼, 감초, 생강 등을 달인 약
소어(蘇魚)	밴댕이
소해의(小海衣)	김
속절(俗節)	제삿날 이외에 철이 바뀔 때마다 사당이나 조상의 묘에 차례를 지내는 날
송고마조(松古亇條)	찹쌀밥과 삶아서 연하게 한 소나무 속껍질을 곱게 다진 것을 이용하여 만든 유밀과의 일종으로 여겨짐
송고미자아(松古味子兒)	푹 삶아서 연해진 소나무 속껍질 다진 것을 이용한 유밀과의 일종으로 여겨짐
송고병(松古餅)	찹쌀밥과 삶아서 연하게 만든 소나무 속껍질 다진 것을 이용해 만든 떡
송어해(松魚醢)	송어젓
송이대백청(松茸代白淸)	송이가 부족하여 조청을 대신함
수공(水工)	물긷기를 담당하는 궁중 남자노비
수관(首冠)	상례 때 시신의 머리에 씌우는 복건(幅巾)
수근(水芹)	미나리
수단(水團)	쌀가루나 밀가루 등으로 경단같이 만들어서 꿀물이나 오미자 물에 담가 먹는 음식

수라가자(水刺架子)	널바닥 주위 사방을 울타리치고 변이 긴 양쪽에 막대기를 붙여 손잡이로 써서 뚜껑 없이 수라상에 쓰이는 식재료, 음식을 나르는 들것
수복(守僕)	소제를 담당하는 궁중 남자노비
수애근(水艾根)	물쑥 뿌리
수어(水魚)	숭어
수어란(秀魚卵)	숭어알
수어증(秀魚蒸)	숭어찜
수주정(壽酒亭)	술잔을 올려 놓는 탁자
수파련(水波蓮)	궁중잔치 때 비단이나 종이로 만든 연꽃
숙편(熟片)	편육
숭용산림(崇用山林)	재야의 학자들을 숭상하여 등용한다는 뜻
승기악(勝妓樂)	스키야키로 여겨짐
승기탕(承氣湯)	대황, 망초, 감초 등을 달인 탕
승마갈근탕(升麻葛根湯)	갈근, 감초, 승마(升麻) 등을 달인 탕
시권(試券)	과거 응시자들의 답안지
시선(視膳)	왕이 대비의 식사를 살피거나 왕비나 왕세자가 왕의 식사를 살피는 것을 가리킴
시저(匙箸)	숟가락과 젓가락
시호(柴胡)	약초 중 하나로 한방에서 해열, 진정, 진통, 면역증가 등에 쓰임
시호승마탕(柴胡升麻湯)	온역을 치료하는데 쓰이는 처방
식치(食治)	식료(食療)라고도 하며 음식물의 성질을 이용해 치료효과를 얻는 식이요법
신감채(辛甘菜)	승검초
신백자(新栢子)	햇 잣
신진말(新眞末)	햇밀로 만든 밀가루로 여겨짐
아교(阿膠)	짐승의 가죽, 힘줄, 뼈 따위를 진하게 고아서 굳힌 끈끈한 것
아치(兒雉)	어린 꿩
악수(幄手)	시신의 손을 싸는 손 싸개
안릉전(安陵奠)	왕의 시체를 장사 지낼 때, 매장이 끝난 뒤 제물을 차리고 지내는 제사
압란화양적(鴨卵花陽炙)	오리알로 만든 화양적
양로연(養老宴)	조선시대 노인들을 공경하고 받들어 잘 보살피겠다는 의미에서 베풀었던 잔치

양면과(兩面果)	앞면과 뒷면의 모양이 같은 과자로 여겨짐
양숙편	소의 양 부위를 익혀 편으로 썬 음식
양혈지황탕(凉血地黃湯)	지황, 당귀, 천궁 등의 약재를 이용해 만든 탕
어만두(魚饅頭)	얇고 넓게 저민 숭어나 민어의 살로 만두피를 하여 만든 만두
어선(御膳)	조선시대 왕에게 올리는 음식
여지(荔枝)	중국 남부, 타이완에서 생산되는 과일 중 하나로 비늘모양의 껍질이 돌출되어 있고
	익으면 붉은색이 된다. 과육은 반투명에 즙이 많고 독특한 향을 냄
	영어로는 litchi라고 함
연계증(軟鷄蒸)	연한 닭고기 찜
연교(連翹)	개나리 열매 중 하나로 한방에서 해독작용을 하는 데 씀
연당초문(蓮唐草紋)	연꽃과 덩굴을 함께 표현한 무늬
연복(練服)	연제(練祭)부터 담제(禫祭)까지 입는 거친 명주로 지은 상복
연사과(軟絲菓)	산자와 같은 방법으로 만드나 산자에 비해 크기가 작고 두께를 아주 얇게 밀어
	칼로 네모 반듯하게 썬 후 기름에 지져 즙청 후 고물을 묻힌 유과의 일종
연실(蓮實)	연밥
연어란해(鰱魚卵醢)	연어알젓
연어해(鰱魚醢)	연어젓
연여(輦輿)	왕이 타는 수레
연육(蓮肉)	연밥의 주위를 둘러싼 껍질을 제거한 것. 주로 말려서 쓰는 약재
연율(軟栗)	연한 밤
연저증(軟狙蒸)	새끼돼지를 주재료로 한 찜으로 여겨짐
연제(練祭)	아버지가 살아계실 경우 죽은 어머니가 사망한 날로 만 1년 되는 날인 소상(小祥) 형식을
	11개월 만에 치르는 것
연죽장(鍊竹匠)	왕실의 행차에서 가마의 4면에 두른 주렴을 만드는 장인
연지(臙脂)	잇꽃의 꽃잎으로 만든 붉은 염료
열구자탕(悅口子湯)	신선로에 끓인 탕
염송어(鹽松魚)	소금을 친 송어로 여겨짐
염은구어(鹽銀口魚)	소금을 친 은어로 여겨짐
오화탕(五花糖)	오색으로 물들여 만든 둥글납작한 사탕

옥춘당(玉春糖)	쌀가루로 만든 사탕의 일종임
와거동(萵苣蕫)	상추
요여(腰輿)	시체를 묻은 뒤 혼백과 신주를 모시고 돌아오는 작은 가마
용봉족편	우족과 꿩 고은 국물을 식혀 굳힌 음식
용안(龍眼)	열대 과일로 갈색 빛깔을 띰. 과육은 반투명이고 말랑말랑하며 즙이 많음
용호영(龍虎營)	조선시대 국왕을 직접 호위하던 친위군대. 1775년 이전의 금군청을 하나의 독립된 군영으로 만들면서 용호영으로 개칭하게 됨
우방자(牛蒡子)	우엉의 열매
우제(虞祭)	장사를 지낸 후 망자의 혼백을 평안하게 하기 위해서 지내는 제사 장사당일 지내는 초우(初虞), 다음날 지내는 재우(再虞), 삼일째에 지내는 삼우(三虞)가 있음
원단(元旦)	음력 설날
위어(葦魚)	웅어
유감(乳柑)	감귤류의 일종
유갑생복(有匣生鰒)	껍질이 붙어 있는 살아 있는 전복
유사마조(油沙亇條)	유밀과의 일종으로 여겨짐
유사미자아(油沙味子兒)	유밀과의 일종으로 여겨짐
유장(帷帳)	궁궐의 행사나 군사훈련 시 햇볕이나 비를 막기 위해 친 휘장
육미지황원(六味地黃元)	숙지황, 산약, 산수유, 백복령 등으로 만든 약
육색실과(六色實果)	잣, 호두, 밤, 대추, 황율, 건시를 고여 담은 음식
육선(肉饍)	고기로 만든 반찬
육향고(六香膏)	한약재 중 하나
율무응이	율무의 녹말로 끓인 유동음식
율미자아(栗味子兒)	밤을 이용해 만든 유밀과의 일종으로 여겨짐
은인(銀印)	은으로 만든 도장
의영고(義盈庫)	조선시대 기름, 꿀, 밀랍, 소찬(素饌), 후추 등의 물건을 관장하던 기관
의이인(薏苡仁)	율무
이숙(梨熟)	배를 꿀에 졸인 음식
인동차(忍冬茶)	인동초를 가지고 끓인 대용차로 번열(煩熱)을 치료하는 효과가 있음

인복(引鰒)	말린 전복을 길게 잡아 늘인 음식
인복절(引鰒折)	인복을 채썬 것으로 여겨짐
인삼강활산(人蔘羌活散)	열을 내리고 감기를 치료할 때 쓰이는 처방
인삼당(人蔘糖)	설탕에 조려말린 인삼
인삼속미음(人蔘粟米飮)	인삼과 좁쌀로 만든 미음
인삼패독산(人蔘敗毒散)	인삼, 강활, 길경, 천궁, 감초, 생강 등을 넣고 달인 탕약
인안(印案)	도장을 올려 놓는 상
인화문(印花紋)	도자기를 만들 때 도장과 같은 도구를 사용하여 무늬를 만드는 기법
임금(林檎)	능금
임자(荏子)	들깨
임자엽(荏子葉)	들깻잎
입주전(立柱奠)	신주를 만들어 사당에 모셔놓고 올리는 제사
입진(入診)	왕을 진찰하러 들어갈 때 쓰이는 말
자구비석수어(炙仇非石首魚)	구운 조기로 여겨짐
자박병(自朴餅)	고물을 묻힌 부꾸미의 한 종류로 여겨짐
자색(炙色)	생선을 요리하는 역할
장원서(掌苑署)	대궐 내의 정원, 밭, 화초, 과실 등을 담당하는 관청
장육자기(獐肉煮只)	각을 떠 잘게 자른 노루고기에 간장, 참기름, 후추를 넣고 볶은 음식
장인복(長引鰒)	전복을 말린 것을 길게 잡아 늘인 것 중 긴 것으로 여겨짐
저주지(楮注紙)	닥나무 껍질을 원료로 만든 두꺼운 종이. 주로 왕실에서 승지(承旨), 주서(注書)가 왕명을 받아 쓸 때 이용함
저태초(猪胎炒)	돼지아기집을 다른 재료와 양념으로 볶은 음식으로 여겨짐
저포탕(猪胞湯)	돼지아기집을 끓인 탕으로 여겨짐
적두수화취(赤豆水和炊)	흰밥과 팥물로 밥을 지은 붉은색 밥
적리(積梨)	배로 여겨짐
운빙적미자아(雲氷赤味子兒)	유밀과 일종으로 여겨짐
전다병(全丹餅)	밀가루 반죽한 것을 흑당(黑糖)에 절인 떡의 일종으로 여겨짐
전복숙(全鰒熟)	건전복을 이용해 만든 찜
전복자지[全鰒煮只]	건전복을 볶아 먹는 음식

전복절(全鰒切)	말린 전복을 채썬 것으로 여겨짐
전복초(全鰒炒)	건전복을 졸여서 조리한 음식
전설사(典設司)	조선시대 식전(式典)에 사용하는 장막의 공급을 관장하던 관서
전안(奠雁)	혼례 때 신랑이 신부집에 들고 가는 기러기 혹은 기러기 모양의 나무조각
전위유교(傳位遺敎)	왕이 죽고 난 이후 왕이 죽기 전 남긴 유언과 왕위를 물려준다는 내용의 문서.
전유어(煎油魚)	생선을 기름에 지진 음식
전은정과(煎銀正果)	정과의 일종으로 여겨짐
전의감(典醫監)	조선시대 궁궐 내에 필요한 의약(醫藥)에 관한 일을 담당하던 관청
전치수(全雉首)	꿩 통구이로 여겨짐
전호(前胡)	약초 중 하나로 두통, 담 등에 쓰임
절진(切診)	의사가 진찰할 때 손과 손가락 끝으로 환자의 신체를 눌러보거나 맥을 확인하여 환자의 상태 및 질병을 진단하는 방법
점미(粘米)	찹쌀
점혈(點穴)	침이나 뜸 놓을 혈자리를 잡는 방법
정과(正果)	전과(煎果)라고도 함. 견과류, 뿌리 채소류, 과일 등을 꿀에 졸이거나 재는 음식.
정목(正木)	품질이 매우 좋은 무명
정친예물(定親禮物)	혼인을 정하여 친척이 된 것에 대한 예물
정포(正布)	관리의 녹봉으로 주던 닷새베
제조(提調)	조선시대 잡무 및 기술, 영선, 접대, 어학, 의학, 천문, 지리, 음악 등 당상관 이상의 관원이 없는 관아에 겸직으로 배속되어 각 관아를 통솔하던 관직
조곽(早藿)	제철이 되기 전에 따서 말린 미역
조라(早羅)	검은색의 얇은 비단
조반기(朝飯器)	꼭지가 있는 뚜껑을 가지는 대접
조복(條鰒)	가닥으로 말린 전복
조악(造岳)	소를 넣고 송편모양으로 만들어 기름에 지지는 떡
조전(祖奠)	발인 전날 영결을 고하는 제의. 조선시대 왕의 상례 때는 발인에 앞서 도신(道神)에게 올리는 제식을 말한다
조치(助治)	조리법 중 하나로 탕(湯), 증(蒸), 초(炒), 볶기(卜只), 전(煎), 자(煮)가 포함되며 현재의 찌개와 같은 조리법만을 지칭하는 것은 아님

조현례(朝見禮)	가례 후 처음으로 부왕이나 모후를 뵈는 의식
조홍시자(早紅柿子)	빨리 딴 감으로 만든 홍시
종강(種薑)	종자용 생강
좌반(佐飯)	밥과 같이 먹을 수 있는 밑반찬
주색(酒色)	궁중에서 술 제조를 담당했던 관리
주정소(晝停所)	왕이 거동 중 들러 낮수라를 먹던 곳
중곽(中藿)	장곽보다 짧게 채를 지어 말린 미역
중박계(中朴桂)	밀가루, 참기름, 꿀을 이용해 만든 유밀과의 일종,
증곤포(蒸昆布)	삶은 다시마
증대조(蒸大棗)	대추와 잣을 이용해 꿀을 넣고 조린 음식
증색(蒸色)	궁중에서 찌는 음식을 담당했던 관리
지골피(地骨皮)	구기자 나무뿌리의 껍질
지황(地黃)	약초 중 하나로 날것을 물에 담아 뜨는 것은 천황(天黃), 반쯤 뜨고 반쯤 가라앉는 것을 인황(人黃), 완전히 가라앉는 것을 지황이라고 함
직미(稷米)	핍쌀
진계(陳鷄)	묵은 닭
진과(眞瓜)	참외
진분(眞粉)	순백색의 염료
진풍정(進豊呈)	진연, 진찬보다 규모가 크고 의식이 정중한 궁중연회
집침(執針)	침을 놓는 일
차색(茶色)	차를 담당하였던 관리
찬물(饌物)	반찬거리가 되는 음식. 찬품(饌品)이라고도 함
찬성(贊成)	조선시대 의정부에 속한 종일품 벼슬. 좌찬성과 우찬성 한명씩 있음
책비(冊妃)	왕비의 책봉
천금(薦禽)	왕이 사냥하여 잡은 짐승을 종묘에 올리는 것
천문동(天門冬)	다년생의 식물로 한의학에서는 주로 뿌리를 이용하는 약재
천신(薦新)	철에 따라 각 지방에서 생산되는 햇곡식, 햇과일, 생선 등을 사직(社稷)이나 조상에게 감사의 뜻으로 올리는 의식. 국가 단위에서는 종묘에 천신을 함
천엽화양적(千葉花陽炙)	천엽으로 만든 화양적으로 여겨짐

천전(遷奠)	발인하기 위하여 영구(靈柩)를 옮길 때 지내는 제사
청과(靑瓜)	청참외로 여겨지나 오이로 보는 연구자도 있음
청귤(靑橘)	청귤나무의 열매
청근(菁根)	무
청밀(淸蜜)	꿀
청승습사(請承襲使)	조선시대 왕이 죽으면 중국에 후계자의 즉위를 요청하기 위해 보낸 사신
청시사(請諡使)	조선시대 왕이 죽으면 중국에 왕의 시호를 요청하기 위해 보낸 사신
청해해(靑蟹醢)	방게젓
청화(靑花)	일본, 중국에서 생산되는 푸른색이 나는 염료의 일종
초관(哨官)	조선시대 종구품(從九品) 서반 무관직(武官職)으로 각 군영에서 100명으로 편성된 1초(哨)를 통솔하는 벼슬
초록토주	초록빛깔의 바탕이 두꺼운 명주
초화문	풀꽃, 잎사귀모양을 표현한 무늬
최복(衰服)	아들이 부모, 증조부모, 고조부모의 상중에 입는 상복
추복(搥鰒)	전복을 말려 망치로 두들겨 포처럼 만든 음식
추복탕(搥鰒湯)	전복을 이용하여 끓인 탕
추자(楸子)	호두나무 열매
추포말(麤布襪)	거친 베로 만든 버선
축삭공상(逐朔供上)	매달 공상되는 물품
축일공상(逐日供上)	매일 공상되는 물품
출미(秫米)	기장쌀
충이(充耳)	시신의 귀를 막는 솜뭉치로 된 귀마개
치백채(穉白菜)	어린 배추
친영(親迎)	별궁으로 가서 왕비 맞이하기
칠계탕(漆鷄湯)	암탉과 쇠고기, 돼지고기, 해삼, 전복, 쇠골로 부친 전, 전복, 곤자소니, 돼지아기집, 해삼, 오이, 잣 따위를 넣고 끓인 탕
침선비(針線婢)	조선시대 궁에서 일하는 관비의 하나. 상의원(尙衣院)과 공조에 소속되어 의복을 재봉하던 노비
침죽이(沈竹伊)	죽순 절임

침채염(沈菜鹽)	채소를 절일 때 쓰는 소금
쾌포절(快脯折)	육포를 채썬 것으로 여겨짐
탁지정례(度支定例)	호조에서 왕실의 각 궁(宮)과 전(殿) 그리고 사(司) 등에서 확보한 재정수입과 지출의 규모를 규정한 책
탄일절일표리물선의 (誕日節日表裏物膳衣帶)	대왕이나 왕비 등의 생일 또는 명절을 축하하기 위해 신료들에 의해 공상되는 옷감과 음식물
탕수색(湯水色)	궁중에서 물을 끓이는 일을 담당했던 관리
탕제(湯劑)	한약제조 방식 중 하나로 주로 달여서 마시는 한약을 뜻함
토장조치	토장으로 끓인 조치
토주(吐紬)	바탕이 두껍고 노르스름한 빛깔을 띠는 명주
퇴선간(退膳間)	수라상을 차리는 곳으로 소주방이 멀어서 중간부엌으로 설치된 건물
팔미환(八味丸)	숙지황, 산약, 산수유, 백복령, 육계, 부자 등으로 만든 환약
팔보당	중국식으로 설탕에 절여 만든 것으로 설탕에 여러 빛깔을 넣은 음식
포장(泡匠)	궁중에서 두부 제조를 담당했던 관리
포태(泡太)	두부를 만들 때 쓰이는 콩
표고(蔈古)	표고버섯
하산릉전(下山陵奠)	왕이나 왕후의 재궁을 산릉에 내리기 전 마지막으로 올리는 제사
해삼증(海蔘蒸)	건해삼을 여러 번 삶아 넣은 찜
해홍채(海紅菜)	명아주과에 달린 한해살이 풀
행궁(行宮)	왕이 궁 밖으로 행차할 때 임시적으로 머물던 별궁(別宮)
행인과(杏仁果)	살구씨로 만든 정과로 여겨짐
행인타락(杏仁駝酪)	살구씨가 들어간 타락죽으로 여겨짐
행장(行狀)	사람이 죽은 뒤 일생의 행적을 기록한 글. 한문체 장르 중의 하나
향안(香案)	향로나 향합을 올려 놓는 상
현색모단(玄色冒緞)	검은색을 띠는 모단. 모단이란 짐승의 털로 색을 맞추어 무늬를 넣고 두툼하게 짠 고급비단
현색운문대단	검은색의 구름무늬를 놓아 짠 최고급 비단
형개수(荊芥穗)	정가의 꽃에 달린 이삭. 풍병, 혈증, 창병, 산후 등에 약재로 쓰임
형방패독산(荊防敗毒散)	열병과 관련 된 질병을 치료하는데 쓰이는 처방. 인삼, 시호, 전호, 강활, 길경, 천궁 등으로 만든 약재

호갑(護匣)	가죽으로 만든 겉상자
호초말(胡椒末)	후추가루
혼전(魂殿)	왕이나 왕비의 상장례가 끝나고 종묘에 입향할 때 까지 신위를 모시는 곳
	혼궁(魂宮)이라고도 함
홍마조(紅亇條)	유밀과의 일종으로 여겨짐
홍망구소(紅望口消)	유밀과의 일종으로 여겨짐
홍미자	유밀과의 일종으로 여겨짐
홍세한과	유밀과의 일종으로 여겨짐
홍요화(紅蓼花)	유밀과의 일종으로 여겨짐
홍은정과(紅銀正果)	정과의 일종으로 여겨짐
화독탕(化毒湯)	발진(發疹), 복통을 치료하는 처방
화은(花銀)	치마에 장식하기 위해 은으로 만든 꽃
화장(花匠)	상화를 만드는 장인
화제(和劑)	약제처방법
화해산(和解散)	온역(溫疫:전염성 열병)을 치료하는데 쓰이는 약제
환제(丸劑)	한약제조 방식 중 하나로 주로 한약재를 둥근 모양으로 만들어 먹는 알약
황금(黃芩)	약초 중 하나로 한방에서 해열, 이뇨 등의 약재로 씀
황볶이탕	쇠고기를 양념 간장에 양념하여 끓는 물에 넣어 끓이고 달걀을 잘 풀어 끓는 물에
	줄알을 치고 끓인 탕
황토주	노란색의 바탕이 두꺼운 명주
황행(黃杏)	노란 살구로 여겨짐
횡간(橫看)	조선시대 국가 재정의 지출과 관련된 예산표
후토제(后土祭)	토지를 맡아보는 신인 후토에게 올리는 제사
훈색비단	분홍색의 폭 넓은 비단
훈색운문대단	붉은색의 구름무늬를 놓아 짠 고급비단
훈색초	분홍색의 생사로 짠 비단
흉례(凶禮)	오례(五禮)의 하나로 상장례에 관계된 의식
흑임자다식	검은 깨를 이용한 다식

한
식
문
화
총
서
1

조선 왕실의 식탁

2014년 3월 20일 1판 1쇄 발행
2014년 11월 20일 2판 1쇄 발행

기 획   K-FF 한식재단 KOREAN FOOD FOUNDATION
글쓴이   김상보(대전보건대), 김호(경인교대), 송수환(울산대), 신명호(부경대), 주영하(한국학중앙연구원),
           한복려(궁중음식연구원), 한복진(전주대)
펴낸이   임상백
편 집   Hollym 기획편집팀
디자인   Hollym 디자인팀
표지디자인   더그라프

펴낸곳   한림출판사
           Hollym

주 소   (110-111) 서울 종로구 종로12길 15
등 록   1963년 1월 18일 제 300-1963-1호
전 화   02-735-7551~4   전 송   02-730-5149
전자우편   info@hollym.co.kr   홈페이지   www.hollym.co.kr

ISBN 978-89-7094-797-6 04910

한림출판사는 Hollym 이란 이름으로 한국을 세계에 알리는 도서도 출판합니다.